活学活用 说话心理学

董书胜◎编著

中国纺织出版社

内 容 提 要

一个人即使再怎么达观，也不可能完全脱离他人独自生活。既然我们生而要主动与他人交往，要融入社会，那就很有必要熟练掌握说话心理学和说话技巧。

本书以关于说话的心理学知识为基础，与说话的技巧融合起来，使其成为一体，教会人们如何灵活运用说话心理学，并将其运用于日常生活和工作当中，使你能够高效地与人沟通。

图书在版编目（CIP）数据

活学活用说话心理学／董书胜编著. —北京：中国纺织出版社，2017.7 （2023.1 重印）
ISBN 978-7-5180-3327-0

Ⅰ.①活… Ⅱ.①董… Ⅲ.①心理交往—语言艺术—通俗读物 Ⅳ.①C912.1-49

中国版本图书馆CIP数据核字（2016）第033487号

责任编辑：闫 星 责任印制：储志伟

中国纺织出版社出版发行
地址：北京市朝阳区百子湾东里A407号楼 邮政编码：100124
销售电话：010—67004422 传真：010—87155801
http：//www.c-textilep.com
E-mail：faxing@c-textilep.com
中国纺织出版社天猫旗舰店
官方微博http://weibo.com/2119887771
佳兴达印刷（天津）有限公司印刷 各地新华书店经销
2017年7月第1版 2023 年 1 月第 5 次印刷
开本：710×1000 1/16 印张：17.5
字数：198 千字 定价：48.00元

前 言

preface

在绵延数千年的社会活动中，人与人之间的交往和交流起到了至关重要的作用。既然从婴儿呱呱坠地开始就注定其要成为社会的人，群体的人，与人打交道的人，那么处理好人际关系也就成了更好生存的头等难题。

也许有人会说，人心太复杂了，让人根本无法应付；也许有人说会，画虎画皮难画骨，知人知面难知心。的确，要想了解某个人的心思是很难的。然而，我们要想处理好人际关系，首先要对人整体有一个了解。这就要用到心理学。从表面看起来，心理学貌似与说话没有太直接的联系，实际上，我们不管是倾听还是说，都只有在了解和掌握了心理学的基础上，才能表现得更好。当你对人的整体有了基本的了解，而后在此基础上尽量了解你接触的人和事，就可以在大方向的指导下根据实际情况作出调整，从而帮助自己更好地为人处世。

当然，心理学并不像很多人所想的那样，能够轻而易举地洞察和看透所有人的心思。然而，不可否认的是，掌握一定的心理学知识，对我们的现实生活有很显著的指导意义。现代社会，人们的生存压力越来越大，职场上的竞争也越来越激烈，我们唯有察言观色，把握他人的心理动机和心理特点，才能在人际交往中游刃有余。尤其是现代社会的方方面面都处于无时无刻的变化之中，人的心态也瞬息万变，我们只有与时俱进，不断地学习和充实自己，才能

做到更好。本书就从生活中很多常见的人际交往难题着手，再从心理学的角度出发，结合说话的技巧，帮助人们更好地认识自己和他人，从而结识更多的朋友，建立良好的人际关系。

当然，任何知识都是僵硬的，因而我们不能完全迷信知识。在心理学领域，任何权威的理论也都有其局限性，所以不能完全照搬。一切理论一旦脱离实际，就会导致事与愿违。本书的题目之所以叫“活学活用说话心理学”，这也是想提醒各位读者朋友，在读书学习之后，一定结合自己的实际情况灵活运用，千万不要生搬硬套，脱离实际。

最后，祝每一位读者朋友都能在社交场上如鱼得水，游刃有余吧！

编著者

2017年1月

目　录

contents

第01章

会说话闯天下：懂心理是会说话的开始

不管是说话还是做事情，会说话的人都能如鱼得水，左右逢源。然而，不会说话的人却处处碰壁，似乎总也不招人喜欢。尤其是在现代社会，人际关系被提升到越来越高的高度，人们不管是生活还是工作，都免不了要与其他人打交道。因此，会说话已经成为必备的技能，而非锦上添花的能力。要想学会说话，就要懂得他人的心理，这样才能把话说到他人心里去。

突破心理门槛，打开说话之道

从心理学的角度来说，每个人必须肯定自己，才有可能拥有自信。生活中，我们总是羡慕地看着那些自信心爆棚的人，不管做什么事情似乎都能风生水起。然而，我们即便效仿，也很难变得像他们一样。如此一来，我们总是很郁闷，不知道自己为什么不能做到积极乐观，自信开朗。尤其是当自信的人侃侃而谈时，躲在角落中的我们更是无比自卑，恨不得自己也能在一瞬间变得自信起来。实际上，要想自信，要想变得侃侃而谈，首先要突破自身的心理门槛。常言道，人最大的敌人就是自己。我们唯有突破自己，超越自己，才能取得突飞猛进的发展。

很多人之所以默默无闻，是因为在社交群体中总是躲在角落中没有勇气面对所有人，或者是因为自卑，或者是因为心中的障碍。因为他们不知道应该说些什么，又担心自己说出去的话会给他人留下把柄。一旦树立信心，或者拥有好口才，这一切都会立刻发生翻天覆地的变化。尽管人们常说“江上易改，禀性难移”，实际上，说话能力的提升并非取决于我们的先天条件，而是取决于我们的内心状态。很多情况下，自信更能够激发我们的潜能，让我们得到莫大的进步。

战国时期，赵国的都城邯郸被秦国派出的重兵团团围住，赵国的国军为了解围，赶紧派出平原君去楚国游说，想让楚国的国君与赵国结盟，派出兵力为赵国解围。为了帮助国君分担忧愁，平原君义不容辞。他准备从自己的三千多门客中挑选出二十个人，随同他一起去楚国游说。然而，经过精心挑选，他

发现只选出了十九名门客。正当平原君为剩下的这个门客没有合适人选而着急时，一个叫毛遂的门客自告奋勇，主动请缨跟随平原君一起出使楚国。

原来，毛遂投入平原君门下已经三年多了，但始终没有用武之地，因而默默无闻。这次，毛遂深知是个千载难逢的好机会，因而决定自我推荐，一定要借此机会崭露头角。面对毛遂的自荐，平原君不以为然地说："一个人如果真的有才华，不管在哪里，都会像钉子被放在布袋子里一样露出尖来。但是你三年来始终默默无闻，可见不是真的有才华。"毛遂面不改色地为自己辩解："如果我的确是钉子进了布袋子，那么我早就钻出来了，岂止只是露出尖来呢！"平原君觉得毛遂言之有理，因而决定带着他一起出使楚国。

到了楚国之后，面对楚国国君，尽管平原君使出了浑身解数，但是楚国国君就是不愿意与赵国结盟，更不想派兵帮助赵国解围。眼看着平原君已经与楚国国君斡旋了一个上午，但是却毫无结果，门客们急得团团乱转，却想不出什么好主意。这时，毛遂一手扶着剑柄，快步走到楚国国君面前，说："结盟的事利害关系一看就明了，必须马上决定。"楚国国君愤怒地喝令毛遂退下，毛遂非但不听，反而更加上前几步，来到楚国国君身边，说："如今，我掌握着大王的生死大权，即使你有千军万马，也丝毫没用了。"楚国国君原本就知道自己理亏，又担心毛遂真的一剑要了他的性命，因而哑口无言。毛遂步步紧逼："实际上，楚国幅员辽阔，兵力强盛，完全不必害怕秦国。如果大王不想与赵国结盟，最终秦国一定会逐个消灭我们的。"楚王觉得毛遂言之有理，遂答应与赵国结盟，出兵援助赵国。

在突破心理门槛，决定破釜沉舟也一定要让自己脱颖而出之后，毛遂显然一改之前三年默默无闻的形象，成为一只凶猛的猎豹，在平原君都束手无策的情况下冲锋在前，不但言辞犀利，更是仗剑威胁楚国国君作出决定。也正是因为毛遂的举动，楚国国君才能尽快答应他们的请求，与赵国结盟，出兵援救赵国。

生活中，很多人之所以不愿意说话，并非是无话可说。因而，只要能够打

开他们心中的闸门，他们的话就会如同滔滔江水般倾泻而下。

心理定位很重要，你是健谈者吗

如果一个孩子从小就被父母认定沉默寡言，那么日久天长，他就会真的变得沉默寡言起来，因为他已经在无形中被动地进行了心理定位，觉得自己就应该很少说话，保持沉默。对这样的孩子而言，他很难主动推翻对自己的定位，因为数年来已经根深蒂固。面对很多不喜欢说话的人，要想让他们彻底地改变自己，总是浮于表面的说教是没有明显效果的，最好的办法就是帮助他们重新进行心理定位，让他们意识到自己的确是一个健谈的人。只有从根本上转变他们的想法，他们才能真正心甘情愿地改变自己。

当然，一切的心理定位与现实都是密不可分的关系。因为心理定位必须结合现实情况，再根据自己自身的实际情况，从而作出最准确的定位。一个人除了要有勇气之外，更要有明确的目标。从某种意义上来说，心理定位就是我们为自己设定的心理目标。铁娘子撒切尔，从小就被父亲悉心栽培。父亲曾经要求她不管什么时候都要坐在第一排，撒切尔记住了父亲的话，即使坐公交车，也会坐在最前排。因而，她才能在一生之中不懈地努力，最终成为威震世界的风云人物。永远坐前排，让撒切尔从心理上将自己定位为最优秀的人。这样一来，她不管做什么事情都力争做到最好，所以最终才能成就今天的自己。不仅人生是这样的，说话也是如此。如果我们发自内心地觉得自己就是一个沉默内向的人，那么我们就会情不自禁地放任自己继续保持沉默寡言。相反，如果我们觉得自己天生就该是健谈的，就应该在社交中成为众人注目的焦点，那么我们不管做什么事情都会朝着这个方向努力，直到最终获得成功。

彤彤大学毕业后，进入这家公司的公关部工作。然而，才刚工作了一个月，主管就开始找她谈话："彤彤，你在进入我们部门之前，了解公关的工作吗？"彤彤点点头，主管说："那我也就不绕弯子了。我觉得，你根本不适合这份工作。你看看，昨天在接待客户时，你只是为客户端了杯茶，就面红耳赤。这还没让你作为代表与客户谈判呢，你这么害羞，以后如何开展工作？"面对主管的质疑，彤彤其实也知道自己有些太内向羞涩了，但是她很珍惜这次工作机会，因而向主管保证："主管，您再给我一个月时间吧。我妈妈说我小时候小嘴吧嗒吧嗒的，可爱说话了。我相信，我一定能练好的。""好吧！"面对彤彤的请求，主管有些心软了，但是她只答应再给彤彤一个月的时间。

在这一个月的时间里，彤彤每天晚上睡觉之前和早上起床之后，都大声地告诉自己："我一定会变得落落大方。"当然，彤彤不仅仅是暗示自己，而且还对自己准确地定位。她仔细分析了自己的性格特征、成长经历，甚至还参考了妈妈现在健谈的状态，因而认定自己一定能够变得健谈，而现在这样只是因为害羞罢了。为此，彤彤每天都给自己制订精确的计划，如"今天公交车上要与一个人搭讪""中午吃饭时，要与邻桌的人搭讪""今天，要把自己介绍给一个陌生的同事"等。经过一段时间的努力，彤彤果然在与很多人聊天之后，变得健谈起来。看到彤彤短短时间内的改变，连主管都大吃一惊。

彤彤的改变，一则是迫于生存的压力，二则是因为她对自己进行了准确定位。在进行心理定位之后，她从内心彻底放开，而且认可自己是可以成为一个健谈之人的。因此，在不懈的努力下，她的进步也是非常明显的。

生活中，有很多人都不知道如何才能让自己变得健谈。实际上，人任何外在的表现，与其心理状态都是分不开的。我们唯有擦亮眼睛，首先认清自己，才能让很多事情水到渠成。

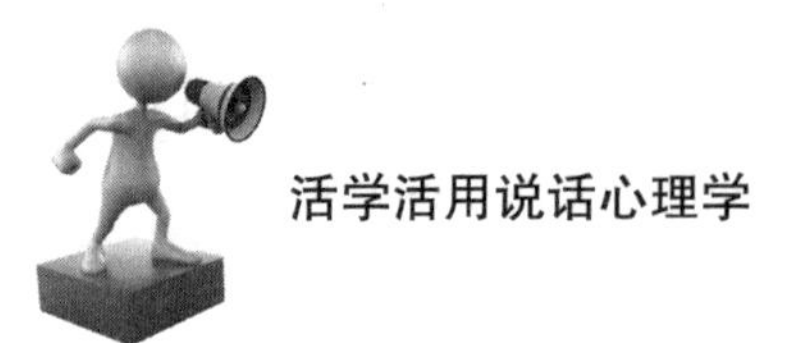

如何打造好第二名片，助你与人交往

如果说你的外在表现让人一眼看去就对你有了最初的印象，则声音也在其中起到了至关重要的作用。还记得上大学时，每天晚上都会听着本地电台的音乐之声入睡，尤其是主持人李冰的声音，简直太富有磁性了。很多女同学都把他作为自己的偶像，虽然从未有女同学见到他本人，但是都是未见其人先闻其声，轻而易举地就被他充满磁性、低沉的声音吸引住了。后来，李冰有一次出席电台的见面活动，学校里有个女生彻夜未眠排队参加。当这位女生回来之后，同学们纷纷去问她李冰的模样，不承想，女生失望地说："他的人黑黑瘦瘦的，也比较矮小，和他的声音给人的感觉截然不同。"虽然女生的话未必符合事实，但是由此可以看出低沉有磁性的声音，让无数女同学都把这位主持人想象得高大美好，帅气阳光。心理学家曾经研究证实，在没有见面的情况下，声音在很大程度上决定了人们的第一印象。因而，说声音是人的第二名片，是毫不夸张的。

很多人的声音是浑然天成的，然而这样的金嗓子少之又少。大多数人的声音，如果本质是好的，也需要经过专家的指导和专业的练习之后才能变得更加完美。不过对于普通人而言，大部分人一辈子都在展示自己最真实的声音。在一些销售公司，公司会组织员工培训，其中最重要的一条就是对声音进行培训。毋庸置疑，我们最本真的音质是无法改变的，但是，如果你是浑身懈怠地与客户通话，则客户一定会感觉到你的漫不经心。相反，如果你给客户打电话正襟危坐，面带笑容，则客户一定会通过声音感受到你的微笑。因而，很多在线客服，都被公司要求接听电话时必须保持微笑，声音甜美，如此，才能给客户最好的服务体验。这一点，无须心理学家证实，我们只要做个简单的小实验，以完全不同的两种姿势和状态给他人打电话，马上就能得到印证。

现代社会，人际交往被提升到至高的高度，甚至超越专业技能，决定了我

们能否更好地把握生活和工作。因而，我们也必须努力拥有好声音，从而更好地与人交往。当你人脉资源丰富，你就会充分感受到好人缘的得天独厚和便利条件。怎么样，快从声音练起吧！

作为售后客服，娜娜的声音总是让客户们一听之后，再也难以忘记。每年进行年终评选时，娜娜的得票率总是最高的，这与客户们记住了她的声音有很大关系。

娜娜为什么总是能够给客户留下深刻印象呢？要知道，他们作为售后客户，通常是以电话线与客户接通，很少与客户面对面。原来，对于客服工作的枯燥乏味，很多同事总是不能坚持始终保持饱满的精神和愉悦的状态，有的时候客户因为售后而扯皮时，他们即便没有说出厌烦的话，也会发自内心地厌烦，因而愁眉紧锁。但是娜娜则不同，不管面对怎样的客户，她都能够以甜美的声音，端正的坐姿和满面的笑容，耐心地解答客户的问题，为客户答疑解惑。因而，在接受娜娜的服务之后，他们总是能够记住娜娜的名字，有时候再次需要服务时还会特意点名让娜娜为他们服务呢！由此，娜娜成为客户心目中的服务之星，也就不足为奇了。

一个人的声音，和一个人的相貌一样，同样能够成为标签。很多时候，声音以其特质，甚至比相貌更容易给人留下深刻的印象。由此可见，要想拥有好人缘，拥有一张让人印象深刻的名片也是非常重要的。当你的声音独特，带着你特有的印记出现，人们一定会想起你。正值炎热的夏季，各个以娱乐节目当家的电视台又开始直播各种好声音。为什么很多观众都愿意守在电视机前欣赏这些声音呢？是因为声音承载了生命中的很多信息，是值得让人欣赏的。

需要注意的是，声音虽然是天生的，但却有很多因素都是可以后天提升的。音质不能改变，我们可以学习发声的方法，还可以学会以正确端庄的姿态发声，相信听的人也一定能感受到你的与众不同。好人缘，从拥有好声音开始！

面对内向者，你要打开他的话匣子

生活中，有些人非常内向。他们总是怀着满腹心事，却不愿意对任何人诉说。除非遇到非常志同道合的好朋友，否则他们是不愿意喋喋不休的。即使是与熟识的人之间，他们也不想毫无保留地诉说，因为他们喜欢生活在自己的世界里，享受一个人的孤独与寂寞。实际上，内向的人真的没有交流的需要吗？当然不是。人是群居动物，每个人都无法做到真正离群索居。内向的人之所以内向，不愿意喋喋不休地诉说，大多数情况下是因为他们没有遇到合适的交谈对象。一旦遇到他们欣赏且信任的人，他们就会诉说满腹心事。从某个角度来说，内向的人因为心思细腻，感情缠绵，因而对人对事往往有着更加深刻的体验和敏锐的感触，所以他们一旦说起话来，更加深远绵长，思虑也比其他人更多。

要想与内向者畅谈，我们首先应该获得他们的信任，打开他们的心扉。无论任何情况下，信任都是人与人交往的基础，如果得不到他人的信任，也就无所谓是否倾心。如果你足够细心，且很真诚，你就会发现内向者的内心世界非常丰富，而你也很容易捕捉到他们内心的信息。尤其是当得知他们的喜好时，你再做到投其所好，则更容易触动他们的心灵，让他们畅所欲言。

三毛的丈夫是个很内向的人，虽然爱疯爱玩，但是并不很爱说话。大多数时间里，三毛这个富有才情且绝世而独立的女子，与荷西就像是两个彼此独立的小行星，在他们共同的家里彼此闲逛，各人看着各人的书，互不打扰。然而，三毛却知道荷西的话匣子开关在哪里。

在从撒哈拉沙漠撤离出来之后，他们在加纳利群岛定居，在一幢面朝大海春暖花开的房子里安家。一天，三毛正在做饭时突然听到窗外传来小鸟叽叽喳喳的叫声，因而不假思索欣喜地冲着荷西喊道：“快看窗外！”不想，荷西看到小鸟之后，马上就像是打开了话匣子一般喋喋不休地说起来。他想起了自己

小时候和小伙伴们一起爬山上树抓鸟、下河抓小鱼小虾的经历，而且唠唠叨叨说个没完，直到三毛都听得厌烦了，荷西依然意犹未尽，滔滔不绝。有过这样的几次经历后，三毛总是很小心地不去触碰这个掌握着荷西话匣子的开关，因为每次提起窗外的清风白云小鸟，荷西这个内向的大男孩就总是像被打开了专管说话的开关，一说起来就没完没了。

从荷西的反应上来看，毋庸置疑，三毛打开了他的心门，因而儿时那些鲜活的记忆瞬间浮现在脑海里，很难拒绝，也很难控制倾诉的欲望。对于内向的人，如果我们也能如同三毛这样，打开他们的话匣子，则一定会让他们侃侃而谈，意犹未尽。

当然，谁也不是谁肚子里的蛔虫。我们要想掌握他人话匣子的开关，首先要做到了解他人。也许有人会说，面对陌生人，如何了解呢？！这简直是不可能的嘛！其实没关系，每个人交谈的兴趣点都是相似的。例如，人们总是喜欢谈论自己，那么你就让他尽情地诉说自己好了，你完全可以成为一个倾听者；再如，人们总是爱说自己感兴趣的事情，或者是曾经让自己骄傲的事情。所以，只要你给对方一个“好汉也提当年勇”的机会，你就能够成功打开对方的话匣子。在掌握这些基本情况的基础上，你可以摸着石头过河，一边与对方交流，一边认真细致地观察对方，从而及时调整谈话方向，把话说到对方心里去。如此一来，谈话怎能不热烈而又尽兴呢？！

共鸣感，才能让你与他人一见如故

当一个人对牛弹琴的时候，总不会是谈得兴高采烈的，因为牛从本质上来说不像人这样有感情，也没有明晰的思维，因而除了出于本能的反应，是不会

有任何共鸣产生的。即使是高山流水这样的美妙曲子，也丝毫不能让牛感动。因而，弹琴的人总归觉得很失落，觉得自己的才华不被欣赏，也觉得自己的交流得不到回应。如果当这个人弹琴时，一个很懂音乐且也了解他的思想感情的人坐在他的对面，不时地点头微笑，或者是陶醉其中，甚至发出轻微的慨叹，则这个弹琴的人一定会兴致盎然，即使弹上整整一天也不觉得累。由此可见，共鸣感对于人们的交流至关重要。有共鸣感的人，总会一见如故，甚至相见恨晚。而缺乏共鸣感的人，说起话来未免有对牛弹琴的感觉，甚至觉得索然无味。

一代才女张爱玲就曾经说，“我让你知道，总有一个人在这个世界上等着你，无论何时何地，反正你要知道，肯定是有这么个人存在的。”仅仅张爱玲的这份坚定执着，就让我们深受感动，更何况还有这么一个倾心的人呢！人与人的交流，语言虽然是必不可少的媒介，但是真正能够打动人心的交流，却是志趣相投，心意相通。高山流水至今传世，得到无数人的赞赏，就是因为俞伯牙与钟子期之间的深情厚谊和无比默契。俞伯牙很擅长弹琴，钟子期则是最好的听众。俞伯牙一边在心里想着高山，一边弹琴。钟子期说：“你弹得真好啊！我似乎亲眼看到了巍峨雄壮的高山！”俞伯牙一边在心里想着流水，一边弹琴。钟子期说：“此曲绝妙！我仿佛来到了汹涌澎湃的江河旁！”每一次，钟子期都能准确无误地感受到伯牙弹琴时心里所想的，等到钟子期去世之后，俞伯牙感慨自己再也找不到知音了，因而摔碎了最爱的琴，再也不弹琴了。人与人之间默契如此，才是真正的知己。在与他人交谈的过程中，如果我们也能如此了解他人的心，对他人感同身受，则一定也能收获如同俞伯牙和钟子期般的深情厚谊。

周末，牛牛妈妈带着牛牛去小区的广场玩耍。牛牛很快就与一个叫豆豆的小朋友玩到一起去了，妈妈也没闲着，站在那里和豆豆妈妈开始交谈起来。牛牛妈妈问：“你家孩子几岁了？”豆豆妈妈：“5岁了。不爱吃饭，特别瘦。”牛牛妈妈也说：“嗨，我家的也不爱吃饭。为了让他吃饭，我简直使出了浑身

解数，但他就是吃什么都不香，从来不会狼吞虎咽地吃东西。”豆豆妈妈说：“是的呢！人家胖孩子的妈妈为了给孩子减肥发愁，殊不知，孩子不吃饭，瘦得跟猴子似的，也很让人发愁。去年春节回老家，奶奶一见就说：‘哎呀，看把我们给瘦的，一定是妈妈忙着上班，没好好给咱们做饭吧。’天知道，我天天研究菜谱，日日精修厨艺，他不爱吃我有什么办法呢！”牛牛妈妈感同身受地说：“你这个婆婆和我婆婆太像了。孩子瘦，就把责任都归咎于我。我也是要上班的啊，又不是全职家庭妇女。我天天忙里忙外的，孩子瘦了也怪我，她怎么不怪他儿子呢！”“哎，这些婆婆都是农村妇女，一辈子围着灶台转，哪里知道咱们职业女性的辛苦啊。我好不容易放假回家过年，在老家还得按照老家的风俗下厨房，累啊，还不如上班舒服呢！”牛牛妈妈简直像是找到了知音，说：“我也被要求下厨房呢！怎么这些婆婆都一个样子。我偏不下厨房，老爷们吃饭我也吃，为什么我要吃剩的呢！作为新时代的女性，我就是要和封建陋习作斗争。”牛牛妈妈的话让豆豆妈妈忍俊不禁笑起来，说：“我婆婆厉害着呢！回家两三天我也不愿意惹她不高兴，我们通常就住两三天就回自己家了。哪里也不如自己的家舒服啊！”……

牛牛妈妈与豆豆妈妈聊得不亦乐乎，因为她们找到了共同语言，且引起了共鸣。先是从孩子不爱吃饭太瘦说起，聊到了因为孩子瘦被婆婆抱怨，再到农村的封建习俗不尊重女性，她们几乎在每一个话题上都产生了强烈的共鸣，因此才能一见如故，就像老朋友一样畅所欲言地聊了起来。

要想与他人热烈地交谈，我们就应该激发他人的共鸣，这样他人才会对你的话题感兴趣，也才会更加愿意与你聊下去。曾经有心理学家证实，人们在感情上产生的共鸣，大多数是因为有共同经历和相同体验引起的。因而，在与他人交谈时，我们应该尽量说些对方经历过的事情，这样彼此才能一见如故，聊起来也会意犹未尽。

会说说得人笑，不会说说得人跳

民间有句俗语，叫作“会说说得人笑，不会说说得人跳”，这句话简单直白，告诉我们一句话往往有不同的说法，且会产生截然相反的效果。笑，自然是高兴，而跳，则是火冒三丈的表现。在人际关系日益重要的今天，把人说得哈哈大笑自然是好的，但是把人说得火冒三丈就不好了。因而，要想拥有好人缘，我们必须学会以正确的方式倾听和与人交谈。语言，作为人们彼此之间沟通和交流的介质，说得恰到好处，则能帮助人们沟通感情，促进了解。

日常生活中的大多数人，从未想过要向他人施加暴力。的确，和谐社会，和谐共生，为何要暴力呢？但是，不会开展行为上的暴力，并不意味着他们的语言也是清静的。仔细观察你就会发现，很多人都有语言暴力。常言道，良言一句三冬暖，恶语伤人六月寒。这句话很有道理。很多时候，一句温暖的话能让人心生希望，一句粗暴的话却让人顿生绝望。对于那些伤人的话，除了能够帮助我们暂时泄气之外，简直没有任何好处。社会生活中的一些突发暴力事件，也有不少都是因为语言暴力引起的。因而，不要逞口舌之快，这是一个非常中肯的劝诫。对于故意为之的语言暴力，我们当然可以适当控制，但是有些语言暴力表现并非那么明显，效果却同样残忍。例如，随意打断他人说话，说话大声呵斥，把自己的意见强加于人，这些都属于隐形的语言暴力。我们必须处处留心，尽量避免，才能成为一个口吐莲花的人，时时受到欢迎。

几年前，北京出现了一件恶性摔婴事件。大概的经过就是，一个女性朋友推着婴儿车走出超市，来到路口。不承想，有位男士和朋友一起开着车从附近的酒店出来，看到女性的婴儿车挡住了他的去路，因为他按响喇叭，想让女性让路。当时，这位女性朋友也是很不甘愿的。因为她推着婴儿车，男士如此鸣笛肯定会让婴儿受到惊吓。所以，她没有马上让开。后来，这位喝了酒的男士下车与女士理论，一定是语言暴力，甚至粗鲁污秽，导致这位女性朋友也非常

强势，据不相让。当然，如今这件事情的经过已经无从还原，但是男士却在情绪激动之下，做出了一件让人发指的恶劣事件。他从婴儿车里抱起婴儿将其狠狠地摔到地上，导致婴儿当场死亡。

这样的事情发生，让所有人都无暇追忆事件发生的经过，无不心疼那个襁褓中的婴儿，居然以这样的方式离开世界。事到如此，相信母亲也一定万分悔恨，如果不是与男士一时言语冲突，对方又怎么会做出如此惨绝人寰的事情。然而，不管多么懊悔和悔恨，也都无法换回那个白胖可爱的婴儿。至于男性，在遭受法律制裁之后，也一定会为自己因为语言冲突导致的暴力行为悔恨万分吧！

现代社会，因为生活节奏越来越快，生存压力也越来越大，所以人们的心态越发地浮躁，根本无法静下心来从容地享受生活。为此，人们心浮气躁，任何一点小事情都会引发他们的爆发，只不过不知道最终的受害者是谁而已。当那个母亲推着婴儿从超市里走出来时，一定想不到婴儿会在其后的几分钟内惨遭毒手。当那个男子和朋友一起喝酒之后准备开车离开时，也一定想不到自己会因为被语言激怒而做出伤害无辜婴儿的灭绝人性的事情。冲动是魔鬼，我们都应该竭尽所能地控制冲动的本能，更好地生活下去。

倘若在事发当时，当事人彼此之间都能互相礼让一步，则也不至于最终酿成如此严重的恶果。看到这件故事之后，那些认为说话是最简单的事情的人，一定会改变想法了吧。说话可不简单，而且事关重大，很有可能就在遇到特定的人时关系到我们的生死安危。既然说话正如我们时常挂在嘴边的“谈何容易”，那么我们就从现在开始重视说话，并且认真说话吧！

把握从众心理，帮你成功赢得人心

人在无形之中受到很多心理的影响，但自己却浑然不知。作为世界上最伟大的工作之一——推销工作的从事者，倘若你正被不知道如何搞定客户的痛苦所折磨，那么你不如多多学习心理学。只要你深刻了解心理学的很多常识，就一定会产生茅塞顿开的感觉，甚至还能自发地将其作为推销技巧使用，让你的推销工作变得异常顺利。

从众现象在现实生活中是很常见的，如在你和大部分无视红绿灯穿越斑马线时，会有很多原本老老实实等在那里的少数人也会跟在你们的身后，一起闯红灯。在菜市场上，如果大爷大妈们看到某个摊位前围聚了很多人，也马上会围拢过去，和大家一起抢购。正是利用人们的从众心理，因而很多精明的商家在促销时为了集聚人气，会故意找来很多人围在旁边抢购，如此一来，很快就会聚拢很多不知情的人来抢购，似乎抢不到就是错过了天大的便宜。作为推销员，如果你也能够利用这种心理，则一定能够成功促使客户购买你的商品，让你的销售业绩直线上升。

在20世纪80年代，物资普遍比较匮乏。一天中午，妈妈正在家里午休，突然听到院子外传来小贩的叫卖声。原来，小贩正在卖被罩。那个年代，工资很低，只能勉强供一家人吃饭，因而买床新被罩无疑是件大事，是涉及大开支的事情。因而，妈妈在看到刺绣的被罩之后，非常犹豫。

这时，小贩漫不经心地说："这个花色特别受欢迎。刚才，我在最前面那排房子卖的时候，把头的那家就选择了这个花色。他们买了两床，还买了一床龙戏珠呢，就是这种银灰色的。"听到小贩的话，妈妈心里暗暗想道："最前排把头的那家，不就是薛厂长家么！看来，这个被罩的确不错，不然薛厂长夫人见多识广，怎么会买呢！"想到这里，妈妈说："我也想买两床，但是你得便宜点儿。你说的那家，是我们厂里的薛厂长。我们都是同事，关系也很好。

所以，你必须得便宜点儿。”小贩暗自窃喜，说：“这样吧，刚才他们买的两床是按照25元一床买的，给你也按这个价格吧！”妈妈想了想，说：“就20元一床吧，我也买两床。”小贩脸上露出为难的表情，但是并没有完全拒绝妈妈。又经过妈妈的软磨硬泡之后，小贩最终答应了妈妈的请求。就这样，妈妈以20元一床的价格买了两床被罩。第二天，她遇到薛厂长夫人时问起这件事，对方却表示毫不知情。原来，这只是小贩的兜售技巧。他知道住在附近的人都是彼此认识的，因而就利用从众心理，让妈妈心甘情愿地买了两床被罩。

几十年前的小贩居然懂得利用从众心理促使客户购买他的床单，无疑让人惊讶。然而，也许他并不知道所谓的从众心理，而只是凭借自己走街串巷、四处叫卖的经验，总结出了有效的说法方式。的确，这种方式于大多数人而言都是很有效果的。

即便时代发展到今天，很多人都知道从众心理，也依然难免会受到众人的影响。尤其是当这众人是他们身边的人或者是他们信任的人时，从众心理的效果就会更加明显。生活中，未必只有推销员才需要赢得人心。当我们需要说服他人时，如果对方非常固执，无论你怎么苦口婆心地说，他都无动于衷。那么，你不妨也试着使用从众心理，以他人为事例，让他争相效仿，说服的难题也就迎刃而解了。

第02章

先倾听再说话：说得多不如说得刚刚好

说得多，不如说得巧。很多时候，我们虽然喋喋不休地说了很多，但是却没有说到点子上，甚至还不小心说错了话，导致事与愿违。这就要求我们应该把话说到刚刚好，才能恰到好处地起到预期的作用，从而如愿以偿。如何才能把话说得刚刚好呢？当然要学会倾听。只要倾听才能帮助我们了解他人，也只有深入了解他人，才能让我们把话说到他人心里去，不多一句，也不少一句。

要想避免言多必失，一定要学会倾听

古人云，言多必失，祸从口出，是很有道理的。很多情况下，不知所以就不由分说地大说特说，一定会让我们不小心说错话，轻则无法如愿以偿，重则招来祸患。在封建社会，诸多大臣们胆战心惊、如履薄冰地陪伴在皇帝身边，为了保住性命，是绝对不敢不听不分辨就直言进谏的。要知道，皇帝动怒可是要掉脑袋的，因为，他们最有效的办法就是闭口不言。任何时候，任何情况下，都先侧耳倾听，判断局势，然后再小心谨慎地发表看法，甚至选择明哲保身地什么也不说。

当然，现代社会已经没有崇尚一言堂的皇帝了。在崇尚民主的年代，大多数人都享有言论自由的权利，因而，我们是可以畅所欲言的。然而，在与人交往的过程中，要想把话说到他人心里去，我们依然应该谨言慎行，先倾听，而后才能避免言多必失。很多人都觉得语言是最有力的表达，殊不知，在特定情况下，倾听是更有力的无声语言。古希腊流传着一句谚语，大概的意思是说，聪明人凭借经验说话，充满智慧的人却凭借经验选择不说话。由此可见，不说话比说话，需要更大的智慧。很多人说话是抢着说，就像孩子刚刚开始学步，就迫不及待地要走。实际上，在没有把握起到最好表达效果的情况下，倾听是更好的选择。因为倾听，我们可以更加了解他人，也可以判明局势，从而实现更有效的表达。

作为刚刚调到新学校担任校长的张华，他对学校的情况还不太了解。这天中午，教导处主任来问他："张校长，县里要举行优秀教师去外地学校参观

学习的活动，我们学校派谁去呢？”对此，张华毫无经验。因为他既不了解老师，也不知道以往的惯例。然而，张华很聪明，他马上反问教导主任：“有几个名额，您觉得派谁去合适呢？”

教导主任看到新校长如此谦虚，居然主动征求他的意见，因而非常认真地思考了一会儿，才说：“王老师虽然是学校的优秀标兵，但是她去年已经参加过这样的活动了。我觉得，这种机会应该分散开来，鼓励不同的老师。不过呢，也不能都顾着老教师，毕竟年轻教师也是需要鼓励的。所以，就这次的两个名额，我建议让经验丰富的杜老师和作为青年教师尖兵的马老师去。您觉得行吗？”张华觉得教导主任说得很有道理，因而连连点头，说：“你思路清晰，对学校情况也很了解，所以就按你说的办吧。你去通知他们吧！”看到新校长如此尊重和器重自己，教导主任非常高兴。

在这件事情上，张华处理的方式非常巧妙。不但把问题推给教导主任解决，而且还给足了教导主任面子，最终不但解决了问题，而且让教导主任也很高兴。而张华的办法实际上很简单，就是倾听和采纳。如果不是采取这样的方式，而是费心劳神地再去了解每位教师的表现，显然是不可能一步到位的。因而，张华的明智之处就在于他很擅长倾听，也给予了教导主任足够的信任。如此一举数得的方法，实在是非常巧妙的。

在与人交谈时，你凝神倾听，给予他人的感受是非常好的。倾听，意味着你非常尊重对方，也很在乎对方的意见、看法和感受，因为对方会更加慎重真诚地对待与你的谈话，这远比你一味地说教更好。倾听的时候，我们应该目视对方，在恰当的时候还应与对方展开目光的交流，从而更好地与对方互动。需要注意的是，在刚开始谈话时，应该以倾听为主，在倾听的过程中不要随意提问，也不要打断他人的诉说，否则会被视为不礼貌，也会影响对方的谈兴。

晓之以理，动之以情，才能打动人心

在说服他人时，我们总是会遭到抵触。面对他人强烈的抵触情绪，我们应该怎么做，才能让他们心甘情愿地采纳我们的意见或者是建议呢？其实，人都是生性崇尚自由的，没有人愿意被强迫。在说服他人时，或者是与他人针对某些重要问题的分歧展开交流时，我们应该采取商量的语气。否则，过于强势的语气会让对方刚开始时就怀着戒备心理，不愿意继续与我们深入交流。

学会用商量的语气，而且不但讲道理，还要摆事实，如此有理有据才能让他人心服口服。而且，还需要注意的是，我们不要一味地从自己的角度出发考虑问题，而应该站在双方的立场上，既要争取自己的利益，也要保证对方的利益，这样才能真正从内心打动对方，让对方主动配合你，对你言听计从。

小敏大学毕业后进入家乡的中学工作，成为一名老师。近年来，计算机教育逐渐兴起，虽然小敏家乡的初中很偏僻闭塞，但是却在教育局的支援下，也配备了计算机教室，准备对学生们进行计算机普及教育。

学校里的很多老教师都对计算机一窍不通，唯独小敏是刚毕业的大学生，而且在大学里选修的也是计算机专业，因而，小敏责无旁贷地担任起计算机老师的职责，并且校长还特意叮嘱他负责计算机教室的一切工作。虽然校长器重，但是小敏也面对着难题。原来，小敏不止一次向校长提起计算机教室必须配备空调，但是校长就是舍得不那点儿捉襟见肘的经费。当小敏说得多了，校长就以开玩笑的口吻说：“你小子，是为了自己工作时凉快吧！”

有一次，小敏随同校长去中心学校的计算机教室参观，小敏刚刚走进计算机教室的门，就感受到一股凉风。虽然小敏知道这是为计算机降温的，但是依然明知故问：“张老师，你们计算机教室有空调啊！”张老师惊讶地反问：“当然啊，难道你们计算机室没有吗？”小敏摇摇头，张老师马上一本正经地说：“那你们可要赶紧装空调。现在天气越来越热了，如果把教育局分配下来

的计算机热坏了，那可就糟了。计算机主机最怕热，随便一台计算机的价格也超过空调了，更何况一屋子里有四五十台计算机呢！”小敏看了看一旁的校长，校长不好意思地说：“咱们回去就装空调。”听了校长的话，小敏笑了。

虽然小敏在此之前给校长讲了计算机教室必须装空调的道理，但是校长却充耳不闻，还说小敏是为了自己凉快，才申请装空调的。然而，这次去中心学校参观人家的计算机教室，可算是给校长上了实实在在的一课，因而校长决定回去就装空调，因此，小敏再也不用费劲地说服校长了。

不管什么事情，要想说服他人，必须晓之以理，动之以情。如果讲道理不管用，则还要以事实作为最强有力的依据，让他人心甘情愿地发生改变。只有如此，我们的生活才会更加和谐，人们彼此之间的交流也才会更加顺畅。如果违背人心，只是一味地强迫他人，是不可能起到这样的效果的。只有掌握打动人心的方法，才能从根本上解决问题，帮助我们与他人的沟通畅通无阻。

每个人心里都有一个最柔软的地方

曾经年少，最喜欢看金庸赏古龙，每当看到武侠小说中的主人公飞檐走壁，武功出神入化，总是激动不已。然而，让人遗憾的是，这些武林高手不管武功多么高强，总是有“死穴”，也可以叫“软肋”。任何人想要打败他们，只需要攻击他们的软肋即可。对于这样的情况，作为读者的我们总是焦急万分，为什么不能让他们的武功更加高强，变得举世无敌呢？！

现实就是这样，永远不会拥有想象中的浪漫和完美。实际上，虽然时光流转已经进入现代，但是形形色色的人依然是有软肋的。每个人心里都有一个柔软的地方，这个地方不能触碰，也不对外开放，常常只属于一人独享。在我们

想要打动他人，或者一招制胜时，不如就从这些对方最柔软的地方着手，一定能够如愿以偿。尤其是对性格古怪固执或者是不愿意与人打交道的人，我们往往没有充足的机会与他人斡旋，因而更应该瞅准他人的死穴，为自己的沟通扫清障碍。当然，这里所说的攻击他人的死穴，并非是要一招置人于死地，而是用最短的时间打开沟通的通道，让交流变得畅通无阻。

淑红是个非常苦命的孩子。早在她8岁时，她的爸爸就因病去世，只剩下她与妈妈、哥哥相依为命。毫无疑问，在最初失去爸爸的那几年，日子是艰苦的。当时，她的哥哥也不过才13岁。一个刚刚40岁的女人带着两个年幼的孩子，艰难可想而知。然而，妈妈非常坚强，没有像大多数年纪轻轻就守寡的女人那样改嫁，而是咬紧牙关，一定要把孩子抚养成人。

淑红没有读书，十一二岁的年纪就跟着村里大点儿的女孩一起外出打工。她在冷库里扒虾仁，或者在被服厂里做工，努力养活自己，不给妈妈增加负担。后来，哥哥结婚成家之后，妈妈渐渐老了，她还挣钱贴补妈妈的家用。就这样，到了二十七八岁的年纪，淑红也没有找到合适的男朋友。眼看着淑红的年纪越来越大，妈妈不由得着急起来。在农村，很多女孩二十出头就结婚生子，淑红无疑成了村子里的大龄剩女。一次，有个亲戚给淑红介绍了对象，淑红原本不太喜欢那个男孩子，觉得他太黑，嘴巴也长得不好看。但是男孩非常坦诚地说："我已经听媒人说了你家里的情况，我知道你妈妈需要你赡养。你放心吧，以后只要有我一口吃的，就有老人家一口吃的，肯定不会让她过得比别人差。"这句话一下子就击中了淑红的软肋，一直以来，她最担心的就是妈妈未来养老的问题。看到男孩说得信誓旦旦，言之凿凿，淑红问："你说的是真的？无怨无悔？"男孩郑重其事地点点头。几个月之后，淑红与男孩举行了婚礼，走入了婚姻的殿堂。她说："他虽然不很帅，但是他懂得我的心。"

在这个事例中，男孩在听媒人介绍了淑红的情况后，一下子就找准了淑红的软肋。面对淑红的犹豫不决和不够满意，男孩一语中的地承诺要负担起给淑红妈妈养老的责任。因而，淑红的心突然间就动摇了。为了妈妈，也因为这个

男孩的真诚和坦率，而且还有一颗充满爱的心，她最终决定接受男孩，与其携手度过一生。

每个人的心中都有软肋，也有牵挂。如果我们想在最短的时间里打动他人，就应该知道他人心中最柔软的地方是哪里，也要明白对方心里的软肋。唯有一招取胜，我们才能更好地打动他人，从而为展示自己争取更多的时间和机会。在人际交往的过程中，如果我们能够抓住他人的软肋，就能够在交往中占据主动的位置，起到决定全局的至关重要的作用。

恰如其分的赞美，助你成功赢得人心

没有人会排斥赞美，即使他明知道这份赞美是虚伪和功利的，也依然会微笑着听，然后再将其从心里抹去。总而言之，面对赞美自己的人，即使我们知道他是虚情假意，也不好意思直接拒绝或者义正词严地戳穿，那岂不是相当于否定他人对自己的赞美吗？当然，赞美虽然是人际交往的法宝，也不能随便滥用。当赞美泛滥成灾，当虚情假意已经不加任何掩饰，也未可知被赞美的人会是怎样地厌烦和不懈。因而，赞美也需要讲求时机，分场合。只有恰到好处的赞美，才能帮你成功赢得人心，为你的人脉添砖加瓦。

发自内心的赞美，人人都能感受到。因而，即便他人不会排斥明知是虚情假意的赞美，我们也要努力争取真心诚意地赞美他人。真诚的赞美有股神奇的力量，能拉近你与他人之间的距离，彼此亲近。很多人嘴上说自己不喜欢赞美，实际上当他真的得到赞美时，一定会在心里乐开了花。既然如此，就让我们慷慨地给予他人赞美吧！从某种意义上说，赞美是最慷慨的给予。你的赞美不需要付出任何经济和物质上的代价，而只要是真心诚意的，就能起到出乎意

料的作用。当赞美被恰到好处地发挥到极致，整个世界都会为之改变。

曾经，有个男孩特别想成为一名作家，因此，他每天都非常勤奋地写作。等他长大成人之后，他更是把所有的业余时间都用于创作。但是，他的每一篇作品，在投递出去之后，都毫无音信。后来，男孩失去了父亲，母亲也因为承受不了沉重的打击，神经错乱。面对这个千疮百孔的家庭，男孩始终坚强乐观。他一边努力挣钱养家，一边继续写作。

终于，在一篇习作投出之后，他居然意外地收到了退稿。在退稿上，编辑老师写道："文字深沉内敛，能够感受到奋发向上的力量。只需语言方面更注意精练，假以时日，一定能有所成就。"男孩一遍又一遍地读着这行字，原本已经接近绝望的他，从这行字中又重新找到了希望和勇气。他不但继续坚持写作，而且对生活也充满了信心。十几年后，男孩成为了一位农民企业家。虽然他的作家梦成了泡影，但他却始终牢记着那封退稿上的话——"奋发向上的力量"。

也许，当初那位编辑只是因为不忍心无数次让这位男孩的投稿石沉大海，所以才随意地写上了这样一句话。但对男孩来说，这句话却像启明星一样，照亮了他前行的道路。也正因如此，他的人生不管多么艰难都不曾自暴自弃，更不曾放弃。这就是赞美的神奇力量。一句无心的赞美，也许就会彻底改变一个人一生的命运。对此，我们应该更加慷慨大方地赞美他人，因为一句赞美就是一生一世的力量。

对于赞美，大文豪莎士比亚曾经说，赞美就像阳光照在人们的心上。如果没有阳光，我们就无法茁壮成长。的确，每个人的人生都不可能是一帆风顺的，我们唯有更加坚强，百折不挠，才能在充满坎坷的人生之路上开拓出属于自己的一片天地。赞美，就像是阳光，更像是雨露，总是能够滋养我们的心灵，成全我们的人生。需要注意的是，赞美一定要真诚，才会更有力量，才更能够打动人心。不过，凡事皆有度。赞美也不能过度泛滥，否则就会失去原有的作用。唯有面对合适的人，选择合适的时机和场合，恰到好处的赞美才能爆发出神奇的魔力。

说得好不如说得巧，说得巧不如说得奇

即使一百句平平淡淡的话，也抵不上一句巧话，即使一百句巧话，也抵不上一句奇话。人们每天耳边都充满了聒噪的声音，真正能够让他们印象深刻的，就是那些出奇制胜的话，别出心裁的话，另有新意的话。尤其是在职场上，如果你想介绍自己，那么一个别开生面的自我介绍就能够让他人记住你。否则，即使你进入公司一段时间后，也仍然会有很多人不知道你的名字，更对你没有印象。由此可见，要想在职场上叱咤风云，首先要有个开门红，而开门红的关键就在于要以奇话介绍自己，让大家在最短的时间内牢牢地记住你。毫无疑问，被领导记住是大有好处的。很多内向的人恨不得没有人关注自己才好，真正的聪明人总是抓住各种各样的机会让他人记住自己，这样才能为自己争取更多的机会。

时至今日，我依然记得初中时代的数学老师——张琦。张老师如果生在古代，一定是个美男子。他有一张国字脸，显得非常有男人的气质，而且肤色白皙，却长着浓密的络腮胡。他的眼睛很大，双眼皮，而且不说话的时候也给人笑意盈盈的感觉。但实际上，他是一个非常严厉的老师，对大家的要求也特别严格。当然，这一切都是在听完张老师的自我介绍之后，才观察到的。也可以说，我是因为张老师的自我介绍，特别地留意了他。

那天是9月1日。张老师只是数学老师，而不是班主任，因此我们直到9月1日的数学课上才初次见面。只见他迈着矫健的步伐走上讲台，然后面向大家说："我叫张琦——"说完，他停顿了片刻，接着又说道，"就是长得很奇怪的意思。同学们可以看看，我的头发都长到脸上了。"他话音刚落，同学们就哈哈大笑起来。就这样，张老师以这个简短有力的开场白，让每个同学都记住了"长得奇怪"的他。

此后的日子里，我对张老师的感觉一直很特别。他是那么与众不同，外冷

内热，看似有一双笑眼，却无比严厉，但是心地非常善良，一言一行都是为了同学们好。渐渐地，我们都喜欢上了这个“长得奇怪”的老师。

作为老师，在接手一个新班级时，先声夺人是很有必要的。众所周知，现在的初中生已经不像以前的孩子那么简单幼稚，而是越来越成熟，也充满了力量。因而，作为承担着师道尊严的老师，一定要在初次和孩子们见面时，就给孩子们留下深刻的印象，并且也树立自己的威严，这样才能为接下来的教学工作创造便利。很多老师在与新同学见面时喜欢喋喋不休地介绍自己，其实同学们根本就不在乎他是哪所名牌大学毕业的，也不知道他所说的那些头衔有何作用。实实在在的开场白，才是同学们获得对老师第一印象的直观感受。这也是张老师比班主任更早地被全班同学记住的原因。

现代社会越来越重视人际交往。在交际舞台上，我们要想成为耀眼的新星，就一定要亮出自己的风采。在很多情况下，专业能力和知识技能仅仅对专业性较强的工作起到重要的辅助作用，而对人际交往没有太多的帮助。在这种情况下，我们就要充分发挥自己的高情商，也给自己来个与众不同的出场。与其唠唠叨叨地说个没完没了，不如三言两语地说个潇洒，也能博得他人的尊重和认可。很多人做人做事都讲究按部就班，殊不知，不按常理出牌往往能够出奇制胜，帮助我们先声夺人，甚至是一招制“敌”。

第一句话和第一印象同样至关重要

在通常情况下，我们如果与他人初次见面，或者是为了找工作进行面试，或者是为了相亲而准备，我们一定会非常注重自己的形象。细心的人会精心准备服装，男士会刮刮胡须，理理发，女士会挑选得体的衣服，做做头发，化化

妆。然而，大多数人的准备工作都是为了给他人留下良好的第一印象，因为近年来我们越来越深刻地意识到第一印象的重要性。然而，我们却忽略了一个事实，即第一句话和第一印象同样至关重要。在做好面子工程的同时，我们也应该更好地准备说辞，第一句话就给人留下深刻印象，也帮助自己在他人心目中建立良好印象。

从心理学的角度来说，不管是第一印象还是第一句话，之所以能够起到至关重要的作用，都是因为首因效应。所谓首因效应，也叫首次效应，或者叫第一印象效应，最早是由美国心理学家洛钦斯提出的。通俗地说，首因效应即指人们在初次交往时形成的第一印象会对此后的交往产生深远影响，也就是我们平日里所说的先入为主。尽管这些初次交往时形成的印象未必全面和正确，但是却异常深刻地印在了人们的脑海中，对人们未来的交往起到决定性作用。因为，第一印象如果好，后来的交往也会相应地更加顺利。相反，如果第一印象很差，则人们会因为先入为主，导致后面的交往很难扭转局面，甚至故意产生对抗的状态。由此可见，第一印象影响深远。不过，需要注意的是，第一印象的形成并不仅仅依赖面子工程，言谈举止，尤其是张口说的第一句话，也是至关重要的。

那么，如何做好第一句话的准备工作呢？俗话说，行家一出手，就知有没有。我们要说，行家一开口，就知有没有。要想说好第一句话，首先必须更多地了解对方。也许有人会说，如果是面试，我怎么可能了解对方呢！当然，你是不可能预先知道面试官的情况的，但是你肯定知道自己面试的是哪家公司。作为有心人，如果你能提前了解公司情况和公司的企业文化，想必在面试时回答问题总不至于南辕北辙。如果是相亲，则更加好办，可以从介绍人那里获得更多信息。要是谈判或者其他商务场合，收集信息则更加容易。总而言之，只要你处处留心，一定能想方设法地收集到更多的信息。这样一来，你的第一句话也会说得更有针对性。

今年正在读大四的刘刚，和大多数同学一样，每天都忙着找工作。然而，

刘刚接连面试了十几家公司，都没有得到回音。为此，刘刚觉得自信心大受打击，甚至开始怀疑自己的能力。老师在得知刘刚的困惑后，问："你每次参加面试，是怎么介绍自己的呢？"刘刚想了想，说："我就是如实说的啊，例如'我叫刘刚，毕业于南京财经大学，是大四学生。'"老师笑着说："你不觉得你这个开场白太过于平淡了吗？如果第一句就让人觉得乏味，面试官是没有耐心听你说下面的话的。"刘刚困惑地问："那么，我应该怎么说呢？大家不都是这么说的吗？"老师摇摇头，说："杜琴是班级里最先敲定工作的。你可以请教她。"

经过向杜琴取经，刘刚才恍然大悟。这次面试，他完全像变了个人。面试官对他说："请介绍一下自己。"刘刚笑着说："您好，我不是一名普通的应届大学毕业生。大学四年，我一直在勤工俭学，不但为清华社做过兼职编辑，而且还在卖场推销过电脑、打印机，也卖过女生用的化妆品、面膜，等等。当然，每年的情人节我是一定会去卖花的，因而我对情人节的行情非常了解。这些，都是我在南京财经大学大四学生身份之外的附加值，希望能够让您满意。"和刘刚此前的自我介绍相比，仅就那一句"我不是一名普通的应届大学毕业生"，就让面试官瞬间抬起头来疑惑地盯着他。如此一来，刘刚接下来的自我介绍一字不落地进入面试官的耳朵里，让面试官更加了解刘刚，也准确记住了刘刚。果不其然，采取新的自我介绍法面试三次之后，刘刚就顺利找到了一份心仪的工作。

第一句话，往往给人留下深刻的印象。尤其是当你面对的是低着头看资料的面试官，则你的第一句话更加能够先声夺人，让面试官在看到你之前就对你有良好的印象。如此一来，面试官看你总是非常顺眼，这都是首因效应的功劳。

做任何事情，都应该争取有一个好的开始。只有开头良好，我们才更有可能走向成功。不管面对谁，也不管是在何种场合，我们都应该拥有良好的心理素质，做到不卑不亢，落落大方。在此基础上，我们还应该用心琢磨第一句话

的开场白，为自己赢得开门红。需要注意的是，第一句话千万不要夸大其词，可以猎奇，但要能够完满地自圆其说。只有保持冷静和理智，以事实为基础，才能帮助你赢得他人的赞许和认可。

察言观色，才能见风使舵，避免祸从口出

不管做什么事情，我们都应该把握事情的核心。否则，一旦偏离重心，就会导致竹篮打水一场空，即便付出了再多的努力，也毫无结果。民间有几句俗语，到什么山头唱什么歌，见人说人话，见鬼说鬼话。虽然这未免有见风使舵的嫌疑，但在现代人际交往中，见风使舵并非贬义词，而是意味着灵活待人处事，从而最大限度地避免祸从口出，也能使每一句话都说到点子上。

尤其是对很多初入职场的新人而言，他们总是心怀忐忑，不知道应该如何与新同事、新上司相处。实际上，与他人相处并非想象中那么难。任何时候，我们都应该本着真诚的原则，做到淡然处事。现代职场，和几十年前计划经济时代晋升需要靠关系不同，特别是在一些私营企业，实力才是决定晋升通道的最根本因素。因而，即使我们初入职场，也无须四处阿谀奉承。只要把自己的工作做好，在待人处世方面做到察言观色，避免祸从口出，你的职业生涯就不会有太大的变故。

在中国四大名著之一《红楼梦》中，每个人都栩栩如生，各具特色，要说其中最懂得察言观色的，当数王熙凤。在林黛玉初来乍到贾府时，先是与众人一一见过面，意识到贾母颇具威严，在贾母身边的每个人都毕恭毕敬，不敢大声说话。后来，王熙凤大笑着出现在众人面前，由此可见，她在贾母心目中与众不同的地位。如果旁人在贾母面前胆敢如此，一定会被批评放肆无礼，唯有

王熙凤才有这个特权。当时，作者不惜笔墨描述王熙凤的市侩模样，让人一看便知王熙凤狡猾刁钻，绝非善类。

后来，王熙凤看到林黛玉，居然夸张地说："天下真有这样标致的人物，我今儿才算见了！况且这通身的气派，竟不像老祖宗的外孙女儿，竟是个嫡亲的孙女，怨不得老祖宗天天口头心头一时不忘。只可怜我这妹妹这样命苦，怎么姑妈偏就去世了！"说着，王熙凤居然开始伤心起来，这就是王熙凤的高明之处。她见了黛玉先是赞不绝口，这恰恰迎合了贾母的心思。然而，她又不是一味地欢喜，因为贾母看到黛玉就想到短命的女儿，已经先拥着黛玉哭过了。所以王熙凤在夸赞完黛玉之后，也马上表现出伤心的样子，同样是为了迎合贾母。由此可见，王熙凤把察言观色、见风使舵的本领运用得炉火纯青，因此才能在贾府如鱼得水，尽享贾母的疼爱和宠溺。

在贾府之中，很多人都曾惹得贾母不高兴，唯独王熙凤，句句话都能说到贾母的心里去。她心知肚明，贾母才是贾府的当家人，她只是个总管而已。因而，她要想一手遮天，就必须牢牢依靠着贾母，才能让众人服气。也正因为察言观色、见风使舵的本领，王熙凤才能在贾府中左右逢源。

从某种意义上来说，察言观色就像看菜吃饭，量体裁衣。不管是做人还是做事，都要圆融通达，才能达到最好的效果。如果我们一味地按照既定的方法做事，则难免偏离实际情况。而如果没有一定的既定方针作为指导，则又会像没头苍蝇一样。最好的办法就是学会察言观色，然后根据实际情况调整说话的思路，这样不但能够避免不小心说错了话得罪他人，也能帮助我们更好地把话说到他人心里去，与他人友好和谐地相处。

第03章

心到眼到话到：用心多观察才能说对话

生活中，人们常常说心意到了就行。实际上，在社交场合，心意到了远远不够，因为如果不能察言观色，恰到好处地表达自己，则心意就很难到达。因而，我们说必须心到眼到话到，再加上细致入微的观察，才能把话说到他人心里去，才能尽量把每句话都说得让人高兴。人脉关系的维护，不但需要很多表面的形式，更需要我们真诚和互利，因而，要想拥有好人缘，一味地为自己争取利益也是不行的，必须维护双方的利益，友谊才能地久天长。

用心记住他人的名字，才能打开他人心扉

现在的社交场上，越来越多的人意识到记住他人的名字，对于人际交往有很大的好处。从交际心理学的角度来说，当你只见过他人一面，却能够直接喊出他人的姓名时，一定能在他人心中留下良好的印象，且会让他人觉得惊喜，与你之间的距离瞬间就被拉近了。与此恰恰相反的是，假如你记他人姓名时只是用嘴巴，而不是用心，那么你就很有可能记错他人的姓名，如此一来，见到他人亲热地喊出名字，却喊错了，一定会让人尴尬，也因此对你印象恶劣。因而，记他人的名字时，我们应该用心，而不应该仅仅是用嘴巴。只有用心记住他人的名字，且发自内心地喊出来，才能打开他人心扉，与他人更好地交往。

在大学校园里，张鹏作为一名年轻的教授，虽然没有资深教授的渊博知识和儒雅风范，也没有各种光彩夺目的头衔，但却是最受学生欢迎的。每到有张鹏的公开课时，大教室里总是坐满了学生，人挨着人，密密麻麻。为什么张鹏的课这么受欢迎呢？原来，张鹏有过目不忘的本领，每个只要他见过面的学生，他都能叫出名字。

这不，在这节外国文学鉴赏课上，张鹏冲着坐在最后排的那位同学喊道："李刚，你来说说，你对哈姆雷特怎么看？"李刚这是第二次来听课，当听到张鹏叫出他的名字时，突然激动不已，站起来磕磕巴巴地说了自己对哈姆雷特的看法。课后，李刚一边走出教室，一边兴奋地对身边的同学说："之前大家都说张鹏过目不忘，我还不相信呢！现在看来，张鹏真的是过目不忘啊，要知道，这是我第二次上他的课。当他亲切地喊出我的名字时，我简直心潮澎湃。

以后我一定要多听张鹏的课，太神奇了！”就这样，张鹏凭借过目不忘的本领，记住了越来越多学生的名字，也赢得越来越多学生的心。

很多学生直到毕业以后，即使时隔几年，张鹏也依然能喊出他们的名字。当曾经的学生们走在大街上，听到一个多年前的老师熟稔地喊出他们的名字，简直激动得不能自持。张鹏和很多学生都是朋友，即使这些学生只是选修他的课程，也依然对他情有独钟。对此，张鹏说：“只要用心，我们总能记住自己亲手教过的学生。”

张鹏之所以能记住诸多学生的名字，就是因为他不只是用嘴巴记学生的名字，更是用心在记学生的名字。这就是张鹏能够得到众多学生喜爱的真正原因。不管我们从事什么工作，也不管我们在生活中充当何种角色，只要我们尊重身边的每一个人，尽量做到礼貌周全，他人就一定会给予我们更多的真诚和友善。

现代社会，人际关系被提升到越来越高的高度。我们唯有用心地对待身边的每一个人，才能与他人更好地相处，给他人留下良好的印象。常言道，多个敌人多堵墙，多个朋友多条路。我们认识的每一个人，都可能成为我们人生路上的贵人，也有可能成为我们一生的好朋友。退一步说，即使出于尊重他人的心理，我们也应该努力记住他人的姓名。每个人自从呱呱坠地开始，就拥有自己的名字。他们直觉当一个人能记住他们的名字，这个人一定是尊重和在乎他们的。因此，为了博得他人的好感，我们理应多花些心思记住他人的姓名。

结成同盟军，你们自然会更加亲密

对于敌人，我们总是怀着警惕和戒备的心理，对于亲人，我们则不由自主地感到亲近。尤其是同一个战壕的战友，则更是能够为彼此牺牲生命的交情。

倘若我们能够在人际交往中，与他人结成同盟军，变成一个战壕的战友，那么我们与他人的关系一定更加亲近，且彼此信任，非常密切。当然，我们不可能与每个人都结成同盟军，古人云知己难求，是有道理的。而且，一个人因为时间和精力有限，不可能与每一个认识的人都深耕交情。那么，这样一来，我们如何通过与他人结成同盟军的方法，与他人拉近距离，变得更加亲密呢？

其实，不仅仅是对于友谊，生活中在与很多人交谈时，我们都可以使用同盟军战略。如此一来，同盟军战略不再受到交情深浅的限制，而是能够得以更加灵活的运用。毋庸置疑，我们最信任“自己人”，因而当我们从语言上与他人变成自己人时，他人也会非常信任我们。如此一来，在信任的基础上，彼此的交谈变得更加和谐融洽。

毕业于美国耶鲁大学的荷蒙，主修矿冶专业，一毕业就成为矿冶工程师。后来，他还去了德国，在弗莱堡大学继续深造和学习，最终获得硕士学位。完成学业之后，他带着各种毕业证来到位于美国西部的一家采矿场求职，却遭到了矿主赫斯特的拒绝。赫斯特不但脾气古怪，而且非常固执。他自己从未接受过教育，因而从心里抵触那些拿着文凭当成资本的人。

当荷蒙把自己的文凭全都呈献给赫斯特时，原本以为赫斯特一定会像发现人才一样兴奋。然而，赫斯特很粗俗地对荷蒙说：“我这里不需要你，你请便吧！”荷蒙疑惑不解：按理说，我的学历足以让我绰绰有余地应付这份工作了，为何他反而把我拒之门外呢？因此，荷蒙问道：“您可以告诉我，您对我哪里不满意吗？”赫斯特回答说：“因为你的文凭太高了，我可不想与文质彬彬又一肚子华而不实大道理的工程师打交道。”听了赫斯特的话，聪明的荷蒙一下子就找到了问题的症结所在。原来，赫斯特是讨厌知识分子啊！因而，他眼珠一转，计上心头，故意装作神秘地说：“其实，我有一个小秘密想与你分享，但是你必须保证有朝一日不会告诉我爸爸。实际上，我完全是被爸爸逼着才去弗莱堡读书的，在那里的三年，我一直吃喝玩乐，根本没有时间花在学习上。”听了荷蒙的话，赫斯特说：“好吧，欢迎你加入！”

关于荷蒙的高学历，从未上过学如今却成为大矿主的赫斯特，心里显然不服气。他的不服气，一则是他本性不喜欢文绉绉的理论学家，二则是因为他自己未接受过教育而有着遗憾，因而不觉得抵触接受过高等教育的人。幸好荷蒙不是遇到挫折就退缩的人，因而，在得知赫斯特的真实心意之后，他马上表态自己其实读硕士期间一直都在偷偷地玩耍，只是被父亲强迫才去读硕士的。听到荷蒙也是一个贪玩的孩子，赫斯特突然间感到与荷蒙很亲近，因为他们居然有着很大的相似性，是同盟军。就这样，赫斯特改变主意，欢迎荷蒙的加入。

为什么原本对荷蒙态度冷淡的赫斯特突然间有了如此大的改变呢？原因就在于荷蒙以寥寥数语就把赫斯特变成了自己的同盟军。尤其是荷蒙还让赫斯特帮助他在爸爸面前保守秘密，这样一来，他们更是拥有了共同的秘密。因而，他们的感情瞬间变得亲近，赫斯特的转变也就是情理之中的。当赫斯特把荷蒙当成自己人，怎么还会继续将他拒之门外呢？！

在用“自己人”的口吻与他人套近乎时需要注意，不管我们的身份是什么，也不管我们的地位是卑微还是高贵，我们都应该以真诚平等的口吻与对方交流，这样才能让对方更心甘情愿地接受我们的意见。其实，与对方结成同盟还有个小小的技巧，即说话时尽量不要说“你”“你们”“我”，而要多说“我们”“咱们”等。这样简单的称呼改变，瞬间就能拉近你与他人之间的距离，让你们变得更亲近。

表情语言奥秘多，助你读懂他人心

作为交流的重要手段，语言表达被提高到至高的地位。很多想要成为社交达人的人，都非常关注对语言表达能力的提升和语言素质的修养。其实，大家

都忽略了除了进行语言交流之外，表情也是必不可少的重要的交流辅助工具。很多情况下，语言可以正面表达、反面表达，或者旁敲侧击，因而自古以来就有“醉翁之意不在酒”之说。要想准确把握他人的意思，我们除了要认真倾听之外，更要细致观察对方的表情，这样才能更明白地读懂对方的心，了解对方的心思。

人们常说，人生如戏，全靠演技。那么，什么是人生的演技呢？毋庸置疑，除了少量从事演员工作的人之外，大多数人都是普普通通的，根本不知道何为演技。实际上，人生的演技就是表情。很多时候，我们说话要依靠表情作为辅助，甚至撒谎时也不得不考虑到表情的因素，努力让表情贴近谎言。如果人的语言是可以组织的，那么人的表情也是可以控制的。从他人有意或者无意表现出来的表情，我们能够深入他们的心灵，读懂他们的内心。一旦了解了他人的真实想法，我们也就更容易调整谈话的方向，把话说到他人的心里去。

作为职场新人，小新每天下班之前，都会主动向上司汇报自己一天的工作，让上司多多给他提出宝贵的意见。刚开始几天，上司很欣赏小新这种主动工作、认真严谨的态度，然而，今天是周五，看到小新又在下班前十分钟来汇报工作，上司不由得着急起来。原本，他约了爱人下班后一起去吃烛光晚餐，如果迟到，一定会破坏爱人的好心情，因为她是最烦等人的。然而，看着小新积极的样子，上司也不好说什么，只好硬着头皮开始听小新汇报。

偏偏今天小新的工作多而杂乱，汇报完这件，还有那件，说了二十分钟，还没说完。上司心里急得火烧火燎，因而不停地看手腕上的表。小新原本正在投入的汇报报表，等到好不容易对着报表说完之后一抬头，就看到上司满脸焦急地正盯着表看。小新突然意识到：上司频繁地看表，而且面色焦急，一定是急着下班。想到这里，小新匆匆忙忙地结束汇报，告辞时还不忘说：“对不起啊，耽误您宝贵的时间了。”上司看到小新离开，赶紧收拾东西下班。紧赶慢赶，总算抢在老婆抵达的前一分钟到达约定地点。他心里很是欣慰，想：这个小新，虽然是个新人，还算有眼力见。她要是再汇报十分钟，我今晚预定好的

烛光晚宴就要不欢而散了。

小新是个非常聪慧的姑娘，在一看到上司满脸焦急且频繁看表之后，她就意识到自己的汇报不合时宜，因而赶快结束。如此一来，上司虽然经历了焦急，却最终按时到达了约会地点，可谓虚惊一场。如果小新不懂得观察上司的表情，一味无所顾忌地汇报下去，那么当上司与爱人的烛光晚宴不欢而散时，上司对小新也会产生不好的印象。由此可见，要想在职场上拥有好人缘，不但要付出真心和努力，更要认真细致地观察他人的表情语言，这样才能准确读懂他人的内心。

人的面部有很多肌肉，能够做出无数种表情。在日常交流中，我们除了使用语言表达内心之外，还要使用表情作为辅助。很多情况下，表情能够弥补语言表达的不足，更好地表达我们的内心。同样地，我们也只有更加细致入微地观察他人的表情，才能更加深入地了解他人心思，从而让交谈更加愉快。

眼睛是心灵的窗口，读懂眼睛才能读心

早在一千多年前，孟子就曾经说过，眼睛是人心灵的窗口，要想观察一个人，首先要观察他的眼睛。因为眼睛不会撒谎，语言却能矫饰。一个凶恶的人，他的眼睛也一定是恶的。一个心地纯真善良的人，他的眼睛也会清澈明亮，从不躲躲闪闪。因而，在听他人说话时，我们也应该观察他人的眼睛。唯有如此，我们才能根据他人的真切反映，及时调整思路，调整与他人谈话的方向，从而更好地与他人交流。

眼睛最主要的作用就是看东西，不仅看各种各样的物体，更看人，看人细致入微的表情，还时常与他人的四目相对。经常看影视节目的人都会发现，很

多时候画面一片沉默，导演唯独给了眼睛一个特写，那是比语言更加深刻的表达。眼睛，能够直接抵达人的心灵，比语言的交流作用更强，而且更加真诚。

作为一名老员工，老杨居然在领导新官上任三把火期间，犯了一个严重的错误。老杨有些担心，要是老领导在，一定会狠狠地批评他。不过，老领导心直口快，批评完之后只会让他认真改正，而绝对不会秋后算账。但是他不了解新领导，因而不知道自己会受到怎样的待遇。

果然，新领导让老杨去了他办公室一趟，老杨忐忑不安。在面对新领导时，老杨刻意回避眼神，进行述职。他非常诚恳地认识到自己的错误，并且保证会改正。然而，在他喋喋不休地说完之后，却看到领导的眼睛正看着他，试图与他进行眼神的交流。在老杨终于鼓起勇气看向领导时，领导却未闪开眼神，说："嗯，既然你已经认识到错误，作为老员工，我想也不需要我再多说什么了。"当看到领导的眼神时，老杨突然心里有底了。因为领导的眼神非常柔和，一点儿都不犀利，而且满怀真诚，就像孩子一样很纯真。老杨暗暗想到：这个领导肯定温柔有余，严厉不足。他对领导说："放心吧，领导，我一定会避免再犯同样的错误，竭尽全力支持您的工作。"那一瞬间，领导眼睛里流露出感激。此后，老杨不但自己认真努力地工作，还时常督促同事们也都好好工作，尽量配合新领导。

从新领导的眼神里，原本忐忑不安的老杨看到了真诚、友善和柔和。当然，老杨是老员工，肯定是有自觉性的，而且他这次犯错误原本就是意外。当从眼睛直接看到新领导的内心深处，老杨决定更加认真努力地工作，尽量给新领导减少麻烦和负担。这就是眼神的力量。也许如果犯错误的是个新员工或者是经验不足的年轻员工，领导的眼睛里会是严厉，这样才能鞭策和督促他们更加努力。然而，老杨是个老员工，一直以来工作表现都很好，因而，领导才以鼓励和信任老杨为主，激发老杨的工作积极性。

一直以来，目光的接触都是人们交流思想的方式之一，而且效果非常好。通常情况下，专注地看着别人代表凝神倾听，目光看着别处且漫不经心，则代

表对谈话厌倦……总而言之，每种不同的眼神都因具体的情境因而起到不同的效果。所以，善于交际的人总是擅长用眼神来表达自己的微妙思想，或者通过观察他人的眼神以做到了解他人的真实想法。如果能够恰到好处地运用眼神，你就会独具魅力；如果能够准确地从他人的眼神里得到信息，你也会变得冰雪聪明，受人欢迎。尤其是在职场上，当上下级关系比较微妙时，恰到好处地运用眼神则能够更好地表达自己的意见，往往有着此处无声胜有声的独特作用。

手势语言用处大，助你与人好沟通

作为交流的辅助工具，手势语言的作用也不可小觑。所谓手势语言，就是指人们在进行语言表达时，因为情绪激动，或者是觉得语言乏力，因而有意识或无意识地做出来的手势动作。通常情况下，手势语言能够辅助正常的语言交流，而且很多聋哑人在经过专业训练之后，手势语言运用得炉火纯青，能够很好地用手语与他人交流。当然，对于正常人而言，手势语言并不作为主要的交流工具使用，大多数情况下都是交流时无意间做出来的，或者是有意为了加强情绪表达而做出来的。举个最简单的例子，小时候每当惹父母生气，父母如果苦口婆心地劝说我们却达不到效果，他们就会愤怒地把手使劲地拍在桌子上，以对我们起到震慑的作用。从本质上来说，这就是一种手势语言，只不过因为情绪激动而导致幅度过大，且不够自制。

生活中，在与他人交流时，我们也常常会情不自禁地使用手势语言。几个月的孩子在父母的教授下，就会与人飞吻，用手打啵儿；稍微大一点儿之后，他们还会对人说拜拜，并且作出相应的手势。这些，都是手势语言的最初应用。由此可见，手势语言是伴随着人们的口语发展起来的，可谓悠久长远。在

日常交际中，如果我们能够很好地运用手势语言，就能够更好地与他人交流和沟通，为我们发展人际关系起到良好的作用。

这个周末，小安要随同男友张强去拜见未来的准婆婆。这是小安第一次见张强的父母，所谓丑媳妇总得见公婆，尽管小安不丑，却依然非常紧张。她早早起床，拿上提前准备好的礼物，与张强在约定地点见面后，就直奔准婆婆家而去。

果然，准婆婆慈眉善目，看起来很欢迎小安的到来。小安和准婆婆礼貌地交谈着，很快，到了做午饭的时间。虽然小安要去厨房帮忙做饭，但是婆婆却再三拒绝，说厨房太热，让小安坐在客厅喝茶看电视。小安便老老实实地坐在客厅，这时，准公公下班回到家里，与小安又是一番寒暄。寒暄之后，准公公对张强说："张强，你妈呢？在做饭呢吗？"准公公一边说，一边对着张强指了指，接着又指了指厨房。张强突然领悟爸爸的意思，因而轻轻地拍拍小安的肩膀，冲着厨房的方向抬了抬下巴。冰雪聪明的小安，赶紧去厨房帮准婆婆择菜洗菜。准婆婆这次没有推却，一边与小安闲聊，一边做饭。小安一直在给准婆婆打下手，吃完饭之后还抢着收拾餐桌，刷洗碗筷。下午告辞时，准婆婆伸出胳膊搭在小安肩膀上，一直簇拥着小安，把小安送到楼下。眼看着准婆婆转身回家，小安这才松了口气。张强高兴地说："好啦，好啦，看我妈对你的样子，居然用胳膊揽着你，你应该是过关啦。从此以后，但愿你们婆媳之间皆大欢喜。"小安笑着说："傻样儿。对了，你怎么突然让我去厨房帮忙啊，看你妈的样子不想让我去啊！"张强长吁一口气，说："幸亏老爸及时回家，用手示意我去厨房帮忙，不然咱俩就犯错啦！实际上，妈妈是在和你客套呢，她当然想趁着与你一起下厨的机会，和你多多聊天。而且，这也能看出来你将来能不能成为勤快贤惠的儿媳妇啊！"

丑媳妇见公婆，心里自然是紧张的，幸好，小安得到贵人准公公相助，在公公的间接指点下，准确会意婆婆心思，洗手进入厨房，与婆婆一边烹饪一边闲谈，不亦乐乎。在送小安下楼时，准婆婆也以自己的手势语言准确传达心

意，她对这个儿媳妇很满意。在生活中的很多情况下，有些事情是无法明说的，或者语言也不足以使他人意会。在这种情况下，我们可以多多发挥手势语言的作用，更好地传情达意。当然，我们也要学会根据现实情况准确解读他人的手势语言，这样才能领悟他人心意，从而更好地与他人交流。

肢体语言奥妙多，座位变动有讲究

从语言，到眼神传情达意，再到手势语言表达真心，其实，我们的整个身体都可以作为交流的基本工具之一。这里所说的整个身体的语言表达，就是肢体语言。所谓肢体语言，顾名思义，是指用眼睛、手臂、胳膊等身体的一切部位，来配合语言或者单独使用，表达我们的思想和情感的一种无声的语言。细心的人会发现，那些活跃在屏幕上的歌星、影星们，全都是运用肢体语言的高手。他们不但能够根据剧情需要运用肢体语言，而且肢体语言非常丰富，往往能够满足不同角色的需要。实际上，在日常生活和工作中，我们也常常需要运用肢体语言。只有深入了解肢体语言，做到灵活运用肢体语言，并且能够准确解读他人的肢体语言，我们才能在社交场上如鱼得水。

肢体语言，小到眼神的微妙传达，大到身体的移动，都含在其中。我们既可以用肢体语言表达宽容和接纳、欣喜和快乐，也可以用肢体语言表达排斥和抗拒、拒绝和警惕。如果运用恰当，肢体语言还能帮我们起到警示他人的效果。

这次谈判，马丁作为公司的代表，与几个谈判团队的成员一起出席。他们的谈判对象是美国的一家公司，为了双方达成一致意见，最终能够合作，谈判已经进行了两天。然而，在诸多因素都达成一致的情况下，谈判进入白热化阶段，围绕利润的分配问题谈了整整一个上午，都毫无结果。在第三天下午，显

而易见，马丁觉得团队的成员有些疲倦了，对方也明显着急。如何才能在此千钧一发的时刻促成谈判呢？马丁颇动了些心思。

毫无疑问，美国公司的代表团不远万里来到中国，肯定还是希望谈判有结果的。然而，他们又想尽量为自己的公司争取利润，只得毫不留情地挤压马丁公司的利润空间。马丁不想再拖延下去了，他想：今天下午，一定要有个结果。

眼看着谈判已经从下午一点进行到三点了，再有一两个小时，事情要是再没有结果，就会导致谈判无果而终。为此，马丁看了看时间，站起身来对坐在他身侧的对方公司负责人说：“不好意思，我去趟洗手间。”实际上，马丁并没有去洗手间，他消磨了几分钟，又走进谈判室。那么，他的目的何在呢？只见他直接坐在靠近门口的一个位置上，距离对方公司负责人很远，并且漫不经心地说：“咱们继续吧！”果不其然，马丁觉得对方公司负责人明显不安起来，因为他知道，这是马丁释放出想要结束谈判的信号，也是不想与他继续谈下去的信号。他可不想万里迢迢地来到中国，且辛苦地坐在会议室里针对各种细节问题研究那么久，最终却毫无结果。因而，他也借口去了趟洗手间，回来时，坐在了马丁身侧的空位上。他说：“这样吧，马丁。我们都是为了彼此的公司着想，能否互让一步，取个折中的结果，这样我回公司也好交代。”马丁心中暗暗窃喜，很痛快地答应了。就这样，原本纠缠他们的问题瞬间迎刃而解。

在商业谈判场合，座位的安排是很有讲究的。因为，在谈判过程中，座位是不能轻易变动的。然而，马丁恰恰反其道而行，故意坐到远离对方公司负责人的位置上，无疑是在告诉对方他已经失去谈判的兴趣，更没有耐心继续谈判。当接到这个信息后，对方公司负责人及时进行策略调整，主动做出让步，因而才能让维持三天的谈判工作有了一个皆大欢喜的结局。

不管在生活还是在工作中，恰到好处地运用肢体语言，都能帮助我们更好地表达自己。当然，要想更好地与人相处，仅仅会用肢体语言也是不够的，还要能够细致入微，及时观察对方的肢体语言，了解其传达的信息，才能做到及时调整思路，让谈话变得更加愉快。

第04章

讨人喜欢的人：不说招人厌恶的“话”

常言道，良言一句三冬暖，恶语伤人六月寒。要想成为一个受欢迎的人，我们必须让自己说出的每句话都是他人乐意听的，且能听得高高兴兴，心花怒放。如此一来，我们当然要先明确禁忌，知道哪些话是可以畅所欲言的，哪些话是招人讨厌的，这样才能避开雷区，受人欢迎，讨人喜欢。

初次见面就记住对方的名字很重要

在生活和工作中，我们每天都需要和陌生人打交道，有些人也就是一面之缘，有些人则往往还会产生交集，彼此之间会有更深的交往。无论是哪种情况，给人留下良好的第一印象都是有必要的，就像一篇文章只有精彩的开头，才能深深地吸引读者，一出戏只有先声夺人，博得开门红，才能继续轰轰烈烈地演下去。前文我们说过首因效应的强大作用，因此也要重视与他人的初次见面。

自古以来，婴儿一出生就会在或长或短的时间里被赋予姓名，这姓名或者是父母琢磨出来的，或者是家里德高望重的长辈给起的。甚至还有些婴儿，还未出生就承载了父母的期望，父母总是在生命最初就给他想好名字，也由此寄予无限的期望和渴盼。从此之后，这作为符号的几个字就会跟随我们的一生，不管我们是拥有荣誉，还是陷入人生低谷，它都会不离不弃地跟着我们。直到死去，我们的名字也依然会被刻在墓碑上供后人凭吊。由此可见，名字对于我们有着特殊的意义和深刻的感情。因而，如果你能在初次见面时就记住对方的名字，那么当你仿佛与对方很熟悉一般喊出对方的名字的时候，一定会给予对方特别的感受。与此恰恰相反，假如你总是记错他人的名字，甚至还不知所以然地把错误的名字拿来称呼他人，则你的人缘也就可想而知了。

王晓是一家保险公司的代理员，每天都要与形形色色的客户打交道。如今的王晓销售业绩在公司名列前茅，是不折不扣的销冠，但是有谁能想到王晓最开始从事保险代理人职业时，曾经接连几个月都没有签约，而且还被客户骂哭

过呢！

如今，资深的王晓也开始带着新入职的徒弟，并且向他们传授相关的经验。作为师父，王晓传授给徒弟们唯一的经验就是：一定要在最初见面时就记住对方的名字。为此，王晓还讲了一件伤心的往事给徒弟们听。那时，王晓刚刚大学毕业，因为毕业院校并非名牌，所以找工作很难。后来，他在同学的介绍下来到这家保险公司，从此开始了推销生涯。做过销售员的人都知道，这是与人打交道很多也经常需要面对陌生人的行业。几乎每天，勤奋的王晓都会拿着展板去附近的社区开发客户，宣传保险知识。有一天，王晓正在与一个新认识的客户寒暄。王晓：“李大爷，您就相信我吧。像您这样子女不在身边的老人，一定要投资自己的健康啊！”不想，原本与王晓相谈甚欢的李大爷，突然狠狠地瞪了王晓一眼，说：“李大爷？你大爷。我就站在你面前一直跟你说话，你居然把我的名字给叫错了。我看呀，你还是别站在这里丢人现眼了，先去吃点核桃补补脑吧！”这时，王晓才意识到自己不小心在短短时间内就忘记了这个大爷的姓。他被大爷一通臭骂，又被当时在附近的人围观，不由地委屈得哭起来。当他回到公司，他的师父就告诉他：“王晓，别人喊错你的名字，而且是在你刚刚说完的情况下，你会高兴吗？”他摇摇头，师父语重心长地说：“是啊，你这个小毛孩儿都不乐意被人叫错名字，更何况是人家德高望重的老大爷呢！而且，人家与你相谈甚欢，一分钟都没离开过，你就忘记了人家的姓，这肯定让人觉得不被尊重和重视啊！人老了就像小孩子，你应该学会与各种各样的人打交道。”听了师父的话，王晓恍然大悟，从此以后，他不管面对什么样的客户，都会第一时间记住他人的名字，哪怕耽误了推销产品的时间，他也会用心地默念和牢记。在坚持记住每一位客户的名字之后，王晓的保单越来越多，客户忠诚度也特别高。

每个人都希望得到他人的尊重，而当他人在初次见面的短短时间里就记住你的名字，你一定会感到被尊重和受到重视。如此一来，作为回应，你也会尊重和善待他人。其实，我们只要想一想就能明白那种感受：一个人刚刚见你

第一面，在几分钟时间里就能亲切地喊出你的名字，这无疑让人感到兴奋和亲切。

初次见面就记住他人的名字很重要，这将会带给你意外的惊喜!

不要被假象蒙蔽，了解是沟通的基础

生活中，每个人都免不了要与他人交流。这些人或者是熟悉的人，或者是全然陌生初次见面的人，或者是朋友，也或者是路人。要想让这形形色色的交流都能和谐愉快，则一定要了解对方。否则，你说话时就会觉得自己像是对牛弹琴，根本没有共鸣可言。如何避免说起话来不知所以，一味地对牛弹琴呢?最好的办法就是了解。了解，是一切沟通的基础，也唯有了解，才能让我们更加了解他人，从而更好地与他人交流。

在与他人最初开始交谈时，我们一定要多听少说。很多时候，倾听是比诉说更明智的选择。通过他人的讲述，你才能多多了解他人的心思，知道他人的脾气秉性，也熟悉他人的兴趣爱好。众所周知，每个人在听到自己感兴趣的话题时，一定会表现出十足的兴趣，甚至眼睛都绽放出神采。因而，我们要想与他人愉快地交谈，引起他人的共鸣，就一定要从他人的兴趣爱好着手。这也必须通过了解才能实现。总而言之，任何沟通都必须以了解为基础，如果两个陌生人全然不了解，说起话来难免会南辕北辙。这样的情形，显然是每个参与谈话的人都不愿意看到的。

大学毕业后，夏敏因为经济条件有限，因而选择与他人合租。在正式入住之前，夏敏根本就不了解自己的室友是怎样的脾气秉性，更不知道对方的生活习惯。入住几天之后，问题显现出来了。原来，夏敏的室友是个夜猫子，总是

昼伏夜出，每到晚上就出动。这对朝九晚五的夏敏来说，造成了极大的困扰。夏敏很想与室友好好谈谈，但却不知从何开口，又不想一开始就把关系闹僵。

一个周末，恰逢夏敏和室友都在家里猫着。夏敏做了银耳莲子羹，特意盛了一大碗给室友吃。看到夏敏如此关心体贴，室友感动极了，说：“夏敏，你真好，就像姐姐，也像妈妈。”夏敏问：“你老家是哪里的？也是一个人在北京吗？”室友感慨地说：“我就是北京人，但是我没有家了。”夏敏大吃一惊，问：“为什么这么说？你父母呢？”室友说：“我爸爸很早就离开了我和妈妈。如今，我妈妈又身患绝症。为了给她治病，我卖掉了家里唯一的房子，辞掉了工作。所以，我每天夜里都要去看护妈妈，只在白天请护工。否则，要是让护工陪床，就太贵了。”听了室友的话，夏敏沉默很久，她暗暗想道：幸好我没有直截了当地指责她影响我休息，原来她独自承受了这么大的压力。想到这里，夏敏真诚地说：“如果你放心的话，我周末休息的时候，白天可以帮你陪护妈妈。原谅我不能陪夜里，因为我次日还得上班。”室友感动得落下泪来，说：“太感谢你了。每天清晨回家，知道你睡在家里，我就觉得很心安了。要知道，我害怕冷清和孤单。”

每一个有过合租体会的人都知道，合租是一件需要磨合的事情，甚至堪比谈恋爱。很多情况下，我们的脾气秉性、生活习惯、教育背景、成长经历等都与他人有着明显不同，但是却要与他人生活在同一屋檐下，如果没有足够的包容和忍耐，是不可能做到的。如果夏敏在不知所以的情况下就直接指责室友，则身心憔悴的室友一定会觉得内疚，甚至因为精神崩溃而与夏敏反目成仇。夏敏很聪明，她采取友好的方式向室友示好，从而得知了室友的悲惨身世。因为，她的抱怨全都烟消云散，反而主动提出为室友照顾患病的妈妈，让室友感动不已。可想而知，即使夏敏最终没有帮室友陪床，有她这句贴心的话，室友也一定觉得心满意足了。

每个人活着，都有自己难言的苦衷，也有自己的喜怒哀乐。在与他人交往时，尤其是在心中怀有怒气准备指责他人时，我们一定要及时调整心态，并且

认真倾听他人，从而了解他人，避免误会的产生。唯有如此，我们的人际关系才会越来越好，我们与他人之间也才会彼此更信任，更和谐友好。

用心说好场面话，才能消除他人的戒备心

农村有句俗话，叫在家靠亲人，出门靠朋友。的确，在家里的时候有很多亲人都围聚在身边，不管发生什么事情都能做到有人帮助和照应。然而，一旦离开家门，由于你孤独无依，也必须只能靠自己。在经历出门在外孤苦无依的最初阶段之后，你开始渐渐结交朋友，身边不再那么冷清和寂寞。这时，你逐渐意识到朋友的重要性，因为你再也不想过那种孤单寂寞的生活了。

的确，人是群体动物，每个人都必须融入群体之中，才能更好地生活。没有任何人可以绝对地离群索居，大多数人不仅物质上需要他人的帮助，而且精神上也要与他人更好地融合。那么，我们如何才能拥有好人缘，与更多的朋友相知相伴呢？换言之，有很多人即使不是朋友，也是我们必须在社交场合面对和相处的人。尤其是对于初次见面的人而言，怎样才能打消对方的戒备心理，与对方和谐相处呢？这就需要我们掌握一个最基本的技能，即在初次与人见面时，一定要用心说好场面话。所谓场面话，说白了就是大家见面之初说的客套话。即使明明知道这话大多数出于客套，然而如果是在一个陌生的场合，尤其是在你谁也不认识的情况下，这时有人站起来热情地对你表示欢迎，甚至与你寒暄，他一定会给你留下极好的印象。因为你知道，对方的这些话不管是真心还是虚情假意，都为暂时尴尬和不知所以的你解围了。因此，你会很感谢对方，并且心理上觉得与对方很亲近，甚至形成良好的印象。

在全公司的所有部门中，销售部是凝聚力最强的。上次拔河比赛，销售部

居然以20个人战胜了人事部的22个人，一举夺魁。这一切，都得益于销售部张总对下属的一呼百应。也许有人会说，销售部的一切收入都与效益挂钩，应该是最容易起内讧的部门，怎么反而凝聚力最强呢！而且，很多经验丰富的销售人员也很容易不服从管理，张总又是如何做到一呼百应呢？！

熟悉张总的人都知道，张总是一个特别会说场面话的人。例如，张总刚刚到任就请大家吃饭，并且在喝得醉醺醺的时候真心诚意地让大家多多关照。再如，平日里谁要是有事去找张总请假，张总绝不会像大多数老总那样刨根问底，而是非常大方地说：“是不是家里有事情？这样吧，你也别休一天了，就休息三天吧。不管有什么事情，都专心处理，家庭为重。要是三天还没处理完，你就给我打个电话续假，千万不用跑来公司了。”如此一番话说下来，虽然并非出自张总的真心，因为张总的真心是希望每个销售人员家里都没事，每个人都能全心全意地做业务，为公司添砖加瓦，然而他的场面话说得特别真诚，让每一个听到的人都万分感动。有很多下属请假之后，即使假期未满，只要家里的事情处理完了，也会马上回来继续工作，而且特别卖力。长此以往，销售部的同事们都非常服气张总，也一心一意地团结在张总身边，把销售部的工作做得风生水起。

从张总的身上，我们不难看出场面话的神奇作用。也许有人会说，说来说去，场面话不就是出于虚情假意的客套话么！的确，场面话绝不是掏心窝子的话，然而也并非都是客套话或者假话。很多时候，人们之所以敢于说出好听的场面话，就是有所准备兑现的。因而，我们既不可把别人的场面话全都当真，也不可完全当假。

每个人都很爱面子，我们只有说出恰到好处的场面话，才能尽量给他人面子，也只有尽量配合他人的场面话给足他人面子，才能更好地与他人交流、相处。尤其是在面对一个陌生的对你心怀戒备的人时，你更应该努力说好场面话，从而打消对方的顾虑和担忧。例如，林黛玉千里迢迢投奔贾府，作为八面玲珑的贾府管家凤姐，就在见到林黛玉之后说了一番场面话，而且还顺水推舟地赞美林黛玉，也给贾母卖了个人情。如果凤姐生在现代，一定能够成为一名特别优秀的公关人员。总而言之，虽然场面话并非全都出自真心真意，但是说好场面话是非常有必要的。

点头意味多，千万不要误解他人的“点头语言”

大多数人都觉得点头意味着认可，因为每当看到他人点头，说话的人总是沾沾自喜地想：哇哦，他很认可我的看法，我说得对。从内心深处来说，每个人都希望得到他人的认可，也渴望着他人的尊重和赞美。为此，我们最喜欢看到他人听我们说话时频频点头的样子。然而，点头并非只有认可这一种含义。很多情况下，点头也代表厌烦，代表烦躁，代表希望尽快结束谈话。

在倾听他人时，点头或者意味着认可，然而频繁点头，则代表烦躁不安，代表急于结束谈话。因为，我们在与人交流时，应该根据实际情况区分他人点头的意味。唯有如此，我们才能正确理解他人的意思，从而保证交谈始终在正确的轨道上行进。

正在读大四的王悦和张章都在找工作，为了得到系主任的推荐信，他们最近经常与系主任交流，希望得到系主任的青睐，最终拿着一封满是溢美之词的推荐信去面试。但是，系主任明显更喜欢王悦，很快就给王悦开出了推荐信，却对张章爱搭不理。这是为什么呢？原来，张章不善于倾听，且看不懂系主任的肢体语言，不但不能很好地倾听系主任的教诲，也无法正确理解系主任的意思，因而在系主任面前的表现总是不合时宜。

一天，张章去找系主任开一个证明，系主任像往常一样，说着说着就把话题跑偏了。他对张章说：“张章，你可要认真工作啊。别像我女儿那样，放着

好好的中国不愿意待，非要跑到什么美国去，害得我和我爱人现在想看她一眼都看不着……”然而，系主任喋喋不休地说了很久，张章都没有任何反应，他既没有用眼睛注视着系主任，也没有对系主任思念女儿表示同情，而是时而看着窗外，时而看着门口，一副不耐烦的表情。等到系主任好不容易说完，张章开始提出自己的请求，系主任却频繁地连连点头，说：“嗯嗯嗯，我知道了，知道了。我会帮你办的，嗯嗯嗯！”虽然系主任明显表现出厌烦，张章却误解了系主任的意思，以为系主任同意现在就帮他办理，因为缠着系主任不放，系主任对张章的印象更差了。

当王悦来找系主任开推荐信时，系主任依然老生常谈，说着说着就开始唠叨自己的烦心事。王悦毫不厌烦，耐心地注视着系主任，还会时不时地点头，对系主任的孤独生活感到同情。在系主任发表完长篇大论之后，王悦还真诚地说：“主任，您放心吧，虽然您女儿远在美国，但是我们这些学生有很多都留在了本市啊。别人怎样我不敢说，但是我毕业之后也一定如现在这样，经常陪您聊天。要是家里有什么脏活儿累活儿，您就让师母给我打电话，我一定随叫随到。”毋庸置疑，在王悦认真倾听系主任的倾诉，并且说出这番感人肺腑的话之后，系主任当即拿起笔来，居然亲笔写了一封推荐信给王悦。

从系主任对王悦和张章的不同待遇来看，读懂别人频繁点头的意思显然能够让我们避免误会，从而不会在他人心烦气躁的时候继续纠缠他人。同样地，如果我们自己能够在倾听他人的时候适当点头示意，让他人意识到我们很赞同他的意见和看法，也能深刻理解他人的感受，则他人一定会非常感激我们的倾听，甚至给出超出我们预料的回报。总而言之，不管对任何人，我们都要怀着尊重。唯有如此，我们也才能赢得尊重。这是亘古不变的真理。

不管是对待点头还是摇头，抑或是其他的表情语言或者肢体语言，我们在判断其中的含义时，都应该结合当时的实际情况，认真分析。这样才能了解其中的真实含义，也不至于说出让人反感的话，或者是做出让人反感的事情。如此一来，怎会不拥有好人缘呢！

真诚的笑，是消除隔阂的最好方式

在生活中，每当接触陌生人时，我们总是能够感受到强烈的警惕和戒备心理。这种警惕和戒备，大多缘于对方对你的不了解。很多情况下，人们的恐惧都来源于未知。如果能够事先判定一个人是好人还是坏人，则恐惧也会随之消失。然而，现代社会生活和工作的节奏都大大加快，我们随时随地都有可能面对陌生人，或者是作为陌生人被面对，又该如何是好呢？最简便快捷的方法，无异于展示你最纯真美好的名片——笑容。

在世界各国，也许各个国家的人们语言不通，风俗习惯也各不相同，但是唯独笑容是全世界通用的。唯有真诚的微笑，能够在一语不发的情况下就成功消除人与人之间的隔阂，打开他人的心扉。因而，当你不知道如何与人相处时，当你不知道怎样介绍自己以取得他人的信任时，当你不知所措地面对窘境时，不如真诚地笑起来吧。不管是微笑，还是大笑，不管是张扬的笑，还是含蓄的笑，总是具有相同的效果，能够瞬间让我们成为受人欢迎的人，成为不再被警惕和戒备的人。有的时候，人们之间彼此产生了误解，笑容同样是最好的消除隔阂的方式。没有人会对一个冲着自己笑的人大声呵斥，更不会与其针锋相对，即便彼此之间真的有什么误解或者纷争，也会因为笑容变得缓和。

有一次，马波因为出差赶火车，在车站里急急忙忙地走着。突然之间，一个衣衫褴褛的中年男性拦住了他，向他乞讨一些钱。中年男性看起来非常憔悴，而且面容苍老，一看就是个农民工。但是现在这个年头坏人实在太会伪装，马波虽然愿意帮助他人，却不想自己辛辛苦苦挣来的钱被骗子骗走。他迟疑地问中年男性："你回家的车票多少钱？"中年男性不好意思地说："成人是60元，儿童是30元，要90块钱。"听到这句话，马波才发现中年男性的身后还有一个七八岁的孩子。

就在马波的目光看向孩子时，孩子突然笑了。他脏兮兮的小脸就那么一瞬

间绽放开来，露出了洁白的牙齿。这一刻，马波的心被笑容温暖，渐渐融化，他想：“算了，宁愿被骗，也不能不帮这对父子。”想着，他拿出100块钱，递给中年男人。中年男人激动地说：“太多了，太多了。”马波头也不回地走了，边走边喊道：“给孩子买点儿吃的。”在站台上，马波等了很长时间，他要搭乘的列车却晚点儿了。正当他焦急万分时，一个稚嫩的声音喊道：“叔叔，再见！叔叔，再见！”马波抬眼看去，依然是那天真的笑容。马波心花怒放：这对父子回家了。

面对现代社会形形色色的骗子，很多人在行善的时候都有些迟疑不决，归根结底，谁的钱都不是大风刮来的，帮助真正需要帮助的人当然要慷慨，但是对骗子却绝不能心慈手软。幸好，小男孩真诚的笑容感动了马波，消除了马波心中的警惕和戒备，让他相信这对父子真的需要帮助。尤其是当站在站台上等车的马波看着跟随列车飞驰而去的父子时，心中感到无比的欣慰。

不管在怎样的环境中，真诚的笑容都是富有感染力的。曾经，一个教父在每天散步时与村子里的青年笑着打招呼，而在被纳粹关进集中营面对生死抉择时，他发现掌握生杀大权的居然是那个村子里的青年。在心里万分紧张、忐忑不安时，教父什么也没说，只是依然同往常一样对他笑了笑，小声打了个招呼。就是这个笑容，让教父获得了生的权利，逃脱了死亡的厄运。笑容的力量，永远不可估量。要想让这个世界变得更加温暖，充满友爱，我们就应该对每一个人都真诚地笑。只有笑，才是人类永恒的共同语言。

夸张的吃惊，能够让对方谈兴更浓

这个世界上，有谁愿意和一个木头人说话，如果真的有人愿意对着木头人说话，那一定是极度乏味的感觉，他说的肯定是不想被人知道的事情，又或者他不愿意向他人打开心扉。对于真正想要交谈的人而言，如果听自己说话的人总是面无表情，则倾诉就会变得非常乏味寡淡，甚至让人不想继续下去。

当然，每一个参与交谈的人都希望谈话是饶有兴致的，都希望参与者是兴致盎然的。良好的交谈氛围，需要每个人都努力争取。除了前文所说的要说对方感兴趣的话之外，当你作为倾听者时，又应该怎样让对方更加滔滔不绝，口若悬河呢？其实很简单，你既然不需要打断对方的谈话发出感叹词，也不需要手舞足蹈影响对方的发挥，你只需要调动面部的些许肌肉，就能激发对方的谈兴。正确的做法是，你应该眉毛上扬，把眼睛瞪得像铜铃一样，而且嘴巴张大，半天都合不拢。没错，这就是吃惊的表情，而且是非常夸张的吃惊的表情。在倾听他人说话时，我们不管是随便插话还是因为激动手舞足蹈，都会无形中打断对方的思路和讲述，让对方扫兴。只有表现出吃惊的表情，适当地与对方进行眼神交流，你才能既避免打扰对方，又最大限度地激励对方继续兴致勃勃地说下去。如此一举两得，实在是最佳的倾听方法。

在这次聚会上，丽娜作为老板的秘书出席，除了随时听候老板差遣之外，几乎没有任何事情可做。很快，她就感到厌烦了，但是又不能离开。她郁郁寡欢地端起一杯鸡尾酒，蜷缩在角落的沙发里百无聊赖。突然，一位男士走到她面前，这位男士看起来彬彬有礼。经过简单寒暄，丽娜才知道这位男士也是一位老总的助理，因而和她一样无聊。

就这样，两个无聊的人有一搭没一搭地闲聊着。丽娜的谈兴原本不是很高，因为她实在是有些疲倦了。然而，当丽娜没精打采地说起去非洲旅行的见闻时，尤其是当听到丽娜被非洲土著追赶时，男士突然眉毛上扬，眼睛瞪得大大的，惊讶地说：“真的吗？你真的看到非洲土著，还被他们追赶了？但是，你又不会说他们的语言，是如何脱身的呢？”说完，男士就那么保持着惊讶的表情，而且还夸张地张开嘴巴不合拢，似乎正在无限渴望着丽娜赶紧给他正确的答案。看到男士的样子，丽娜不由得哈哈大笑，说：“当然啊，我差点儿被

留在印第安的原始森林里了呢！”这时，男士的表情更夸张，下巴简直都要掉下来了。丽娜恶作剧般地说：“但是我会十八般武艺啊，因而就逃出来了。”男士简直难以置信，后来，丽娜告诉他：“导游会说印第安语，告诉他们我们是来旅游的，他们就不那么警惕和戒备了。”

整整一个晚上，只要丽娜说起有趣的或者惊险刺激的事情，男士就总是露出夸张的表情，让丽娜一个晚上笑了不知多少次。不知不觉间，为时三个小时的宴会居然已经结束了，曲终人散。丽娜却意犹未尽地对男士说：“很高兴认识你，与你聊天很愉快。”

原本不想与男士聊天的丽娜，在男士夸张表情的刺激下，谈兴渐浓，居然说到宴会结束依然意犹未尽，这就是惊讶的魔力。尤其是对于说话的人而言，当倾听者露出夸张的惊讶表情，他们一定觉得自己演讲的技能非常之高，而且极具渲染力，因此也就越说越起劲儿了。

当你作为倾听者，想要不动声色地鼓励说话的人更加投入时，不妨就多多露出夸张的表情。只要你恰到好处地表示惊讶，说话的人就一定会因此而变得兴奋激动，说起话来也就更加全身心投入。这样的交流，往往让人到结束时还恋恋不舍，只想让美好的时间过得慢一点，再慢一点。

要想抬高他人，不如适当自我贬低

自古以来，人们就认识到水涨船高的道理，与这个道理相反的是，要想让某件物体显得高一些，也可以利用贬低其参照物的做法。例如，这个世界上如果没有丑的存在，也就无所谓美。为了衬托玫瑰花的娇艳，那些硬生生的刺显得无比难看。同样的道理，在人际交往中，我们不可能永远成为焦点，很多时候，我们必须抬高别人。然而，赤裸裸的阿谀奉承又让人感到难堪，在这种情况下，不如适当贬低，也就间接起到了抬高他人的效果。

人的天性就是爱面子。很多人虽然心里知道自己是错的，做得不足，也不愿意当着他人的面承认。因而，我们与人交往时，要想赢得他人的心，首先要做的就是给足他人面子。无疑，抬高他人是一种很好的给足他人面子的方法。

来到新公司之后，对于办公室里几个已经成为同事好几年的女孩，薇薇总是觉得彼此之间隔着万水千山，无论如何也亲近不起来。这倒不是因为薇薇不好相处，而是那几个女孩几年来朝夕相处，就连节假日也经常相约一起度过，因为作为一个小团体的她们根本不愿意接纳新成员。为了攻入这个小团体，薇薇简直煞费苦心，但收效甚微。

一天中午，有个叫思雨的女孩，在网上买了件时髦的旗袍。趁着午休，她迫不及待地换上旗袍让其他小姐妹们看。看着几个女孩热闹地围在一起叽叽喳喳，对旗袍品头论足，一旁的薇薇便想出了一个好主意。当她听到思雨说："哎呀，我最近就是长胖了，以前我穿M码的衣服根本就是宽松的，现在你们看，紧绷绷的，难为情。"薇薇凑上去，说："你这哪里叫胖啊！那你以前肯定太瘦了，因为你现在不胖不瘦刚刚好，又纤细苗条，又匀称丰满。哪里像我啊，我告诉你们，我的腰围二尺六呢，我和你们一比，简直就是个大水桶。就像你这件国色天香的旗袍，穿在你身上叫倾国倾城，穿在我身上直接就爆裂了，根本就像是箍在水桶上。"听到薇薇这么抬高她，思雨高兴得简直合不拢嘴。尤其是听到薇薇把自己形容成大水桶时，思雨便更觉得自己婀娜多姿了，因而她马上高姿态地说："哎，你这也不是胖，是比较丰满。而且，现在有好多大码的衣服呢，穿起来特别有派头儿，可惜我这样的想穿也穿不起来，倒是很适合你。"薇薇惊讶地说："真的吗？我很少上网买衣服啊，我买衣服特别困难，要是有合适的你一定要给我推荐啊！"

第二天，为了报答薇薇贬低自己抬高她的情谊，思雨就为薇薇在淘宝上找了一件大码的衣服，看起来飘飘洒洒，非常有气质。薇薇说："既然你说好，

思雨，我相信你的眼光。我是最不会买衣服的，这下好啦，有你为我把关。”如此一来二去，薇薇和思雨的关系越来越亲近，也逐渐融入了小团体之中。

为了抬高思雨，薇薇慷慨大方地贬低了自己。当然，这也算不上过分地贬低，因为薇薇的粗壮身材和思雨的纤小娇弱恰恰形成了鲜明对比，也算是名副其实。只不过薇薇以带着贬损的语气说出来，让思雨觉得无限感激。其实，很多女孩在说自己胖的时候，都是为了获得他人的夸奖。思雨也是如此，她如愿以偿地得到了薇薇的真诚赞美，可谓心满意足。既然如此，她当然也会想着回报薇薇，为薇薇也做些力所能及的事情。如此礼尚往来，让他们彼此之间的关系越来越亲密。

曾经有位名人说，自嘲是最高境界的幽默。的确如此，能够坦然自嘲的人，一定有着超强的心理素质，也不会因为一些无关紧要的事情就否定自己。在自嘲的同时，倘若还能顺带着抬高别人，讨得别人的欢喜，岂不是一举两得吗？！真正的强者，无畏自嘲，也不怕贬低自己，因为他们很清楚自己的实力，也不担心会因为自嘲和贬低就真的降低自己。人际交往中，显而易见的赞美并不容易，往往会有拍马溜须之嫌，但是自我贬低则不同，以贬低自己的方式适当抬高他人，是让人心花怒放又不至于误解的。

第05章

自然融洽沟通：掌握对方心理找准切入点

只有懂得心理学，并且能够灵活运用心理学知识，我们才能最大限度地发挥说话的技能，把话说得让人敞开心扉，对你真诚友善。对于沟通而言，毋庸置疑最重要的就是了解对方心理。只有在说话时找准切入点，才能起到事半功倍的效果。如果我们总是能够有效避开对方的心理雷区，则与他人之间的交流一定会更加和谐融洽，畅通无阻。

好的话题，让谈话事半功倍

很多人都想找到沟通的突破口，却总是不得法，实际上，一切事情都只有从根源着手，才能最大限度地解决问题。沟通，也是如此。我们只有从心理上说服他人，才能让他人更加愉悦地与我们交流，而且敞开心扉，毫无隔阂。可以说，心理学上的突破口，是人们彼此之间敞开心扉沟通的大门。尤其是在现代社会，人们几乎每天都要与他人交流，而交流的主要方式就是语言的沟通。但你顺畅自如地与他人谈话，彼此之间毫无隔阂，你的人缘也必定越来越好，良好的人际关系不但能够帮助你的生活更加便利，也会让你的事业如鱼得水。

需要注意的是，良好的沟通应该从浓厚的兴趣开始。要想吸引他人对你的话题感兴趣，自然，你的话题必须能够引起他人的兴趣。倘若你刚刚提出一个话题，就被对方毫不犹豫地否决，则你必然很尴尬。如果思维敏捷，还可以马上转移话题，进行新的尝试，但是如果思维迟钝，则只能尴尬先对，甚至是无言以对。由此可见，选择话题是非常重要的，这就像一个写文章的人必须写出一个最精彩的开头才能吸引读者继续看下去。

作为意大利著名的科学家，伽利略曾经在年轻时被父亲强迫学医。在他刚刚十七岁时，父亲就不由分说地把他送到比萨大学的医学院学习。然而，伽利略对医学并不感兴趣，而对科学情有独钟。他在听到静力学和力学之后，突然就爱上了与此相关的科学。然而，他也知道父亲是非常执拗的，如果直截了当地提出不愿意学习医学的想法，一定会遭到父亲的拒绝。为此，他思来想去，终于找到了一个成功率比较高的说服方法。

在假日的一天，伽利略走进书房问父亲："父亲，你与母亲是怎么认识的？"父亲抬起头，把视线转向儿子，说："我爱她。"伽利略又问："那么，在母亲之后，你还曾经爱过别的女人吗？"父亲连连摇头，说："怎么可能呢？我对你母亲一见钟情，看到她的那一刻，我就决心要娶她为妻。"伽利略以羡慕的口吻说："难怪，你与母亲一生都恩恩爱爱，从未争吵过，婚姻也幸福和谐。"父亲笑着说："你这孩子，观察还挺细致。"伽利略随即话锋一转，说："现在，我也和你当年一样一见钟情了。"父亲听了之后惊喜地问道："一见钟情？难道你有心仪的姑娘了吗？快说给我听听！"伽利略为难地说："我对科学的喜爱，就像你当初对母亲一见倾心一样，再也不会爱上其他的女人。父亲，我虽然年纪轻轻，但是我并不沉迷于爱情，我也不会三心二意，经常改变心意。相反，我只想与科学终生为伴，在科学的道路上勇攀高峰。"听了伽利略的话，父亲的脸色沉下来，伽利略继续说："父亲，您很有才华，家庭生活也美满幸福。我呢，我继承了您的优点，我想要在学术的道路上有所建树。我想，我不会增加您的负担，我愿意去申请宫廷的奖学金。如果有一天，您能骄傲地告诉别人您是科学家伽利略的父亲，我想您一定会备感光荣……"父亲点点头，说："你说的有道理，我愿意去帮你申请宫廷奖学金，帮助你实现梦想。"伽利略激动地向父亲保证："父亲，我一定会成为一个让您骄傲的科学家。"

在这个事例中，原本父亲只想让伽利略学医，但是伽利略首先从父亲一生引以为傲的爱情说起，让父亲饶有兴致地听他说下去。接下来，他才从父亲对母亲的一见钟情过渡到自己对科学的沉迷，从而成功使父亲改变心意，支持他学习科学，在科学领域继续深造。由此可见，再固执己见的人，也会有自己感兴趣的话题。在说服他们时，倘若我们能从他们最感兴趣的话题说起，再逐渐过渡到我们真正想说的话题，则说服成功的概率就会大大提高。

当然，选好话题不仅要从对方得意的事情、感兴趣的事情说起，也可以从对方关心的事情说起。总而言之，我们的目的是要吸引对方的注意力，从而成

功帮助我们更好地讲述自己想说的话。只要能够让交谈和谐愉悦，让对方满怀兴致地听你诉说的，就都是好话题，最佳话题。这一点，我们必须用心琢磨，才能渐渐有更准确的把握。

说话方式多种多样，最合适的才最好

同样的一句话，让不同的人去说，往往会产生不同的结果。这是因为，每个人说话的心态和表达的方式都是不同的。要想让说话起到事半功倍的效果，我们首先应该找到最佳的说话方式。从本质上来说，人与人的交往其实全凭印象。如果我们能够以最恰当的表达方式给他人留下好印象，则很多难题都会迎刃而解。相反，如果我们总是不能恰到好处地表达自己，而且给别人带来困扰，那么别人一定会因此而抱怨我们，甚至对我们印象恶劣。可想而知，如此之后，我们必然无法与他人愉快地交往。

曾经，很多人都觉得只要埋头苦干，就能战胜困难，就能在职场上出人头地；只要待人真心诚意，就能与他人交好，赢得他人的真心。随着时代的发展，人们对于情商的要求越来越好，对于能否把事干得漂亮，能够在工作之余一举两得地搞好人际关系，也都提出了更加严苛的要求。在这种情况下，我们必须学会说话，掌握最佳的说话方式，让说话成为帮助我们成功的辅助力量。很多事情都可以靠说话解决，如诸葛亮舌战群儒，谈笑间强弩灰飞烟灭，岂不都是语言在发挥强大的作用吗？！一句话，由不同的人说出来往往产生不同的效果。一句话，即使由同一个人说出来，也会因为方式的不同，而导致效果大相径庭。当然，至于哪种说话方式最好，实际上是没有明确规定的。我们应该根据交谈对象的不同、当时情境的不同以及表达目的的不同等，选择最适合的

说话方式。未必得分最好的说话方式就是最好的，只有适合各方面情况的，才是最佳的选择。

很久以前，村里有两个中年男性都是基督徒，而且都很喜欢抽烟。每次做礼拜的漫长时间里，他们都备受折磨，因为一旦烟瘾犯了，他们就觉得心里似乎有蚂蚁在啃噬，而又不能随意起身离开，走出教堂去抽烟。为此，一个人去问神父："神父，做礼拜的时间太长了，我常常犯烟瘾，我可以离开去抽烟吗？"神父难以置信地看着他，说："神的孩子，做礼拜时一定要专心致志，神才能听到你的祈祷。"另一个人也去问神父："神父，我一心想要与神靠拢，聆听神的教诲。我每时每刻都想得到神的福祉，但是我又总是在抽烟，我烟瘾很大。我想问问您，我抽烟的时候能做礼拜吗？"神父不假思索地说："神的孩子，你很虔诚，神不会责怪你的。只要你诚心诚意，你随时都可以做礼拜。神会保佑你的。"

同样一个问题，因为说话方式不同，两个瘾君子得到了神父截然不同的回答。一个被神父责备做礼拜的时候要专心，一个则被神父称赞对神虔诚。这就是说话方式对效果的决定性作用。即使是相同的事情，我们也完全可以采取不同的方式表达，而不同的方式往往决定了其效果也是不同的。在说话之前，我们应该认真考问自己的心：我想要得到怎样的结果？根据我们想要的结果，再综合听话者不同的脾气秉性，我们最终找到最佳的表达方式。通常情况下，最佳的表达方式有一些共同的特征，首先，要尊重他人，即使对方固执己见，我们的劝说也应该灵活，千万不可一味地批评和指责对方，否则就会导致事与愿违。其次，说服他人的方式有很多种，我们可以以借力的方式劝说他人。例如，权威效应，从众心理等。最后，如果你看过孙子兵法，你就知道打仗布兵是有很多方式的，因而，你也可以采取很多策略，如欲擒故纵等。只要运用得当，这些方式都会起到很好的效果，甚至能够带给你惊喜。

有个老人因为心脏病复发，不得不辞掉工作，在家静养。为了让身体尽快恢复健康，他特地去山清水秀的郊外买了一套公寓，只想让新鲜的空气尽快帮

助他康复。然而，刚刚住了没几天，老人就不堪其扰。原来，这个小区里有一群年纪相仿的孩子，每天多会在楼下嬉笑打闹，吵得老人根本无法好好休息。为此，老人思来想去：如果我直接喝令孩子们离开，孩子们一定会变本加厉。我应该找一个巧妙的方法，让他们心甘情愿地离开。

一天中午，老人带着很多酒心巧克力来到楼下，分给孩子们，并且说：“孩子们，我是一个独居的老人，每天都寂寞难耐。幸好有你们给我送来欢声笑语，让我不感到寂寞。”孩子们得到巧克力之后欣喜若狂，因而更加卖力地玩耍，放肆地笑闹。接连一个星期，老人每到中午都会送很多糖果、零食等下来给孩子们分食，这似乎已经成为一种习惯。然而，到了一个星期之后，老人突然对孩子们说：“孩子们，我最近经济危机，没有钱给你们买糖果了。你们还愿意陪伴我吗？”孩子们突然间面色阴暗，等到老人离开后，几个孩子在一起合计道：“哼，居然连那点儿报酬都没有了，我们为什么大热天的要在这里卖力玩耍，只为了陪伴一个吝啬的人呢？”说完，孩子们全都结伴而行，离开老人的楼下，去别的地方玩了。

老人简直太聪明了。他知道如果直接请求孩子们去其他地方玩耍，一定会导致孩子们更加变本加厉。因而，他改变方式，先是奖励孩子们，继而又终止给孩子们奖励，导致孩子们愤而离开。由此可见，只有找到最恰当的表达方式，我们才能如愿以偿，得偿所愿。

与其针尖对麦芒，不如委婉曲折

生活中有很多强势的人，他们不管说话还是做事，总是要按照自己的心意，最大限度地占尽优势，才能罢休。然而，这种人从表面看来不管怎样都要

占便宜，实际上他们却吃了大亏，因为他们的强势决定了他们的人缘很差，也没有多少朋友。大家都知道，现代社会多条朋友多条路，很多情况人脉资源比一切都更重要。因而，如果缺乏朋友，就会导致我们寸步难行。既然如此，我们为何要与人针尖对麦芒呢！其实，口头上占便宜，对我们的生活和工作不会有任何有利的影响。如果同样一句话用委婉曲折的方式表达出来效果更好，我们就不应该为了逞一时的口舌之快，而故意与他人争执不休。

很多人都知道以柔克刚，也知道要用温柔来战胜刚强，却不知道说话时也应该遵循柔道术，这样才能不动干戈就得偿所愿。从心理学的角度来说，人们更倾向于同情弱者，因而也会更多地照顾弱者。相反，人们虽然膜拜强者，却也会有以硬碰硬的心态。不管从哪个角度来说，以柔克刚都算得上是一种攻心术，能够帮助我们以柔弱的形象示人，却得到最好的结果。要知道，每个人的心中都有最柔软的地方，所谓百炼钢也成绕指柔，就是要打动他人心中最柔软的所在。

在美国的金融危机期间，找工作很难。琳达在大学毕业半年之后，才终于找到一份在珠宝店销售珠宝的工作。因为按照规定必须经过三个月试用期才能转正，所以琳达每天都战战兢兢地工作，总怕自己不够勤勉。

快到新年的时候，珠宝店的生意比平时忙碌得多。因而，琳达每天主动提早到店里，赶在大家都上班之前打扫卫生。有一天早晨，因为地上都是积雪，琳达比平日更早地离开家，一路磕磕绊绊，摔了好几跤才到店里。她依然是最早的，因而赶紧拿起工具打扫卫生。等到她忙完这一切，同事们因为道路泥泞，还没赶到。琳达百无聊赖，开始拿出柜台里的戒指整理和擦拭。这时，一个中年男子推开门走了进来。他看起来很糟糕，面色浮肿，穿着破破烂烂的衣服，身上满是肮脏的气息。最可怕的是，他满脸都是愤怒，仿佛整个世界都欠着他什么没还一样。琳达心中升起一股不好的预感，然而她既不能喊叫，也不能拒绝。当男子瓮声瓮气地让琳达拿戒指给他看时，琳达乖乖地就拿了，而且面带笑容，就像对待一天之中的任何客户那样。男子贪婪地看着琳达拿出来的

一盒戒指，一共有八枚。就在这时，电话铃突然响起，琳达着急接电话，居然不小心打翻了戒指盒，八枚戒指都滚落到地上。琳达心慌意乱地蹲在地上捡戒指，然而，数来数去，她只找到了七枚戒指。这时，心急如焚的琳达突然看到那名男子正在朝门口走去，因而她情急之中温柔地喊道："先生，抱歉！"男子转身看着琳达，眼睛里是歇斯底里的光。琳达很害怕，但是依然温柔地说："先生，你知道，我找了半年才找到这份工作。现在找工作很难，你知道的，对不对？"琳达的眼睛里满是恳求，"我的妈妈一个人辛苦地抚养我长大，我……"男子脸上的表情缓和了，眼睛里居然流露出一丝笑意，他说："是的，金融危机太糟糕了，几乎一半的人在失业。不过，我相信你在工作上一定表现良好！"说着，男子伸出手，琳达也马上伸出双手，与男子的手紧紧地握在一起。等到男子告辞之后，琳达握着手心里的第八枚戒指，回到柜台，物归原处。

如果琳达激动之余指责男子，或者与男子扭打起来，则事情的结局不可预料。对于这样一个柔弱的女孩子，而且孤身一人在店里，琳达只有以柔克刚，请求男子不要带着第八枚戒指离开，而且她还采取了非常隐晦的方式，只是诉说了自己的苦楚。最终，琳达的柔弱感动了男子，让他选择成全琳达的工作。这件事情最终的结果不可谓不完满，这一切都归功于琳达机智的处理方式。其实，琳达并没有证实男子的确拿了戒指，而男子也可以矢口否认，但是这样一来琳达费劲千辛万苦找到的工作必然保不住，甚至还会承担赔偿的责任。琳达以弱势的形象向男子求情，才能最终让问题得以完满解决。

人，常常都是吃软不吃硬的。尤其是对于性格强势的人而言，他们根本不怕硬碰硬，而就害怕他人表现出孤苦无依的样子，这样他们一定会心软。很多人从表面看起来非常强硬，其实内心柔软善良，在与这样的人打交道时，我们一定要避免用针尖对麦芒的方式，采取委婉曲折的说话方式与他们交流。

恰到好处的眼泪是最强大的武器

自古以来，人们就总说男儿有泪不轻弹，似乎哭永远是女性的专利，而男性必须得打落牙齿往肚子里咽，决然不能表现出任何软弱的迹象。然而，现代社会人们的思想观念非常开放，男儿为什么就不能哭呢？眼泪，再也不是弱者的代名词，而是人们宣泄感情和表达情绪的一种方式。有很多时候，如果运用得当，眼泪还能成为你最强大的武器，助你一臂之力呢！

每个人都会流泪，甚至有的时候，动物也会流泪。我们无从知道动物流泪时的心态，但是人流泪时的心里却多种多样。例如，人们伤心时会流泪，高兴时也会流泪，发愁时会流泪，如释重负时也会流泪。看看奥运会的那些冠军们站在领奖台上时，至少有超过一半的人都会留下喜悦的泪水。再看看那些因为遭遇伤心事而无力承担的人吧，他们之中有些人号啕大哭，有些人则默默无言地流泪。生活中，很多人都不知道如何面对和安慰一个流泪的人，尤其是很多男性，一看到女性突然流泪，就会万分紧张，手足无措。通常情况下，面对流泪的人，人们会马上站到其对立面并与其结成统一战线。例如，几个月的婴儿一哭起来，父母就会赶紧过去抱他。如此几番之后，小小的婴儿就知道哭能让父母妥协，给予他温暖的怀抱，因而他也就常常哭泣。既然小小的婴儿都知道运用流泪要挟父母，更何况是成人呢？实际上，从心理学的角度而言，流泪也是一种心理战术，因而我们不但要会运用这种心理战术，也要在他人对我们运用此战术时，做到坦然以对。

作为不可一世的拿破仑的妻子，约瑟芬曾经是子爵的夫人。她水性杨花，品行低劣，总是与丈夫以外的男人勾三搭四。当拿破仑在战场上与敌人浴血奋战时，留在家里的约瑟芬却认定拿破仑不可能回来，因而无所顾忌地与其他男人偷情。然而，骁勇善战的拿破仑回来了！得到消息的约瑟芬吓得瑟瑟发抖，赶紧远道迎接拿破仑的归来，然而，拿破仑避开了她，早就与家人团聚了。其

实，拿破仑虽然人在战场，却消息灵通，他早就听说了约瑟芬让人不齿的行为。因而，他决定要与约瑟芬离婚。

约瑟芬迎接拿破仑未果，赶紧赶回巴黎。拿破仑让仆人将其拒之门外，约瑟芬却想方设法回到家里。然而，她不知道如何面对拿破仑。思来想去，约瑟芬决定以眼泪为武器，打动拿破仑的心。整整一天，她都守候在拿破仑紧锁的门前苦苦哀求，伤心地哭泣。她真心诚意地悔改，承认错误，而且边哭边向拿破仑表明心意：如果你不原谅我，我只能选择以死谢罪。然而，即使约瑟芬从清晨哭到日暮，拿破仑依然不为所动。突然，约瑟芬脑中灵光一闪，想到了拿破仑最爱的孩子们。当即，她叫天真可爱的孩子也跪在门前，帮助母亲祈求父亲的原谅。最终，拿破仑被约瑟芬和孩子们的泪水感动，想到了他与约瑟芬曾经的爱情，想到了孩子们失去母亲的痛苦，因而也含着眼泪打开房门，原谅了约瑟芬。

如果没有超强的哭功，约瑟芬一定无法获得拿破仑的原谅，更无法帮助孩子们维持一个完整的家，也就无缘法国王后的至高地位。不可否认，约瑟芬还是很有毅力也很有头脑的女人，居然能够从清晨哭到日暮，最后还把孩子们也找来一起哭。约瑟芬很聪明，她早就知道眼泪是超强的武器，最终，她用眼泪感动了驰骋沙场的拿破仑。

其实，不仅女人可以以眼泪作为武器使用，自古以来有泪不轻弹的男人如果能够恰到好处地运用眼泪这个武器，也能起到出人预料的效果。早在古代，刘备三顾茅庐请诸葛亮出山，在遭到诸葛亮推辞时，就运用了眼泪作为武器，直哭得“泪沾袍袖，衣襟尽湿”，最终得到了天下奇才诸葛亮的辅佐，从而成就大业，一统天下。总而言之，不管是男人还是女人，适当示弱，都能够让人心生同情。很多事情，都可以曲径通幽，在一种方法不起作用的情况下，不如调整策略，以眼泪为攻势，让他人出其不意，反而能如愿以偿。

真心诚意的道歉，能够消除怨恨和误解

人与人之间朝夕相处，因为各种各样的事情，难免心生嫌隙。在这种情况下，如果误解已然产生，一味的解释只会让人觉得你想要推托责任，只有勇敢地承担责任，再给予他人以真心诚意的道歉，才能彻底消除误解和怨恨，让你与他人之间再次毫无隔阂。

真诚地道歉，最容易打动人心。不可否认，每个人都会犯错，但是犯了错却推卸责任是让人反感的，而犯了错却勇敢地承担责任，且真心诚意地道歉，却能让人对你心生敬佩，也觉得你是个真性情值得交往的好朋友。不过，生活中常常有些人觉得道歉是很丢面子的事情，因而即使心里知道是自己错了，也不愿意真诚地道歉，如此一来，导致嫌隙更深。其实，道歉的意义非同寻常。首先，道歉表明你是一个勇敢的人，也是一个真诚的人。其次，道歉意味着你给足他人面子，也挽回了他人失去的面子。实际上，人都是很爱面子的，自古以来就有死要面子活受罪的说法，也是因为人们自古以来就爱面子。那么，给足他人面子就是很重要的。道歉，就是最好的方式之一。其实，道歉也是有很多技巧的，只要掌握了这些技巧，你就会觉得道歉并不像你想象中那么困难。

道歉时，不要害怕被他人拒绝接受。既然道歉本身就是表达歉意的，他人接受与否，你都应该去做。退一步说，即使他人不接受，驳了你的面子，那你也是曾经因为驳了他人的面子才去道歉的，因而没什么心理不平衡的。道歉时，如果实在抹不开面子，可以以文字的形式道歉。在网络不发达的年代，可以写信，现代社会则方便得多，如果真的不好面对面，那么就用微信、QQ、邮件、短信等，马上就可以实时到达，便利无比，也可以在最短的时间内得到回音。当然，道歉必须及时。如果一件事情已经过去一年了，对方或者已经忘记，或者久等你的道歉不来而对你失去希望，你再姗姗来迟地道歉，还有什么意义呢！最重要的是，道歉一定要表现出诚意。有些人和他人道歉时仿佛赌气

一般含糊其词地说声“对不起”，殊不知，他人缺少的不是你毫无诚意的对不起，而是你真诚的心意。如果你能满怀真诚、口齿清晰地道歉，相信对方一定会原谅你。总而言之，道歉必须真诚，唯有真诚，才能帮助有误解的彼此化解心中的怨恨和误解。

因为蔺相如在渑池之会上劳苦功高，立下大功，回国之后，赵王将其封为上卿，官位比战功赫赫的廉颇还要高。对此，廉颇很不服气，忿忿不平地说：“我一直为国家出生入死，数次浴血沙场，险些连性命都丢掉了。如今，蔺相如居然只凭着三寸不烂之舌，就从普通的百姓一跃而成为高官，且官位还在我之上，这简直是奇耻大辱。等到有朝一日我见到蔺相如，一定会使劲儿地羞辱他，让他感到惭愧。”此话传到蔺相如耳朵里之后，蔺相如总是避免与廉颇相见。每当上朝，他也以生病为借口不去。有一次，蔺相如外出，远远地看到廉颇驾车过来，居然让仆人掉转车头，对其避之不及。为此，门客们全都满腹抱怨，直接对蔺相如说：“我们仰慕您的高洁，远离家乡和亲人来投奔您。现在，您的官位并不比廉将军低，但是您却对他百般忌惮。即使廉将军对您肆无忌惮，您却依然对他畏惧三分，让我们这些下人都觉得面上无光。请允许我们离开吧！”面对门客们的不解，蔺相如问：“你们觉得，和秦王相比，廉将军和秦王谁更厉害？”门客们说：“当然是秦王。”蔺相如说：“面对强大的秦王，我尚且不怕，当着朝廷上文武百官的面就敢公然顶撞和羞辱他，那么，我怎么又会怕廉将军呢？我之所以躲避廉将军，是因为如今秦国忌惮我和廉将军，因此不敢直接攻打赵国。要是我与廉将军不和，秦王一定会抓住这个机会攻打赵国。与国家安危相比，个人恩怨又算得了什么呢？”听了蔺相如的话，门客们纷纷心服口服，对蔺相如更加心服口服。后来，廉颇得知蔺相如的这番话，不由得羞愧万分，因而脱下威风凛凛的战袍，赤裸后背，背上荆条，亲自登门给蔺相如请罪。蔺相如热情地迎接廉颇，从此之后，他们成了同心协力守卫赵国安宁的好朋友。

蔺相如心怀宽阔，在国家大义面前，能够忍气吞声，不与廉颇计较。廉颇

呢，也着实是个真汉子，得知蔺相如的高尚情操之后，脱掉战袍，亲自登门负荆请罪。作为大名鼎鼎的大将军，廉颇并没有因为面子而拒绝认错，更没有碍于面子拒不道歉，而是当即就表现出十足的诚意，及时负荆请罪，其胸襟和气度同样让人佩服。这样一对文武大将同心协力，才能保卫赵国的安危，让虎视眈眈的秦国不敢轻举妄动。

生活中，很多怨恨之所以存在，都是因为误解。然而，总要有人勇敢地承担责任，才能尽快消除误解，让人与人之间更加和谐融洽，让社会生活也更加稳定。要想拥有良好的人际关系，我们就一定要放开心胸，勇敢地承认错误，也真心诚意地道歉。人非圣贤，孰能无过？犯错并不可怕，可怕的是不能正确面对错误，也不能以道歉消除误解，最终酿成恶果。记住，只有真诚的道歉，才能消除误解和怨恨！

在他人伤心难过时说好安慰话

生活中，每个人都难免会遇到伤心的事。正如人们常说的，一份快乐与人分享，变成双倍的。一份忧伤与人分享，变成一半的忧伤。因而，我们总是习惯与他人分享快乐，更愿意与信任的人分担忧伤。当然，要想分担他人的忧伤，并非是简单的事情。如果遇到会安慰人的朋友，我们甚至能够把忧伤尽数消除。拥有如此神奇魔力的朋友，他人怎么会不欢迎呢！可以说，当你帮助一个朋友消除忧伤之后，他一定会更加信任与亲近你。由此可见，在他人忧伤时说好安慰的话，帮助他人消除忧伤，是一种与众不同的能力。不但能够帮助我们获得好人缘，也能帮助他人解除痛苦。

要想更好地安慰他人，首先我们要找到他人心中的症结所在。所谓心病

还需心药医，我们只有对症下药，才能起到预期的效果。此外，还要学会安慰的技巧，能够不动声色地安慰他人。有些人不会安慰人，说起安慰的话来非但不能让人心宽，反而让人心惊胆战，也就起到了恰恰相反的效果。需要记住的是，任何时候，积极的语言都比消极的语言更能给人以力量，实质性的帮助也比空虚的话更能给人鼓励和安慰。因而，在面对伤心欲绝的人时，我们一定要鼓舞他，并且尽量给他实实在在的帮助，帮助他重新扬起自信的风帆。人是群居动物，只有在他人遇到灾祸时守望相助，人与人之间的关系才会变得更加和谐融洽，社会生活也会变得更加美好。

随着黑色六月的结束，宋岩家的儿子高考失利的消息也传来了。为此，宋岩和丈夫柳丁，急得火烧火燎的，却不知道如何才能扭转局面。在现代的教育背景下，高考依然像是独木桥，一考就决定了孩子们的命运。既然本科没希望了，宋岩开始和柳丁商量，是复读还是读大专。赶来劝慰宋岩的妹妹宋丽说："姐呀，你也别太着急上火了。其实，现在不像以前了，孩子不只有高考一条路可走。你看看，我有好几个同事家的孩子都没考上大学，后来上了技校，现在都是飞机的技师呢！虽然名义上没有大学生好听，但现在的蓝领可是比白领吃香多了。我觉得，你们也可以问问明明的意见，看他是愿意复读，还是愿意读技术学校。如果他对机械感兴趣，当技师也是很好的选择呀！"听了妹妹的话，宋岩心里更乱了。

后来，柳丁的同学给了他们一个很好的建议，说："柳丁，你也别着急，反正现在一切都成了定局，再急也无法改变分数。我觉得，明明的学习成绩其实还是很不错的，这次也许是因为紧张影响发挥了。你可以想想能不能绕道而行呢！我老婆的同学在一所民办学校当教导主任，要是你有意向，我可以让她联系联系。让明明先读大专，然后再努力考个研究生，一切不就解决了么！"听了同学的话，柳丁有些茅塞顿开的感觉。的确，如果能先读大专，再考研究生，就可以不耽误宝贵的一年时间，而且也能达到最终的目的了。后来，柳丁和宋岩商量后，果然就采取了这个策略，大专毕业后经过两年的努力，明明也

顺利考上了人大的研究生，全家人都高兴极了。

对于妹妹的安慰方法，宋岩显然是不能接受的，因而听了妹妹的话之后，宋岩更是心乱如麻。这就是妹妹不了解宋岩导致的。如果她知道姐姐只想让儿子走读书的道路成才，她一定不会那么说。而柳丁同学给出的建议则很合理。既然明明是因为发挥失常导致高考失利，而且家人又不想让他耽误宝贵的一年时间复读，那么不如先读专科，然后再给自己一次机会考研究生，最终如愿以偿。而且，柳丁同学还提出了实实在在的帮助方法，能够为这一家人解除燃眉之急。

即使是安慰他人，我们也应该讲究方式方法。唯有深入了解他人，我们才能知其所思所想，也才能更好地把话说到他人心里去，从而不添乱不添堵，只说有用的话。恰到好处、体贴实用的安慰话，能帮助他人缓解焦虑不安，解除痛苦。因而，我们在安慰他人时切不可随意地什么都说，而应该经过谨慎思考，给予他人切切实实的帮助。

第06章

求帮忙先取心：赢得人心才能顺利办事

生活和工作中，没有人是万能的神，因而难免有需要帮忙的时候。如何求人，才能如愿以偿地得到帮助呢？如果你颐指气使，则一定没有人愿意受你的驱使。聪明人在求人帮助时，一定会以情动人，先打动人心，然后在适当示弱，说出请求，从而得偿所愿，得到他人慷慨的帮助。

以情动人，让你如愿以偿得到他人的帮助

生活中，时时刻刻都需要运用心理学。这样，说话也能让人心悦诚服，办事也能让人竖起大拇指，即使是求助，也能如愿以偿。既然每个人都是普普通通的凡人，都不是万能的神，因而，每个人都难免会遇到困难，也都需要得到他人的援助。尤其是当困难大到超乎我们的想象，即使竭尽全力也无法战胜时，我们必须借助于他人的力量。常言道，星星之火，可以燎原。只要众多的火焰团结一致，就能凝聚成巨大的力量。

人，总是各有所长，一个人不可能擅长所有的方面。当需要处理的问题恰恰不是我们所擅长的，那么我们不如求助于擅长这方面的人，如此一来解决问题的效率就会成倍增长。尤其是现在以人脉关系为重要资源的社会，甚至有人说一个人成功的概率与他求人办事的次数呈正相关。虽然这句话未必绝对正确，但是的确很有道理。为什么那么多富二代明明上学时成绩很差，但是一旦走出校园，就能呼风唤雨呢？就是因为他们借助于父辈的积累，享受得天独厚的人脉资源。不管遇到什么困难，对他们而言也许就是一个电话就能搞定的事。很多事情在普通人眼里简直难于上青天，在他们眼中却再简单不过。也因此，富二代从一出生，就比普通的人民子弟占据有利的优势。通常情况下，我们求助的人都是比我们更强大的人。因而，我们只有以情动人，打动对方，才能如愿以偿地获得帮助。很多情况下，只要你一句话说得打动人心，对方就不会计较回报，而是讲义气地把你的事情当成他自己的事情去办。需要注意的是，求人办事之前，一定要多多了解对方，这样才能避免说错话，做错事，或

者是与他人话不投机。其次，为了与对方的交谈更加愉快，也可以说些让对方高兴或者是对方感兴趣的事情。最后，我们既然是求人办事，当然不能趾高气昂，适当地放低姿态，说些感动他人的软话，是很有必要的。只有从心理上打动对方，你才能得到对方真心诚意的帮助。

二十年前，刘妈四处筹集了一千元钱，给准备去北京打拼的三弟一家作为盘缠和启动资金。到了北京之后，三弟和妻子一起奋斗，起早贪黑，终于有了自己的一个服装摊点。在随后的几年里，他们更是稳扎稳打，不但赚了钱，还在北京买了房子，安了家。此时，三弟已经不是几年前那个连一千元盘缠都要刘妈四处拼凑的人了。

后来，刘妈的儿子（二子）考入了北京的一所大学，因为学费昂贵，刘妈根本没有钱供养儿子。这时，刘妈想到了在北京的三弟。她给三弟打电话说："三弟，你们在北京还好吗？生意好做吗？"三弟说："还好啊！不过，钱没有以前好赚啦。嫂子，你有什么事情吗？家里好不好？"刘妈没有回答三弟的问题，而是继续说："日子再难，也比当成你刚去北京的时候强多啦。想当初，家里穷啊。你没有盘缠，我们也是连一千块钱都没有，只好四处去借。"三弟也感慨万千："是啊，嫂子。当初要不是你，也许我们就来不了北京了，真是穷得连车费都没有呢！嫂子，我哥的身体怎么样呢？"刘妈："你哥身体挺好的，也总惦记你们在北京过得好不好。最近，你哥也发愁呢！二子考上了北京的一所大学，但是学费要一万多块，连借钱都没地方借。"这时，三弟停顿了一下，说："嫂子，这样吧，我给你凑一万块钱。缺的零头，你自己再想想办法，行不行？二子要来北京上学太好了，到了我家门口，你就放心吧，我一定会多多照顾他的。"刘妈赶紧说："那太谢谢你了。我这就告诉你哥，让他也别再煎熬了。"

刘妈很聪明，在准备向三弟开口借钱时，她并没有直截了当地说出来，而是带着三弟忆苦思甜，想起了当初他去北京创业时的艰难。因而，当刘妈装作漫不经心地把二子考上北京学校的事情说出来时，三弟马上就知道了刘妈的心

思。对于这个在最困难的时候帮助过自己的嫂子，三弟知恩图报，主动说帮忙凑齐一万元钱。这样的求人办事，却让被求的人主动给予帮助，最终皆大欢喜。

不管遇到什么事情，在求人办事时，我们都应该以情动人，这样对方才能心甘情愿地帮助我们。如果求的是官位比自己高的、有权有势的人，则也可以适当示弱，说明自己的困难，从而让对方产生同情心，尽力帮忙。人生在世，有谁能说自己万事不求人呢！在必须求助时，我们如果能够运用心理学技巧，以最恰当的方式表达自己的求助之心，则一定能够如愿以偿。

开门见山虽然好，适当铺垫不可少

正如一位名人所说，这个世界上没有两片完全相同的叶子。同样的道理，这个世界上也没有性格完全相同的两个人。即使是一母同胞的双胞胎，虽然长相看起来让人难以辨别，但是性格却也大相径庭。如此一来，也就决定了我们在与不同的人说话时，必须采取不同的策略。有些人不分情况，总是喜欢开门见山；有些人不管说什么事情，都要迂回曲折。当然，并不是说开门见山不好，也不是说迂回曲折就一定是最好的。正确的做法是，如果你面对一个脾气急躁的土匪，却依然迂回曲折地哀求活命，只怕土匪还没听完你啰里啰唆的话，就直接送你见阎王了。相反，如果你遇到了文质彬彬的学者，却满口粗话，说话一点儿弯都不拐，则一定让学者难以接受。倘若把对付土匪和学者的方式调换一下，也许就恰到好处了。

根据交谈的对象，选择最适合其特征的表达方式，这是最重要的。需要注意的是，大多情况下，开门见山虽然好，但是如果没有事先铺垫，则往往让人觉得突兀，甚至无法接受。尤其是求人帮忙办事，一定要提前进行铺垫，这样

对方才不会因为事出突然，一时之间不知应该作何反应。

小昂已经28岁了，独自一人在大城市生活。说独自一人，是因为小昂的父母和兄弟姐妹都与他不在一个城市。不过，小昂也并非完全孤独，因为他的姑姑一家就在这所城市生活。所以每隔一段时间的周末，小昂就会买些礼物去看望姑姑一家，顺便也尝尝家常菜的味道，解解馋。就这样，小昂与姑姑一家人相处得很好。

最近，小昂谈了个女朋友，已经到了谈婚论嫁的阶段。不承想，丈母娘唯一的要求就是让小昂买房。其实，丈母娘说的也有道理：钱多钱少，都可以过日子，但是如果没有地方住，总不能睡大街去。在丈母娘的一通大道理下，小昂只得和父母说了这件事情。然而，父母一辈子面朝黄土背朝天，根本没有办法为小昂提供经济支持。左思右想，小昂觉得姑姑一家人都是吃国家饭的，手里应该有闲钱。因而，他在周末时带着很多礼物，再次来到姑姑家。也许是因为不好意思，也许是因为自卑，小昂决定开门见山地直抒胸臆。见到姑姑，刚刚坐在沙发上不到一分钟，小昂就直截了当地说："姑姑，我想和你借钱买房。"小昂这句话一出，屋子里的气氛陡然变了。姑姑半晌没有说话，姑父说："你怎么突然要买房，之前没听你说过啊！"小昂说："是这样，我要结婚了，丈母娘让买房。"屋里又陷入尴尬的沉默之中，姑姑良久才说："小昂，很不凑巧呢，我和你姑父也刚刚在云南的一个城市买了套房，准备过去养老。你要是早点说，我们或许就不买了，先把钱给你用。但是现在，首付都已经交了呢！"姑姑的话让小昂的希望彻底破灭了，他尴尬地赶快告辞，以后也都很少去姑姑家了。

小昂借钱之所以失败，大部分原因都在他自己身上。首先，姑姑家的钱不管有多少，都不是姑姑一个人能做主的，而是姑姑与姑父的共同财产。因而，小昂要想向姑姑借钱，最起码应该先和姑姑打个招呼，从而让姑姑也和姑父私下商量商量。如今小昂这样开门见山地非常突兀地说出自己的请求，姑姑根本不可能当着他的面与姑父商量，为了避免夫妻矛盾，只好找了个借口拒绝。其次，我们在寻求他人帮助时，一定要先了解对方。通常情况下，人们是不会与刚刚买房的人借钱的。因而，小昂借钱的请求提得过于唐突，遭到拒绝也是情理之中的事情。

在求人帮忙的时候，如果我们能适当铺垫，真诚地说明自己面临的困境，想帮忙的人即使不等着你开口，也会主动提出有钱出钱，有力出力的。但是对于不想帮忙的人而言，即使你开门见山地提出了自己的请求，他们也总会找到理由拒绝。由此可见，我们必须给他人更多的时间和空间思考我们的请求，先以适当铺垫然后再说出我们的请求，是最稳妥的做法。

坦诚相见，永远是人际交往的首要原则

在向他人求助时，我们一定不可能每次都如愿以偿。即便我们运用心理学知识，把自己的请求说得委婉动听、合情入理，但是他人也有自己的实际情况难以解决，因而只能拒绝我们的求助。反过来，当我们被他人求助时，虽然我们一心想要帮助对方，却因为能力不足或者实际情况不允许而不得不拒绝对方时，又该怎么做呢？有些人在拒绝他人的求助时，喜欢采取拖延法，或者编造一些听起来合情合理的理由作借口。然而，他们不知道的是，坦诚相见永远是人际交往的首要原则，如果你遮遮掩掩最终非但没有帮忙，反而耽误了他人办事的最佳时机，则你一定会更招怨恨。

乔乔和静静在大学时期就是好朋友。她们虽然不住一个宿舍，但是两个人的宿舍离得很近，只有一墙之隔。因而，每天去教室或者回宿舍，她们总是形影不离。即便是一日三餐，也基本都是一起吃的。周末就更不用说了，她们总是一起逛街，一起去图书馆，一起做任何事情。同学们都说她们好得像一个人，用今天的话来说，就是骨灰级闺密。

大学毕业后，乔乔回到家乡当了一名小学老师，静静则留在大城市打拼。刚开始，她们还交往甚密，基本每个星期都通电话，说些开心的或者伤心的事情。后来，乔乔和静静都到了谈恋爱的年纪，彼此都有了男朋友，因而电话越来越少了。但是，这并不影响她们心里依然把对方当成自己最好的朋友和闺密。前段时间，乔乔和男朋友张罗着结婚，买房的事情也提上了日程。由于两家经济情况都不很好，因而凑了很久还是差十万元房款。为此，乔乔打电话给静静，在此之前静静总是告诉乔乔她每个月挣一万多工资。乔乔想：静静居然一个月挣我半年多的工资，一定攒了很多钱，十万块钱总还是拿得出来的吧。不想，静静接到乔乔的电话支支吾吾地说："嗯，我的确工资很高。不过，嗨，我的钱都在股票里，大概要一个星期才能拿出来，你能等吗？"乔乔着急地说："要是你确定一个星期能拿出来，我就等，实在是没其他地方可以借了。但是，这边售楼处也催得很急。一个星期应该就是极限了。"挂断电话，静静心里七上八下。其实，她每个月的工资才三四千块钱，和乔乔说月薪一万多，纯粹是爱面子。在大城市，三四千块钱仅够她养活自己的，根本没有结余。

一个星期后，乔乔给静静打电话，静静却依然支支吾吾，说："我也想买房，要不你再想想其他办法吧。"听到静静的话，乔乔生气地说："你怎么这样啊。你没钱借我应该早点说，你这样推托我，又耽误了我一个星期的时间。我以为你这边没问题，把定金都交了呢！"说完，乔乔就气急败坏地挂断电话，四处筹钱去了。静静越想越觉得内疚，最终给乔乔发信息表示歉意："很抱歉，乔乔。一直以来，我都骗了你。我其实每个月只有三四千块钱的薪水，只够交房租和吃饭的。我都是因为爱慕虚荣，才骗你说月薪一万元的。但是，我是真心想帮你的，我这一周一直在借钱。你也知道，大城市人与人之间关系很冷漠，我工作时间又不长，因此根本没人愿意借钱给我。对不起，乔乔。"看到静静的信息，乔乔才原谅了她。

在这个事例中，如果静静一开始就拒绝乔乔，不管以什么理由，也许都不会让乔乔这么生气。就是因为静静故意拖延了一个星期，导致乔乔筹钱的时间

被耽误，所以乔乔才这么生气。然而，静静拒绝乔乔时还是不够坦诚，依然为了面子突然说自己也要买房。后来，看到乔乔气急败坏，静静很担心自己会失去这个好朋友，所以才发短信说了难堪的事实。任何时候，我们在无法帮助他人时都不能随口敷衍，否则就会给对方以希望，导致对方无法准确判断情况，更无法及时应对。大多数向我们求助的人，一定都是非常信任我们的人，因而我们必须坦诚相见地拒绝他人，让他们掌握最新最真实的情况，从而早作打算。

人与人相处，一定要真诚坦率。很多误解之所以产生并且不被原谅，恰恰是因为没有坦诚相见。从现在开始，就让我们以一颗真诚的心示人，也给自己一个交代。

适当让利，才能与他人成为利益相关的朋友

曾经有人说，这个世界上没有永远的敌人，只有永远的利益。在现代社会，则更加如此。即便是彼此对立的敌对关系，也会因为某个阶段利益的一致，从而结成同盟，一起寻求利益最大化。因而，如果我们想要得到他人的帮助，而且是基于公平基础上的帮助，则我们唯一的办法就是适当让利，从而与对方利益相关。这样的帮助，我们无须欠对方多大人情，因为对方在帮你的同时，也就是帮助了他自己。

在现代职场上，很多人都说人与人的关系日益冷漠。的确，和几十年前人们之间很少有利益关系，大多数都是纯粹感情相比，现代的职场人士的确更多地和利益捆绑在一起。然而，从另一个角度来看，这恰恰是好事，因为这息息相关的利益才能让人们彼此之间的关系更稳固、更牢靠、更长远。

人与人的相处，付出必须是相互的。所谓有来无往非礼也。对于他人的

付出，哪怕是出于帮助，或者是因为义务，我们也应该心怀感念，这样才能在需要的时候，得到他人的鼎力相助。尤其是在商业场合，千万不要只盯着眼前的蝇头小利，只有慷慨大方地让利，做到让双方都满意，合作才能长久，利益也才能最大化。要想做到这一点，我们就应该培养合作共同的心态。其实很多事情都不是非此即彼，而是可以兼顾的。当你时时刻刻不忘把自己的利益记在心上，也不忘把对方的利益记在心上，日久天长，随着了解的精进，对方一定会把你列入首席合作伙伴。这时，你还愁没有利益可以共享吗？！不管什么事情，水到渠成才是至高境界。

戴高帽儿，才能让对方不好意思拒绝你

既然是求人帮忙，说好话是免不了的。不过，这好话也分很多种，有的好话是为了与他人套近乎，有的好话是为了让对方好说话，有的好话则是为了给对方戴高帽儿，从而碍于面子不得不接受我们的请求，对我们慷慨相助。要说技术含量，最后一种无疑最好。前两者目的，只需要随便说些好听的话迎合对方，我们就能获得相应的待遇。但是这戴高帽儿可不一般，说得太过，未免让人心生疑惑，说得不到位，则无法起到预期的效果。

一顶合格的高帽子，不仅能够起到恭维对方的效果，而且能够给足对方面子，让对方不好意思拒绝我们的请求。如此一来，我们也就能如愿以偿地得到帮助了。

早在20世纪70年代时，年轻人结婚根本不像现在这样随处都能买到合适的家具。那个时候，木匠是一个很受尊重的行业，因为每个年轻人结婚都想找个好木匠，为自己的新家置办一套款式新颖、做工精细、时尚而又实用的家具。

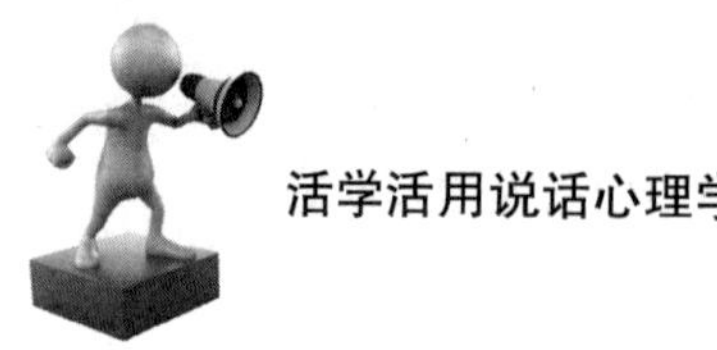

大军结婚也是如此，按照未婚妻小雨的心愿，他最好能找到技术首屈一指的刘木匠亲手为他们打造家具。这可不容易啊，花钱也未必能办成，小军觉得很为难。因为刘木匠名气高，很多活儿都是让徒弟做的，他只负责指点，要想让他亲手干活儿，颇有些难度呢！

思来想去，小军还是拎着两瓶好酒和托人从北京捎来的精细糕点，去刘木匠家登门拜访。见到刘木匠，小军开门见山："您好，刘师傅，我是医院的李院长介绍来的。他是我姑父，他说您老人家的木匠手艺无人能比。这不，我就来了。"刘木匠听说是李院长介绍来的，倒也客气，毕竟人吃五谷杂粮，哪有不生病的呢！他问："你和李院长什么关系？"小军笑着说："李院长是我大伯。他当年和我爸爸在战场上出生入死，比亲兄弟还亲。一听说我结婚，李院长就说：'你结婚，那必须得找刘师傅打家具啊！小子我告诉你，你李伯伯我走南闯北，就连俄罗斯人的洋玩意都见过，要说手艺，那还是刘师傅。'这不，我带来的酒就是李院长被首长接见时，首长送给他的。"刘师傅笑着谦虚道："哪里哪里，过奖了啊！"小军笑了笑，说："我告诉您个秘密，刘师傅，您可帮了我大忙了呢！原本，我那个丈母娘对我不很满意，非不愿意把女儿嫁给我。后来，我说我能请到刘师傅帮忙打家具，我未来的丈母娘就说：'哎呦，你肯定是找的刘师傅的徒弟吧，就你这小样儿，还能让刘师傅替你打家具。'我拍着胸脯保证，她居然说：'你要是真请刘师傅给你打家具，我就同意你们的婚事。'就这样，我喜滋滋地回家把这件事告诉我爸妈，他们还说结婚当日要请您坐上席呢！"刘师傅哈哈大笑起来，说："想不到我一个手艺人，居然还能成就一桩好姻缘。这样吧，你告诉我准备打几大件，备好料，我一定让你丈母娘对你刮目相看。"

在这个事例中，小军之所以如愿以偿地让刘师傅答应亲手为他打家具，就是因为他给刘师傅戴了高帽儿，而且不止一顶。先是说李院长点名刘师傅手艺好，又拿来了首长接见李院长时给的陈年老酒，后又说刘师傅的好手艺成就了他的好姻缘，能让他在丈母娘面前扬眉吐气。总而言之，刘师傅如果再不答

应小军，非但有不识抬举的嫌疑，反而有可能破坏一桩好姻缘。而且，刘师傅如果拒绝小军，也貌似拒绝了自己的这一番美名。因而，刘师傅纵使再大名鼎鼎，手艺再棒，也不能承担这样的不识抬举之命啊！

人与人之间，很多时候就是彼此给面子。小军给足了刘师傅面子，刘师傅呢，自然也要给小军面子。如此两全其美，皆大欢喜，事情也就水到渠成了。

点将不如激将，你学会激将法了吗

所谓激将法，指的是用刺激性的话让将领心甘情愿、意气昂扬地领命出战。很多时候，直接点将的效果未必很好，而且还有可能导致将领产生逆反心理。而对于很难完成的艰巨任何，激将法却有出人意料的效果。通常，激将法利用的是人的自尊心和逆反心理，即你越是认为我无法完成某件事情，我越是完成并且证实给你看。这种刺激的方式，不能随意地用于不了解的人。在使用这种方式向他人求助时，一定要非常了解对方，知道对方对你的过激言辞会做何反应。否则，一旦真的激怒对方，导致双方反目成仇，就得不偿失了。

此外，运用激将法的人必须有好口才，不但了解对方，而且对当时的环境、事情的发展和预后，都有一定的把握。使用激将法必须把握分寸，如果言辞不够激烈，则无法起到激励的作用，使对方毫无感觉；如果言辞过于激烈，则很容易让对方彻底放弃，自暴自弃。所谓欲速则不达，在激将法上也是很有道理的。

如今，几乎每个熟悉网络的人都知道阿里巴巴，更知道马云的鼎鼎大名。阿里巴巴之所以能发展到今天，与马云的远见卓识和对人才的管理与任用是分不开的。最绝妙的是，马云还很擅长激将法。2002年，阿里巴巴突破既定的销售额，全公司上上下下所有员工都进行欢庆。马云一直在想，既然2002年顺利

完成销售额200万元，而且还超过了销售额，那么2003年的目标应该如何定位呢？就在2002年的年度庆典上，马云对贺学友说："贺学友，你在2003年必须完成365万元的销售目标，也就是一天一万的进步速度。不过，续签率必须提高到78%。如果你完成这两个指标，你可以随意要求我请你去任何一个城市吃饭。但是如果完不成的话，你就必须围绕西湖跑一圈，然后跳湖。"当马云当着许多人说出这个2003年的年度目标时，贺学友几乎不假思索地答应下来："没问题。"这场赌博，就这样成为定局。虽然贺学友在接受马云的年度目标之后也曾经觉得迷茫，但他总体上还是比较有把握的。

2003年，注定是贺学友拼搏的一年。然而，在2003年的年度庆典上，贺学友的销售业绩虽然高达630万元，比2002年整整翻了三番，但是续签率却没有达到78%的标准，只差了2%。为此，马云高兴地对他说："尽管你只差2%，销售业绩却翻了三番，但是你必须跳西湖，我也会请你吃庆功宴。"

2003年的年度盛典于2004年2月7日举行。正值寒冬腊月，贺学友在两个得力助手的陪同下，脱掉衣服，只穿着短裤围着西湖跑了一圈，而后又毫不犹豫地跳进刺骨的湖水中，洗了个冷水浴。对此，马云欣慰地说："今天对于阿里巴巴来说，是值得铭记的日子。今天，代表着诚信，我们每个人都要兑现自己的诺言，毕竟一个团队要赏罚分明。今天，代表团队的精诚合作，贺学友有忠实的下属，这是值得庆贺的。在网络发展如此神速，竞争异常激烈的今天，阿里巴巴能做大做强，就是因为马云的这份豪情和胆识。

在马云不知道如何制订新一年目标时，最终决定采取激将法，让贺学友碍于面子，也因为尊严，毫不迟疑地立下了军令状。正是在这豪情誓言的激励下，贺学友经过2003年一年的拼搏和奋斗，居然将公司业绩相比较2002年的销售目标整整翻了三番，不得不说，这是巨大的进步和收获。然而，他也因为差2%没有实现78%的签约率，因而在刺骨的寒冷中跳进西湖。这样的胆识和豪情，不是哪一个团队都有的。因为有下属的陪伴，贺学友虽然吃了小小的苦头，但是心里一定是无比甜蜜的。阿里巴巴之所以能在短短的时间里取得长足

的发展，正是因为这个团队的信守诺言、精诚合作、奖罚分明。

不管对谁，当使用激将法时，都只有一次成功的机会。因而，我们不但要了解交谈的对象，也应该对事情的发展有个初步的规划，更应该把握事情的局势。在知己知彼的情况下运用激将法，才能大大提高成功率，最终如愿以偿。

登门槛效应，让对方循序渐进地接受你

在心理学范畴内，登门槛效应是一种非常常见的现象，有时也被称为得寸进尺效应。具体地说，即人们虽然会直接拒绝那些看似不可能实现的、难度较大的要求，但是如果我们刚开始时只是提出一个不值一提的小要求，待到对方接受后，再循序渐进地提出更高的要求，如此一来，对方就更容易接受我们的要求。形象地说，这种现象和一级一级拾阶而上很像，只有循序渐进，才能攀上高峰。

1966年时，美国的心理学家进行过一个著名的实验，登门槛效应也是实验之后才提出的。他们派人登门拜访一些家庭主妇，请求她们在自家窗户上挂一个牌子。当然，对于这无关紧要的事情，这些家庭主妇全都同意了。经过一段时间之后，他们再次派人登门拜访这些家庭主妇，请求在她们的院子里挂一块很大且不那么赏心悦目的牌子。出乎他们的预料，有至少一半的家庭主妇也同意了。此后，他们又派人登门拜访另一些家庭主妇，直接向她们提出请求，要在她们的院子里挂一块很大而且不太美观的牌子，结果，这些家庭主妇中大多数人都直接表示拒绝，只有不到20%的家庭主妇勉强同意。随后，美国的心理学家还进行了类似的实验，最终证实了人们在面对很难完成的要求时，往往会直接拒绝。而在先接受无关紧要的小要求的受试者中，则接受难以完成的要求的人会占更高的比例。

1984年，一位默默无闻的日本人参加了东京国际马拉松邀请赛，并且取得了让人惊讶的好成绩——世界冠军。他叫山田本一，在此之前名不见经传。而后，诸多的记者争先恐后地采访他，这些记者们问的最多的问题就是：你是如何跑出这么好的成绩的？对此，山田本一漫不经心地说："凭着智慧。"很多人在听到这句回答后，都觉得山田本一是在故弄玄虚，因为马拉松比赛比的是耐力和超强的体力，与智慧有何关系呢！？

两年之后，山田本一参加了意大利国际马拉松邀请赛，再次夺得世界冠军。记者们依然追问他是如何取得好成绩的，他也依然回答："凭着智慧。"毫无疑问，记者依然疑惑不解。直到十年之后，山田本一出版了自传，这个谜底才被揭开。原来，山田本一每次比赛前，都会提前熟悉比赛线路，并且一一画下显眼的标志，直到整个赛程结束。当发令枪一响，他就会以参加百米比赛的速度冲向第一个标志物，如此类推，直到冲向赛程终点的最后一个标志物。随着不断超越每一个目标，他也越来越有自信。因此，他几乎始终在以百米赛跑的速度完成比赛，所以才能遥遥领先地跑完四十多公里的赛程。

对山田本一来说，如果把四十多公里的赛程看成一个整体，则一定会产生畏难和抵触心理。而当他把每一个一万米都分成若干个一百米时，他总是能够不断地超越近在眼前的目标，从而获得自信，也获得勇气和力量继续跑下去。从目标的角度来说，这是一种分解目标的方式。然而，从登门槛效应的角度来看，这就是登门槛效应的典型表现。很多马拉松选手都会半途放弃，就是因为他们觉得任务艰巨，难以完成。而山田本一则不同，他的目标就在眼前，只要实现了这一个目标，再接二连三地实现接踵而至的一个个小目标，他就距离成功不远了。

生活中，我们在向他人求助时，如果任务艰巨，不能一蹴而就，不如也借鉴登门槛效应，把艰巨的任务划分为一个个小的阶段性任务，从而让他人先接受帮我们一个小忙，然后再接受帮我们一个小忙，最后循序渐进，让对方同意帮我们一个大忙。如此一来，我们的愿望就实现了。巧用登门槛效应，我们才能如愿以偿地得到对方的慷慨帮助。

第07章

温柔安慰他人：说话得体找准措辞

生活中，每个人都难免会有不如意的时候。在这种情况下，作为亲朋好友，或者是同学同事，我们自然要学会安慰他人。当然，在我们失意时，他们也会竭尽全力地安慰我们。正是在彼此的扶持和帮助中，我们才能走出困境，满怀希望、充满信心地面对生活。

安慰的话，千万不要变得火上浇油

所谓安慰，顾名思义是为了帮助他人化解心中的苦闷。倘若安慰的话起不到帮助他人消除苦闷的作用，反而让原本就郁郁寡欢的人变得更加痛苦，则就事与愿违，不但没救火，反而火上浇油了。遗憾的是，生活中总有些事情是这样的结果。违背初衷，好心办坏事，最终把一切都搞砸了。要想避免自己在安慰他人时火上浇油，我们就要学会安慰的技巧，遵守安慰他人的很多原则，这样才能如愿以偿。

现代社会，人际关系被提升到越来越高的高度。试想，倘若你能在他人需要的时候，给予贴心的安慰，则你一定能够博得他人的信任，甚至与他人的关系越来越亲密。和锦上添花相比，雪中送炭自然能够更加得到人们的认可，也更容易获得人们的尊重和信任。因而，我们都要成为一个雪中送炭的人，而避免成为一个火上浇油的人。

张大妈的儿子小星，原本昨天就应该从部队回到家里的，然而的此时此刻却正躺在医院里接受治疗。原来，小星在回到镇上的时候，遇到了同村的欣欣，因而便搭乘欣欣的解放车回家。路上，因为一个急拐弯，欣欣与一辆渣土车撞上了。结果，坐在她车上的大哥当场死亡，妹夫也在一番抢救之后失去生命，小星则失去了自己的右腿，膝盖以上的部分都截肢了。也受到轻伤的欣欣，万分悲痛，不知道应该如何面对家里的亲人和小星守寡多年的妈妈。

每天都盼着儿子回家的张大妈，在得知这个晴天霹雳般的消息之后，突然就瘫坐在地上。后来，是在村民们的帮助下，才送她去了医院。看到儿子被

碾碎的右腿，张大妈简直痛不欲生。她用颤抖的手在手术同意书上签字，她的心都碎了。看到张大妈这么悲痛，送她来的旺盛媳妇说：“大妈，您也别太伤心了。没关系的，现在医学这么发达，能保住命就不错了。”张大妈突然歇斯底里地说：“保住命就不错了？一个大小伙子没了腿，以后的日子怎么过啊！要是你家旺盛也截掉一条腿，你还能这么说吗？”听到张大妈的话，旺盛媳妇尴尬地说：“哎呀，大妈，我这不也是好心好意地安慰你嘛！你怎么能这么说话呢！”说完，旺盛媳妇生气地一声不吭。良久，旺盛媳妇说：“大妈，我是好心安慰你，你别生气了。我说错了，但是事情既然已经发生了，就朝前看吧。你要是把身体搞垮了，小星不是更没有依靠了么。你还得支撑着小星度过这个艰难的时刻呢！”张大妈也愧疚地说：“大妈也是糊涂了，你别跟大妈计较。”

在安慰张大妈时，旺盛媳妇说话显然不合时宜。好好的一个活蹦乱跳的儿子，就这样失去了一条腿，未来的人生肯定会受到严重的影响。张大妈又守寡多年，才辛辛苦苦把儿子养大的。因而，面对儿子失去一条腿的打击，张大妈必然难以承受，万分心痛。当旺盛媳妇说没关系的时候，就像是一根导火索，点燃了张大妈的痛心和着急。因而，张大妈便把情绪发泄到旺盛媳妇身上，与旺盛媳妇不客气起来。如此火上浇油的安慰，的确让悲痛之中的张大妈难以接受。

后来，旺盛媳妇从现实的角度出发，安慰张大妈应该保重身体，成为小星的坚强后盾，张大妈才稍微恢复平静和理智。的确，无论再怎么伤心，也不可能改变现实的局面。因而，总要坚强面对。总而言之，不管安慰谁，我们都不能睁着眼睛说瞎话，即便是安慰，也应该从现实的角度出发，帮助他人抚平情绪，恢复理智，否则空洞的安慰更容易让人歇斯底里，情绪爆发。

对事不对人，才能客观公正地安慰

安慰他人时，我们总是恨不得三言两语就把他人心中的创伤抚平，实际上，只有时间才是帮人疗伤的良药。一切的伤痛，发生得突然，却不会那么急迫地消失，即便我们再怎么心急如焚，也必须慢慢等待。因而，在安慰他人时，我们不能因为着急就失掉原则。任何事情的发生必然有其因果关系，我们只有客观面对，才能以公正的姿态对待。否则，因为一时着急就失去原则，不再客观公正，则一定后患无穷。

现实生活中，很多人在处理事情或者发表见解时，常常说对事不对人。这句话的意思就是，根据事实来进行分析判断，而尽量刨除主观因素的影响。这就是对事不对人的含义。很多事情，受到伤害的未必就是无辜者，也有很多受到伤害的人，其实是始作俑者。因而，他们既需要安慰，也应该接受批评，难道就因为他受伤就不再批评了吗？当然不是。安慰是安慰，批评是批评，正如很多时候必须赏罚分明，才能更好地维持秩序一样，安慰也应该与批评分开，以尊重事实为原则。

这次期末考试，平平的成绩不是很好，尤其是语文，因为作为没写完，成绩特别差。还有数学也好不到哪里去，因为粗心错了很多题，明明应该考到上等水平的，却只考了个中下等水平。其实，这是有原因的。原来，平平因为和妈妈吵架，决定再也不接受妈妈的辅导，所以最近一段时间以来做作业自由散漫，速度减慢很多，也不够专心致志。不过，平平的英语倒是考得很好，是全班第一名，因为她最喜欢英语了。

对于成绩，平平拿到试卷就哭了。她不知道如何回家面对妈妈，也因为自己最近就学习的事情与妈妈闹别扭而懊悔不已。回到家之后，妈妈看到平平的成绩单和试卷，笑着说：“英语考得不错啊！看来，你的英语是不用妈妈操心的，的确妈妈即使不管，你也能学得很好。但是……”妈妈脸色陡变，说，

“你的语文和数学考得可不怎么样，完全不符合你的水平。这次考试的失利，我想你应该自己分析和总结原因，妈妈不想作出任何评价。”后来，平平根据自己的试卷，写了一份深刻的检讨，并且说自己是很愚笨和自以为是的。对于平平对自己的评语，妈妈正色说：“这次考试你的确考得不好，但是这次考试的失利并不能代表你就是愚笨和自以为是的。我们做事情应该对事不对人，妈妈只会觉得你最近一段时间努力不够，以后应该虚心接受妈妈的辅导，和妈妈齐心协力把成绩提上去。你还是妈妈最可爱的女儿，那么聪明，那么灵巧。”听到妈妈的话，平平的眼眶又红了，说：“妈妈，你真的不怪我吗？”妈妈抚摸着她的头说：“当然怪啊，怪你没有听妈妈的话好好复习。但是呢，妈妈依然很爱你，因为这一件事情并不能代表什么。妈妈只看事情，不会对你的人作出评价。”看到妈妈如此宽容大度，平平说：“妈妈，放心吧，我一定会让你为我骄傲的。”

在这次平平考试失利的事件中，妈妈保持了非常正确的态度，不但理智，而且客观公正。和很多父母一看到孩子成绩不好就肆意攻击孩子相比，平平妈妈显然非常理性。她只针对考试这件事安慰平平，而没有眉毛胡子一把抓，批评平平。有这样的妈妈，是平平的幸运。

任何安慰，或者是批评，或者是赞许，都脱离不了具体的事情。尤其是安慰他人时，我们不能因为一个人犯了错误就一味地批评他，不顾他的心情和心理状态。相反，即使你很想批评这个人，也应该根据实际情况给予其适当的安慰。唯有如此，你才能征服他人的心，真正地得到他人的认可和赞赏。现代社会生活和工作节奏都越来越快，压力也越来越大。唯有正确对待每天发生的无数事情，做到客观公正地安慰他人，才能拥有好人缘，为自己建立丰富的人脉资源网络。

不显摆不炫耀，才能安慰失意落魄的人

现代社会，很多人之间都有竞争关系。有的竞争是出于工作的需要，有的竞争则纯粹是为了面子而自发展开的竞争，这与人的虚荣心是密切相关的。然而，每个人都不可能事事如意，总有些事情不尽如人意，这就需要每个人都坦然面对。虽然说起来“坦然面对”只是简简单单的四个字，但是在尊严、面子、虚荣心面前，人们早就忘记了“胜败乃兵家常事”这句话，一心一意地只想要比得过他人，为自己挣面子。在这种情况下，如果你恰恰是得意之人，而又面对着一个失意落魄的人，又该如何安慰对方呢?

毫无疑问，在他人失意落魄时，如果你以得意洋洋的姿态出现，一定会让对方觉得更加难堪。即便你心里万分欣喜，为了照顾他人的情绪，也应该保持低调，做到不炫耀、不显摆。否则，当你满脸得意地去安慰他人时，一定会刺伤他人敏感的心，甚至事与愿违地让他人恼羞成怒，最终与你决裂。

近来，豆豆和萌萌都准备在南京买房。她们是大学同学，豆豆在老家，她的爱人已经调到南京工作三年多了。萌萌呢，一直在北京发展，如今为了解决两个孩子的户口和入学问题，决定到南京定居。一想到不久的将来就能够在南京重逢，她们都很高兴。

萌萌搬到南京之后一年多，开始着手买房的事情。此时，豆豆的爱人已经在南京工作四年多了，他们也已经两地分居四年多了，买房也可以说是迫在眉睫。一次豆豆来南京看望爱人，与萌萌聚餐。席间，豆豆的爱人高兴地说：“我们的买房事宜已经提上日程，也许会赶在你们前面哦！”豆豆的爱人始终两地奔波，想必是很累了，因而听到买房指日可待，感到非常高兴。

半年之后，萌萌卖掉北京的两套小房子，一鼓作气地在南京买了两套房。豆豆呢，因为家里的房子不好出手，居然还没有开始看房。最可恨的是，家里的房产市场供过于求，根本卖不上价，因为豆豆换房到南京成了天大的难题。

思来想去，豆豆有些犹豫了，因为如果把房子换到南京，她与孩子的生活质量就会受到严重影响。因而，豆豆和爱人商量："南京的房子太贵了，咱们也不能为了搬到南京就不吃不喝去要饭啊！要不你就辛苦吧，反正年轻，等到退休就不用两地奔波了。"听了豆豆的话，爱人很发愁。他每一到两个星期回家一趟，单程就要五个小时的车程，实在是心力交瘁。这时，萌萌偏偏安慰豆豆："豆豆，要是真的觉得压力大，就别买啦。反正，辛苦你老公一个，你和孩子都很幸福。不过呢，我是无论如何都坚持要全家人守在一起的，不然，分开过一辈子多么难受啊！所以，当我老公说要准备搬来南京时，我马上就联系搬家公司，几天就搬到南京了呢！"

听了萌萌的话，豆豆心里很不是滋味："是啊，我的动作哪有你那么快！我要是有你这魄力，又有个能挣钱的老公，也不至于等到房子涨价这么多才想起来买啊！我家老张调动到南京上班时，房价才几千块钱呢！"听了豆豆酸溜溜的话，萌萌意识到自己说错了话。她尴尬地笑了笑说："豆豆，我不是你想的那个意思。我是觉得，如果你真是不想来南京，不如让老张调回去啊。毕竟，要是两地分居二三十年，你就太苦了。"豆豆的眼眶红了，说："我知道你是心疼我。"

面对失意的豆豆，萌萌却毫不掩饰地自夸搬家快，买房快，因而才能抓住好机会。不想，这恰恰是豆豆的伤心处所在。萌萌的话就像是一根根针，深深地扎到了豆豆的心上。面对豆豆说出的酸溜溜的话，萌萌意识到自己安慰的话说得不合时宜，因而赶紧改变谈话的方向，从真心为豆豆着想的角度出发考虑问题，让豆豆因为她的关心红了眼睛。

越是熟悉的人之间，越容易互相攀比，尤其是原本起点相差无几的同学之间，则更在乎自己现在过得有没有别人好。去南京买房安家，对于豆豆而言无疑是个长久的夙愿，至今被萌萌赶了先，依然没有完成。因而，萌萌作为豆豆的好朋友，说话时一定要非常在意，才能避开这个雷区。当然，如果豆豆自己想要提起，则另当别论。任何时候，我们都要保持低调，切不可在原本关系亲

密的人面前击中他人的软肋，显摆自己的得意，否则就会伤害友情，导致事与愿违。

探望病人切勿面色悲戚，精神力量最宝贵

随着工业的发展，各种各样的污染充斥着我们生存的空间。因而，越来越多的人身患各种各样的疾病，尤其是食品安全的问题，让人在吃进形形色色、各种名目的添加剂的同时，身体状况堪忧。再加上现代社会的生活节奏越来越快，工作压力越来越大，导致人们的作息越来越紊乱，身体也状况百出。因而，如今身体健康出现异常的人越来越多，还有很多人处于亚健康状态，随时都有可能身体崩溃，导致大爆发。每当有亲戚朋友因病入院时，我们难免要去探望。为了安慰病人放开心，保持愉悦的心情早日康复，很多人都尽量在病人面前说些开心的事情，鼓励病人。然而，有些病是很难治愈的，因而人们在说话时又未免面色悲戚，无形中给病人增加心理压力。作为明智的人，在安慰病人时，一定不会悲悲切切，更不会失去理智地当着病人的面大哭，而且会给病人传输积极乐观的力量，让他们更加充满希望。很多时候，有些身患绝症的病人之所以能够奇迹般地康复，甚至让医生都找不到原因，就是因为他们充满精神的力量。由此可见，不管探望怎样的病人，我们都应该面带微笑，千万不要起到传播负能量的作用。

最近，丁丁的老领导突然病了，而且还是很不好治愈的肺癌。得知这个消息，整个编辑部的人都震惊了。因为老领导虽然平日里工作上要求严厉，实际是最善良的人。每当有同事家里有困难，他总是默默地给予帮助。很多曾经受到过老领导恩泽的人，都不敢去探望刚刚动完手术的领导，因为医生宣判老领

导的生命顶多还剩下一年。为此，大家都请求平日里与老领导关系最好的丁丁作为代表，先行去探望老领导。

丁丁先是偷偷地哭了一场，而后才擦干眼泪去看老领导。她带了老领导最喜欢的百合花，还精心准备了一床薄被，以便老领导在医院冷气太足时可以使用。看到老领导之后，丁丁笑了。她以往日的语气对老领导说："领导，我来看你啦！你感觉怎么样啦？"老领导也笑了，苍白的脸上露出欣慰的表情，说："自从昨天知道你要来，我就很担心你会掉金豆子。你不知道，那些先来的亲戚朋友们，一个个泪汪汪的，快把我烦死了。哭得我感觉天都阴了，我这把老骨头还没那么快死掉吧，这么早哭什么呢！所以，我告诉他们即使我真的死了，你们也不要哭。"领导的话，让丁丁心里难受极了，然而她还是得把眼泪往肚子里咽。她装作若无其事的样子对老领导说："你可得赶紧好起来啊，我可弄不了编辑部里那么一大摊子事。等你好了，我就要撂挑子去旅游。"老领导由衷地笑起来，说："我不批准你的假。你怎么好意思把工作都扔给一个病人呢！"丁丁说："你那么能干，好了就是好了，怎么还是病人呢！总之，不许你装病偷懒！"丁丁轻松的语调，和平日一样的诙谐幽默，把老领导逗得直笑，胸口上的伤口都疼了。然而，他心情很愉悦，在吃饭时，居然比平日多吃了半碗饭。丁丁在一旁夸奖他："哎，这样才乖啊！只要你好好吃饭，我过几天还来看你！"

虽然老领导已经病入膏肓，连医生都回天乏力，但是人只要活着一天，就总应该轻松愉快地享受生活，享受生命。因而，丁丁下定决心给老领导带去希望和欢乐，而不要增加老领导的任何心理负担。果然，在丁丁幽默诙谐的安慰下，老领导心情好转，居然忘记病痛，多吃了半碗饭。这样的探望，才是最受欢迎的。

人吃五谷杂粮，从未有不生病的。因而，探望病人也就成了我们日常生活中经常需要面对的事情。很多疾病其实都是由心情决定的，对于疾病的康复，愉悦的心情能够起到很好的辅助作用。因而，我们必须积极乐观地面对病人，

把正能量传递给他们，才能帮助他们树立信心，勇敢地与病魔作斗争。

凡事皆有度，安慰他人也会过犹不及

任何事情都有度，一旦过度，则过犹不及。安慰他人也是如此，恰到好处的安慰能够帮助他人排减痛苦，从而尽快恢复冷静和理智。但是如果安慰过度，则就像是不停地揭开他人的伤口，在他人的伤口上撒盐，让人痛苦万分。这样的安慰，不如没有。尤其是当很多人受到伤害之后只想一个人静静地疗伤时，则恰到好处的安慰就是默默地陪伴在他身边，甚至无须言语。安慰的形式也是多种多样的，很多人误以为安慰就是喋喋不休的劝说，其实安慰有时也是默默的陪伴，无言的看守，甚至只是一个理解和体贴的眼神，就足以安慰他人动荡的心。

作为同事，静静和淼淼只是比较熟悉而已。平日里，她们见面就会友好地打招呼，偶尔也会一起吃饭。对于这样不远也不近的关系，静静是比较享受的，因为她个人不太喜欢与他人毫无距离地相处，以免因为挨得太近刺伤彼此。不过，这次的情况有些不同。淼淼因为失恋，已经好几天没来上班了。为了表示关心，主管让静静去看望淼淼。其实静静很理解淼淼，因为把淼淼甩了的男朋友，就在同公司的另外一个店里工作。为此，静静对郁郁寡欢的淼淼说："走吧，请你喝酒！"静静的本意是让淼淼喝点儿酒，发泄一下，这件事情就算过去了。因而，在喝酒时，静静不停地安慰淼淼，并且再三提起那个甩掉淼淼的男人。不承想，淼淼却酒品不好，很快就喝多了。在淼淼的推让下，静静也喝多了，大着舌头说："这样的男人，就该暴揍他。简直是不要脸，人家都说兔子不吃窝边草，他居然还和本店的一个小姑娘劈腿，简直天理难容。

你说吧，你要是想揍他，我替你去。”这时的静静已然喝多了，在她不停的安慰起到的强化作用下，淼淼在和她分手之后居然冲到前男友家里，大闹天宫，还独自一个人跑得无影无踪，害得店里的其他同事大半夜到处找她。

静静知道之后，一下子吓得醒了酒。她这才意识到自己的安慰过度了，起到了煽风点火的作用。因而，她也赶紧四处找淼淼，只想让淼淼恢复理智，坦然看淡爱情的花开花落。

对于淼淼这种偏执的性格，本来就不适合过度安慰。因为静静的过度安慰，她更加觉得自己是委屈的，一切责任都在前男友身上。其实，爱情这件事本该两情相悦，在一起不会是单方面的原因，分手也不会是单方面的原因。既然事情已然发生，最重要的是客观地分析原因，不要把责任一味地推到他人身上。

当一个人伤心的时候，我们如果总是反复地提起让他伤心的事情，只会延迟他心上的伤口结疤的时间。如果一个人的伤心是因为另一个人，我们过度的安慰和同仇敌忾，只会让他的心里对那个人充满憎恨，甚至导致做出过激的行为。总而言之，人生有很多事情都是应该学会遗忘的，唯有遗忘，我们才能轻装上阵，我们也才能在人生之路上更加步履轻盈地前行。不管做什么事情，都只有把握好最基本的度，才能避免因为过度而伤人，避免导致事情朝着事与愿违的方向发展。

艰难时刻的安慰，是加深爱情的最好时机

爱情，是上帝赐予人类最美好的礼物，也是最珍贵的馈赠。每个人都无比向往爱情，也希望能与自己两情相悦的人执子之手，与子偕老。然而，当大

多数人都对爱情怀着美好的愿景时，也有很多人已经步入爱情，正在享受着如同重感冒般的折磨。为什么曾经有人说恋爱就像重感冒呢？究其原因，是因为爱情使人头昏脑涨，也如同发烧般时而浑身冰凉，时而滚烫无比，总之越是热恋，越失去了恒定的温度。

对于牵手的爱人，我们总是希望借助于各种办法加深彼此之间的感情，如关心、照顾、理解、体贴等，具体来说，包括看电影、请吃饭、去旅行、买高档的化妆品或者时装等，总之是八仙过海，各显神通。在这里，我们不由得又要说起锦上添花和雪中送炭。恋爱中很多奢侈的事情，诸如抱着999朵玫瑰送给心爱的女孩，或者是带着女孩一起去天涯海角旅行，这都是锦上添花的事情，能够给爱情带来更多浪漫的色彩。相比之下，在对方艰难的时刻，或者发生了难以承受的打击，在这种情况下的关爱和安慰，才是雪中送炭。显而易见，我们都知道雪中送炭比锦上添花更能给人留下良好的印象，更能加深彼此的感情，对爱情也是如此。当爱人遭受困境或者承受打击时，一定不要置之不理，否则你前面所做的一切努力都会化为泡影。只要在关键时刻真心援助和守护，才能让你们的爱更加深厚和真挚。

丝丝和杜伟结婚一年多了。丝丝如今正有孕在身，还有一个多月就要生了。有一天中午，杜伟突然接到老家打来的电话，原来，杜伟的妈妈生病了，马上需要做手术。得到这个消息后，杜伟很为难，一边是即将分娩的爱人，一边是马上要做手术的妈妈。思来想去，他决定快去快回，在妈妈做手术的时候回去两天，然后就回来守护爱人。

不想，得知消息后，丝丝很坚决地说：“我和你一起去。”杜伟为难地看着丝丝，说：“你能行吗？你肚子这么大了，万一在路上有点儿什么不舒服的，那可怎么办啊？”丝丝坚强地说：“放心吧，我没那么娇气。平日里咱们也不在妈妈身边，现在她生病了，咱们回去守着也是应该的。况且，我也不放心你一个人回去，你太不会照顾自己了。”看到妻子坚定不移的模样，杜伟感动地说：“老婆，让你受累了。”为了爱人，原本准备坐高铁回去的杜伟，最

终决定开车回去，这样爱人就不用在拥挤的车站里穿行，累了也可以躺在车后座上休息了。当即，丝丝就收拾好衣服，和杜伟一起出发了。路上遭遇堵车，原本六个小时的路程，走了整整十个小时。一路上，杜伟对丝丝嘘寒问暖，生怕丝丝感到不适。到了医院，正在住院的妈妈看到儿媳妇挺着大肚子也来了，感动不已。杜伟呢，则更加骄傲自己有这样一个好媳妇。经过这次长途奔波，丝丝感到杜伟更加敬重和爱护她了。丝丝知道，这一切都是因为自己在关键时刻不含糊。

结成夫妻的男男女女，其实也是需要相处的。爱情虽然热烈，但是不可能永远灼热地燃烧下去。要想家庭生活幸福和睦，夫妻感情深厚稳定，就应该有一个最基本的相互尊重，也要在对方需要的时候，作为对方最坚强的后盾。唯有如此，在漫长的人生路上，夫妻才能风雨同舟，执手不离。

在寻常的日子里，我们很难感受到对方的重要性。只有在艰难的时刻，当对方挺身而出时，我们才更能意识到对方的深情厚谊，从而也更加与对方心心相印，彼此扶持。因而，如果你想要拥有幸福美满、稳如磐石的婚姻，不如就从现在做起吧！当你爱的人正在遭受折磨或者经受考验，你一定要作为最坚定不移的后援永远站在他的身后。这样，他才有勇气有底气面对变幻莫测的人生。

第08章

巧说服不冲突：用心理学让人心服口服

生活中，我们难免会遇到与他人意见不统一的时候，在这种情况下，我们就要多花些心思，努力说服他人，达到意见一致，才能实现最圆满的结果。当然，说服他人并非容易的事情。如果我们能够多多了解一些心理学知识，将其运用于说服工作，就能避免冲突，轻轻松松地让他人心服口服。

角色互换，助你水到渠成说服他人

所谓角色互换，也可以称为设身处地，或者是角色对调。通俗地说，就是把自己放在他人的位置上，从而从他人的角度出发考虑问题，做到真心诚意为他人着想，并且能够更多地理解和体贴他人。当我们把角色互换用于说服他人时，则我们能够更好地体察对方的心思，并且对他人感同身受，从而水到渠成地说服他人。

在生活中的很多情况下，尽管我们尽心竭力地说服他人，对其晓之以理，动之以情，但是对方就是不为所动。这种情况的出现，往往是因为我们没有从他人角度考虑问题，因而总是一味地从自己的观点出发。因而，我们的长篇大论非但无法打动对方，甚至还有可能招致对方反感。为什么有些人总是能够轻而易举地就说服他人呢？这是因为他们能够站在他人的角度考虑问题，而且在表达自己的意见时也更多地考虑了他人的感受，因为他们说出的话更容易让他人接受。

皮皮从小就对玩具情有独钟，即使现在已经八岁了，也依然最爱玩具手枪和各种各样的轨道车。每到节假日或者周末，皮皮就总是请求妈妈带他去买玩具。然而，每次只买一两件玩具是不能满足他的，他总要挑选好几件自己喜欢的玩具让妈妈付款。随着皮皮的学业越来越重，妈妈每当休假不但要带着皮皮去上兴趣班、补习班，还要花费高昂的学费给皮皮报名学英语。因而，妈妈和皮皮商量：“以后咱们少买些玩具吧，家里都放不下了，而且也很浪费钱。”皮皮马上噘起小嘴，不高兴起来。

一个周末，妈妈带着皮皮去上英语课。回来的路上，皮皮非要去商场买玩具。妈妈想了想，对他说："今天，咱们上英语课已经花了二百多块钱学费，因而只能给你一百元经费去商场。这一百元经费要吃午饭，喝水，剩下的才能买玩具。而且，我想跟你玩个游戏。"听说要玩游戏，皮皮马上兴致盎然。妈妈对皮皮说："今天去商场，你当妈妈，我当孩子。你要负责我的吃喝拉撒，还要满足我买东西的愿望，如何？"皮皮听说自己能当妈妈，高兴地又蹦又跳，丝毫没有想到接下来会面临的窘境。皮皮高高兴兴地从妈妈手里接过一百元钱，就带着妈妈进商场了。妈妈刚进商场，就直喊饿了。无奈，皮皮只好带妈妈去吃饭。每人一个汉堡包，原本皮皮是想喝橙汁的，但是一想到钱，因而改成每人一瓶矿泉水。后来，妈妈走着走着，看上了一个洋娃娃，非要纠缠着皮皮给她买洋娃娃。皮皮不买，妈妈就装模作样地哭起来，惹得商场里的人纷纷看他们。无奈，皮皮只好给妈妈买了个最小号的娃娃。此时，皮皮手里只剩下二十多块钱了。正当皮皮领着妈妈开始看手枪时，妈妈突然又喊："我渴了，我要喝水，我要喝水！"皮皮看着妈妈的样子，为难地站在那里，似乎要哭出来，说："但是，我只剩下二十多块钱了。再喝水，就买不到任何玩具了。"妈妈耍赖地说："如果不喝水，我就要吃冰淇淋。"就这样，皮皮被妈妈弄得哭笑不得，只得放弃了自己的玩具枪，又给妈妈买了一瓶水。当妈妈再次缠着皮皮要买一个芭比娃娃时，皮皮终于无法招架，说："哎呀，太累了，我不当大人了，我要当孩子！"妈妈这才语重心长地说："皮皮，你觉得当妈妈好吗？"皮皮摇摇头，妈妈又说："一百块钱是不是很快就花完了。而且，还远远不够。"皮皮又点点头。妈妈继续说："一百块钱虽然花起来很快，但是挣起来却不容易。爸爸妈妈必须省吃俭用，才能供你读书，如果你再不停地要玩具，那就真要把爸爸妈妈累死啦。你看看，爸爸周末也不能休息，还在加班挣钱呢！"皮皮想了想，认真地对妈妈说："妈妈，我再也不胡乱买玩具了。以后，我只买特别想要的玩具，只买有用的玩具。"

不管妈妈怎么说服，皮皮就是无法放弃买玩具。幸好，妈妈灵机一动，想

出了这个角色互换的方法，让皮皮也感受到了爸爸妈妈的辛苦。因而，皮皮决定以后收敛买玩具的欲望，再也不缠着妈妈要玩具啦。生活中，有很多孩子都没有金钱的概念，因而在买玩具的事情上毫无节制。如果也能使用这个方法，则一定能让孩子感受到父母的辛劳，从而更多地体谅父母。

角色互换的方法，用在孩子身上就像是一个好玩的游戏，能够起到寓教于乐的作用。用在成人身上，则能让成人深刻地感受到他人的感受，从而更加体贴和理解他人。针对很多女性朋友怀孕期间不为丈夫所知的辛苦，科学家专门研制出一个机器，能够让男人感受到女性怀胎十月的辛苦和生孩子时难以忍受的十级疼痛。如此一来，女性朋友才能得到丈夫更多的关爱和照顾，也得到丈夫极大的尊重和体贴。这就是角色互换的神奇魔力。不管面对谁，如果你想让对方心服口服，不如就采取角色互换的方法吧，相信它一定不会让你失望的！

利用权威心理，让他人心服口服

打开电视，为什么铺天盖地而来的广告上，全都是明星或者是权威人士在使用某商品的画面？如果雇用普通人拍广告，广告费岂不是要节省很多？那些大明星个个动辄就要几百万上千万元的广告费，为什么厂家或者经销商依然对他们趋之若鹜呢？归根结底，是权威效应在起作用。如果一个普普通通的家庭妇女说某个品牌的化妆品能够让人回到青春，肯定没人相信。相反，如果一个年轻貌美的大明星说自己正是因为使用了某品牌的化妆品，才能青春永驻，则一定有很多人跟风购买，尤其是这个大明星的那些铁杆粉丝们，这就是权威效应。

在现实生活中，人们都有服从权威的心理。正如前段时间黄晓明买了上海

某个理财公司的产品，并且为其代言，结果导致很多普通民众跟风购买，最终赔得血本无归。心痛之余，那些跟风购买的人纷纷说："如果不是黄晓明代言的，肯定不会购买。如果不是看到黄晓明也买了，肯定不会买，就是因为相信黄晓明才买的。"面对这样的情况，同是作为受害者的黄晓明，自然不知道应该如何面对。毕竟，他的代言是商业行为，却不承想大家都盲目地服从他。尤其是在学术领域，对于那些德高望重的学术界泰斗，人们总是不假思索地认为他们所说的一切都是对的。虽然这种心理常常给我们的生活带来困扰和不可估量的损失，但是如果在说服他人时也能够灵活巧妙地运用权威心理，则说服工作一定会事半功倍。

曾经，有个经验丰富的探险家被困在撒哈拉沙漠的深处，走了好几天都没有走出漫无边际的沙漠。就在他感到绝望之际，突然眼前出现了一片绿洲。原本，探险家以为是自己体力耗尽，又累又饿，导致出现的海市蜃楼。不承想，他突然看到有位阿拉伯人走进绿洲，从一片池塘中捧起水来喝。见此情形，探险家也赶紧狂奔过去，冲进绿洲，迫不及待地来到池塘边喝水。后来，在讲起这段旅行经历时，听众问他："你怎么敢直接喝池塘里的水呢？难道你不怕水里有毒，或者会损害身体健康吗？"探险家笑着说："作为当地的阿拉伯人，如果池塘的水里有毒，对身体健康不利，他们一定不会去喝的。要知道，他们可是从小就在沙漠里长大的啊。既然他们都能毫不犹豫地捧起池塘里的水喝，我又有什么好担心的呢？"

探险家在沙漠里旅行时，一定认真地观察了自己身边的环境。例如，他们会看水源是否清洁，能否饮用，也会看四周是否潜伏着危险。在又累又渴的时候，当他们看到阿拉伯人捧起水塘里的水喝时，一切担心都会烟消云散。作为从小在沙漠里长大的阿拉伯人，他们一定是沙漠生活的行家，知道在沙漠里生活需要注意的方方面面。出于对权威的信任，探险家才会毫不犹豫地捧水来喝，丝毫不担心安全问题。这就是权威对人的影响作用。

在生活或者工作中，尤其是在职场上，我们肯定会遇到与他人意见不一致

的情况。在这种情况下，强迫他人相信我们、服从我们显然是不可行的。我们只有运用心理学知识，巧妙地说服他人，才能让他人心服口服。尤其是当他人质疑你或者否定你时，你更应该想法设法地证明自己是正确的，让信任危机消散于无形之中，也帮助你得到他人的信任和认可。

说服要迂回曲折，不可能一蹴而就

在说服他人时，我们总是非常心急，恨不得一蹴而就，让说服马到成功。偏偏，说服工作是个慢活儿，正所谓心急吃不了热豆腐，是急也急不来的。要想说服他人，我们就要耐下心来，逐步推进，让对方从心里接受你、理解你、认可你。尤其是当遇到他人偏要与我们背道而驰时，着急发火更无法解决问题。我们经常从影视剧上看到，在无数战争中，强行攻占敌人的高地总是损失惨重。只有迂回曲折地包抄，才能在最大限度保存力量的基础上，获得最好的结果，说服也是如此。如果我们偏要与他人拧着来，甚至非要强迫他人接受我们的观点、意见和看法，则往往事与愿违。当进攻遇到顽固抵抗时，改变战略，迂回前进，才是明智之举。

战国时期，赵国的都城邯郸被魏国的大军团团围困住。被迫无奈，赵国不得不派出使者，去向齐国求援。齐国国君为了给赵国解围，派出大将田忌和孙膑率军。田忌和孙膑都是用兵高手，善于谋划。在发现魏国把主力军都派到齐国之后，他们决定不去帮赵国解围，而是率兵攻打魏国的都城。眼看都城即将失守，魏国情急之下只好调遣主力部队班师回朝。却不承想，在人困马乏之际，中了齐军事先设下的埋伏，大败而归。此一仗，不但解了赵国的围，而且还打得魏军措手不及，是避重就轻战术的运用典范。这样的战术，不但有利于

保存实力，以最小的成本获得最高的收获，也能迂回曲折，出其不意。如果我们能把这个战术运用到说服他人的过程中，则也能够起到出其不意的效果，且能够事半功倍。

为了把骄傲得像公主一样的小青追到手，李磊简直费尽心思。他不但向哥们儿们取经，而且还花费巨资经常给小青送昂贵的礼物。然而，长得美若天仙的小青有无数的追求者，根本不把李磊放在心上。而且，小青是个乖乖女，不想这么早就谈恋爱，她总是说要多多陪伴父母。这简直让李磊崩溃，他再也没有招数了。

一个周末，李磊在商场里无意间碰到小青，她正挽着妈妈的胳膊逛街呢。看得出来，小青和妈妈的感情很好，就像一对姐妹花。突然间，李磊脑海中灵光一闪，如果能把未来的丈母娘搞定，小青的问题是不是也就迎刃而解了呢！思来想去，李磊决定再进行一番努力。第二个周末，李磊得知小青要去外地学习半个月，因而带着精心准备的礼物，来到了小青家里。看到小青的父母之后，李磊先是进行了简单的自我介绍，就把陈年老酒和明前茶送给小青爸爸，还把专门托人从法国带来的香水送给了小青妈妈。看到李磊如此体贴，小青的父母都很高兴。最让他们惊讶的是，在快到吃午饭的时间，李磊居然亲自下厨为他们做了地道的川菜。原来，小青的父母祖籍四川，是读大学之后才把家安在遥远的北京的。吃到地地道道的家乡味，他们惊讶极了。当然，吃完饭之后李磊也没闲着，他不但清理了油烟机，还陪着小青爸爸下了好几盘棋，这才告辞。

这样一天下来，对于这个眉清目秀、嘴巴甜甜、手脚勤快的小伙子，小青父母都很喜欢。接下来的周末，李磊依然展开丈母娘攻势，再次主动上门陪伴丈母娘和老丈人。恰逢小青正好外出学习，老两口也很寂寞，因此他们很欢迎李磊。等到半个月之后，李磊显然已经成了家里的常客，小青的妈妈还特意为他准备了拖鞋呢！不出李磊的意料，等到小青回来后，父母经常在她面前念叨李磊的好，小青越来越关注李磊，甚至还让李磊邀请她看电影呢！如此一来二去，小青和李磊越来越熟悉，小青渐渐也对李磊产生了好感。最终，李磊如愿以偿地把小青变成了他的女朋友，依然与小青的父母相处得和谐融洽。小青妈妈经常对人说："我这个准女婿，可比儿子更贴心！"

在追求小青的过程中，李磊无疑采取了迂回曲折的办法。就像齐国包围魏国的都城为赵国解围一样，李磊也通过先博得小青父母的好感，最终赢得了小青的芳心。这样的方法，让李磊在诸多追求者中脱颖而出。常言道，闺女是妈妈的小棉袄。作为女儿，一定是与妈妈最贴心的。因而，当妈妈不停地说李磊的好话，小青自然也对李磊越来越关注，直至对卖力表现的李磊产生好感。

朋友们，不管是在生活中，还是在工作中，我们在说服他人时，总会遇到难以攻克的堡垒。唯有让脑筋灵活一些，避免以硬碰硬，有效保存实力，才能更加迂回曲折，事半功倍。我们必须记住，说服的最终目的就是让他人心服口服，因而我们必须找到最合理的方法，才能如愿以偿。

巧用心理定式，让对方不知不觉被说服

所谓心理定式，也叫思维定式、惯性思维等。在心理定式的影响下，人们受到之前的心理准备活动或者准备状态的影响，导致其后的心理状态也沿着之前的心理轨迹向前推进，表现出明显的倾向性。如果外界环境保持不变，心理定式能够帮助人们用已经掌握的方法高效解决问题，但是一旦情况发生改变，则心理定式就会表现出弊端。很多人因为受到心理定式的影响，即使情况发生改变，也无法从因循守旧的思维中跳脱出来，导致思维受到局限。从心理学的角度来说，每个人的身上都或多或少地表现出心理定式的影响力。在说服他人的过程中，如果我们能够巧妙地运用心理定式，就可以不知不觉地说服对方，

让对方潜移默化地接受我们的观点。

如果交谈的氛围从刚开始就非常融洽，人们不到万不得已，不会轻易打破这份融洽。因而，要想成功说服他人，我们首先要营造良好的交谈氛围。其次，我们还应该保持耐心，引导对方做出肯定的回答。如果对方从一开始就否定呢，那么就会进入恶性循环，导致不管你说什么，他都毫无例外地否定。如果引导得当，让对方时时刻刻都肯定你，则对方就更容易潜移默化地接受你的影响，在不知不觉中说服自己做出改变。最后，我们还要表现出高姿态，以宽容友善的态度待人。这是因为当你表现出宽容，对方也就不会斤斤计较，更不会让你难堪得下不来台。这就像是一场戏的基调，必须首先铺垫好基调，才能让后面的发展、高潮等，全都水到渠成。

张羽一直在追求娜娜，虽然娜娜对他并没有特别的好感，然而张羽就像吃了秤砣铁了心，居然告诉父母今生非娜娜不娶。这大概就是萝卜白菜，各有所爱吧。当然，虽然娜娜对待张羽的感情没有那么炽烈，不过她也不反感张羽。归根结底，每个女孩心底里都希望自己拥有无数的追求者，这样才能充分表现出自己的美好。因而，对于张羽的追求，娜娜从未表示出明显的拒绝。就这样，他们保持着这种朦胧的恋爱关系已经一年多了。

在春节之后的情人节如约到来之际，张羽决定要与娜娜明确恋爱关系。他提前预定了高档西餐厅的包厢，要与娜娜度过一个浪漫而又美好的情人节。在飘忽不定的音乐声中，在摇曳的烛光中，在琥珀色的红酒中，张羽问娜娜：“娜娜，你觉得我人怎么样，好不好？”在如此美妙的环境中，娜娜当然不想扫兴，而且此时此刻她的确觉得张羽很好，因而她面带微笑地点点头，说：“好，很好！”张羽又问：“作为女孩，你觉得如果有我这样的男朋友，是幸福还是不幸呢？”娜娜面带娇羞，说：“幸福。”张羽又问：“我哪些方面让人觉得好，觉得幸福呢？”娜娜认真地想了想，说：“你很体贴，也很温柔。你从来不乱发脾气，而且也能包容女孩娇气、耍小性子。”张羽笑了，说：“说得具体点吧。”“你总是记得我的生日，还会精心准备生日礼物。你还记

得我的每一份需要，有一次我无意间说想吃烧麦，你就跑了很远的路去给我买。你还有好厨艺，能做出任何我想吃的东西。总之，你很好……”张羽抓住这个机会，问：“你觉得，我会成为一个好丈夫和一个好父亲吗？”这个话题显然有些远，娜娜虽然有些迟疑，最终还是坚定地点点头。这时，张羽趁热打铁地问：“既然如此，就请你当我的女朋友吧，我一定会让你成为这个世界上最幸福的女人。”事已至此，对于自己刚刚对张羽的那些认可和赞许，娜娜只好满面娇羞地点头答应。

因为担心被娜娜拒绝，张羽的每一句问话都花费了很多心思。他显而易见地运用了心理定式的心理技巧来说服娜娜，细心的朋友们会发现，对于他所提出来的每一个问题，娜娜都只能肯定地回答，而无法否定。在张羽循序渐进地引导下，娜娜不知不觉地进入心理定式，潜意识里觉得对于张羽的每一个问题都应该肯定地回答。这个小小的计谋，让张羽得到了梦寐以求的女朋友。不过，娜娜当然也会得到幸福，因为从她的回答中不难看出，她心底里还是喜欢和认可张羽的。

朋友们，在说服他人的过程中，如果你始终都想得到肯定的回答，就不要随便地提问，以免给对方否定的机会。只有让对方不停地肯定你的提问，肯定你的一切，对方才能渐渐形成心理定式，最终肯定你的请求。说服是一项看似容易其实难度很大的事情，我们必须掌握更多的心理学知识，达到灵活运用心理学技巧的水平，才能更加轻松地、如愿以偿地说服他人。

任何时候，都不要强求他人接受你的观点

有些人觉得说服是轻而易举就能做到的，尤其是那些已经习惯了强势要

求他人对他言听计从的人，更无从体会说服的艰难和成功的乐趣。从本质上来说，说服他人不仅仅是语言的博弈，更是心理力量的较量。很多强势的人轻而易举地就能从语言上征服他人，让他人因为畏惧他的权势而不敢表示反对。但是，真正的说服绝不是勉强，而是心服口服。如果你总是勉强他人接受你的观点，那么他人虽然表面看起来很服你，实际上心中满是忿忿不平。等到合适的时机，他一定会选择爆发或者反抗，因为他的心里有不服气的火种。与真正的心服口服相比，这样的说服就像是埋着一颗定时炸弹，随时都有可能爆炸。

真正善于说服的人，不会强迫他人接受他的观点，而是努力地从心理上让他人接受。老百姓常说，强扭的瓜不甜。我们只有放弃高压强权，真正放低姿态，与他人平等地交流，了解他人心中的所思所想，才能做到真正的沟通。需要我们每个人牢牢记住的是，强迫的接受不是接受，发自内心、心甘情愿的接受才是真正的接受。任何说服工作，都不能借助于外界的压力，而必须建立在彼此尊重和了解的基础上，彼此坚持真诚友善的原则。

马上就要周末了，经过一个星期紧张而又忙碌的学习，妈妈原本计划带乐乐去看电影。然而，就在妈妈马上要付款买票的那一瞬间，电影的特惠票突然结束，原本三十元一张的电影票，瞬间变成了六十元一张。妈妈觉得很懊悔，要是早一分钟买票也就不会这样了。为此，她心中忿忿不平，暗暗决定不看电影，去公园玩。

当妈妈试探着和乐乐说去公园玩时，乐乐很不乐意。他说：“不是说好要看电影的么，我还想吃爆米花呢！”妈妈对乐乐说：“电影票涨价了，咱们等到有优惠的时候再看吧！”乐乐很不高兴，说：“要不用我的零花钱买票吧！”“你的零花钱也是钱啊，你又不是大款。要不咱们就去公园玩，下次再去看电影好不好？”乐乐极其不情愿，翻箱倒柜地找出轮滑，说：“要去公园，我就带着轮滑。”乐乐的轮滑已经一年多没穿了，显得很脏。然而想到已经强迫乐乐改变主意不去看电影，妈妈只好不说什么，任由乐乐带着轮滑。到了公园之后，妈妈开玩笑地和乐乐说：“这个轮滑鞋太脏了，你可别说你认识

我啊，穿着这鞋子丢人。”乐乐恼火地说：“你还是不是我妈妈啊！不带我看电影，现在又说不让我叫你妈妈！”说完，乐乐独自拿着脏兮兮的轮滑鞋，一个人去滑了。也许是因为心中闷闷不乐，乐乐刚刚滑了几分钟，就不小心摔倒了，导致右腿胫腓骨骨折。至此，妈妈懊悔不已。首先，她没有兑现自己的诺言，说好的看电影，因为票价涨了，就被她私自改成去公园玩，还强迫乐乐必须接受她的改变。后来，她又不顾乐乐的自尊心开玩笑，让乐乐觉得自己穿着脏兮兮的轮滑鞋太丢人，连妈妈都不要他了。受伤事件发生后，妈妈懊悔不已，如果她能够尊重乐乐，带着乐乐去看电影，也许就不会发生这样的意外了。

在父母对待孩子的过程中，强制孩子接受成人观点的现象特别普遍。父母总觉得孩子是他们生的，他们养的，因而就必须凡事都听他们的。又因为孩子没有独立的经济能力，父母就更加以此为借口强迫孩子们必须凡事都听他们的。这样的结果，最终导致孩子心中留下阴影，即使勉强接受了父母的安排，也觉得心不甘情不愿。甚至因为心情郁郁寡欢，导致心神不宁，发生意外伤害。

人与人都是平等的，即使是刚刚出生吃喝拉撒都要依附于我们的小婴儿，也是有着独立人格的。作为父母，除了给孩子吃好喝好之外，更要尊重和关注孩子的心灵。成人之间也是如此，连小小年纪的孩子都不愿意被他人强迫，更何况是有着独立性的成人呢！因而，我们不管与谁相处，都应该本着真诚平等的原则，切勿把自己的要求强加于人。否则，一定会招人讨厌，长此以往还会变成孤家寡人。

逆反心理也可助你说服他人于无形

生活中，很多人都有逆反心理。所谓逆反心理，也就是我们平日里所说的

与他人对着干。拥有这种心理的人，总是不会心甘情愿地接受他人的指挥和安排，不是与他人背道而驰，就是对他人的话不理不睬。当父母遇到青春期叛逆的孩子，往往感到头痛万分，因为他们不知道怎样才能让孩子变得听话，更别说让孩子言听计从了。遇到这种叛逆心很强的对象，我们必须开动脑筋，想一些灵活的办法，才能如愿以偿地让他们顺着我们的思路去做。

学校里发下通知书，想让孩子们报名参加兴趣班。正在读初一的苏帅逆反心理很强，正处于爸妈让他往东，他偏要不由分说地往西的阶段。对此，妈妈看了报名表之后，原本是想让苏帅报名参加篮球班，一则是苏帅有些胖，二则是苏帅的视力不太好，因而妈妈想让他多多运动，增强体质，也改善视力状况。然而，妈妈思来想去，觉得不能直接建议苏帅报名篮球班，否则他就算想报篮球班，也会不由分说地报名参加其他兴趣班。最终，妈妈和爸爸一合计，想出了一个好办法。

妈妈问苏帅："帅帅，你觉得围棋班或者英语班怎么样？"苏帅不置可否地看着妈妈，毫不客气地说："怎么，你想给我提供建议？"妈妈笑了，说："不敢不敢。我只是觉得你很好静，而且你看你这浑身的肉肉，也动不起来。不如就不要为难自己，报名参加这种倾向于安静的班级更好。而且，英语班还能提升英语成绩呢！"苏帅不服气地说："谁说我好静啦！谁说我动不起来啦！我明明身轻如燕，好不好？有你们这么小瞧人的嘛！"妈妈心中暗暗窃喜，看来苏帅有些上钩了。想到这里，妈妈赶紧控制表情，以免流露出欣喜的意味，而是继续说："苏帅，真的，我觉得你不要为难自己。你看看，你体重这么重，如果去打篮球的话，一定会很辛苦的。你吃不了那个苦，真的。"苏帅撇着嘴看着妈妈，妈妈继续若无其事地说道："当然，你可以不按照我的建议报围棋班或者英语班，但是我觉得你最好不要报篮球班，否则一定有你的苦头吃。"说完这些话，妈妈就与爸爸出去散步了，家里只剩下苏帅一个人了，他闷闷不乐地想：哼，居然说我绝对不能报篮球班，我就偏偏要打篮球给你们看看。我不但要减肥，还要成为篮球王子，我一定要打出点儿成绩来！

次日，苏帅去学校报名参加了篮球班。直到参加了七八次课之后，他才装作漫不经心地和妈妈说：“妈妈，下周我们学校有篮球比赛，你想去看我打比赛吗？虽然都是初级水平，但是我想也已经足够你欣赏了。”妈妈其实早就从老师口中知道了这件事情，却故作惊讶地说：“你！你……你要打篮球比赛？真的吗？我没听错吧！”苏帅暗暗得意，说：“当然，你儿子还是前锋呢！怎么样，你去看吗？不去也没关系。”妈妈连连点头，说：“嗯嗯，我当然要去，我怎么能错过我儿子打篮球比赛这种稀罕的事情呢！”

出乎妈妈的预料，苏帅在比赛中的表现特别好，而且妈妈在观看比赛的过程中才突然发现，苏帅比以前瘦了很多，身体也变得矫健灵活。晚上回到家，妈妈迫不及待地把这个消息告诉了爸爸，他们俩偷偷地高兴了好久！

妈妈很了解苏帅，他一定是要违背父母的意思，与父母对着干的。因而，妈妈左思右想才找到好办法，那就是正话反说，最终让苏帅在逆反心理的作用下，选择报名参加篮球班，并且一鼓作气地锻炼、练习，进步神速，终于在篮球比赛上给了妈妈一个惊喜的亮相。

对于这些逆反心理比较强的人，如果我们足够了解他，知道他们将会在逆反心理的作用下做出怎样的举动，那么我们完全可以背道而驰，故意正话反说，促使他们朝着我们期望的方向努力。如此一来，他们不但无法洞察我们的真心，而且会因为我们毫不客气的激励和鞭策，变得动力十足，最终一定会给我们一个惊喜。用这种方式来说服他人，不但不露痕迹，而且效果显著。

巧用打比方的方法，说服无冲突

在说服他人的时候，如果一味地晓之以理，动之以情，则未免有枯燥乏

味的嫌疑。尤其是当对方开始感到厌烦时，如果你依然喋喋不休，则会事与愿违，甚至导致对方与你的愿景背道而驰。那么，如何才能既说服了对方，又不至于招惹对方厌烦呢？其实，中国的汉字博大精深，各种修辞手法层出不穷，倘若能够巧用比喻，以打比方的方式给对方形象地说明道理，或者渲染、描述，那么效果一定会更加显著。

对于说服的目的而言，比喻的效果不言而喻。比喻不但能够让语言表达更加生动，绘声绘色，也能通过恰到好处的关联，触发人们之前积累的经验和知识，如此一来，人们此前的知识与经验，就与现在即将掌握的知识之间，有了一个最好的关联通道。举个最简单的例子来说，“她就像是刚刚离开水面的鱼，不停地扑腾”。在这句话里，我们无从得知的是她的样子，但是我们曾经看到过鱼在离开水之后不停挣扎的模样。因而，我们在读了这句话之后，就很直观地想象到她的样子。要想恰到好处地运用打比方的方法说服他人，我们就必须丰富自己的知识和经验，并且找到未知和已知之间的准确关联，这样才能极大限度地提高打比方的效率。当我们能够灵活运用打比方的方法说服他人时，我们的语言就会更加幽默，说服的表达也会更加和谐融洽。

今天下班回家，赵虎显得心事重重。原来，他最好的哥们胡进要向他借钱，为了买房结婚，赵虎很想借给胡进，却不知道如何征得妻子的同意。赵虎在回家的路上一直在思考这个问题，因而好几次不小心走错了路口。为了打动妻子，他决定使出三寸不烂之舌的本领，总之无论如何一定要让妻子同意。赵虎路过菜市场买了很多妻子喜欢吃的菜，而且赶在妻子下晚班回家之前做了满满一桌子的美味佳肴。

当妻子推开家门的那一刻，闻到饭菜的香味，不由得高兴地喊道：“老公，今天是什么日子啊！”赵虎笑着接过妻子的外套挂在衣架上，说：“今天是个好日子。”妻子疑惑地问：“不是什么节日或者纪念日啊？”赵虎高深莫测地说：“直到今天，我才知道自己多么幸福啊！”

“啊，为什么呢？难道你以前不觉得幸福吗？”

“当然不，我今天更加深刻地感受到自己的幸福。因为我今天见到了胡进。”

妻子问：“就是你的那个好朋友？”

赵虎连连点头，说：“你不知道，我只顾着享受与你结婚之后的幸福家庭生活，已经很久没见胡进了。今天一见，我简直吓了一跳，他失魂落魄，就像是一个人突然间受到惊吓。”

“咦，为什么他会这么惨？”

“其实还不仅仅像是受到惊吓。你见过雷雨天被淋得无处躲藏的狗吗？对，他就像一条流浪狗，失魂落魄，不知所措，而且还万分沮丧。”

“天哪，你这么一说，他好像不能活了似的。”

“正如你所说，老婆你实在是冰雪聪明，他就跟我说他不想活了。”

“为什么呢？我记得他与你年纪相仿，正是好过的时候啊！”

赵虎这才感慨地说：“哎，那你是没见到过他的女朋友。当初他刚开始谈恋爱我就说，这个女孩不是善茬儿，高颧骨，嘴巴凸起，一看就像是黄鼠狼似的，面相刻薄。结果呢，现在他快死在这个女孩手里了，当然，如今是他的未婚妻。他的未婚妻非要让他买套房子，还要办一场轰轰烈烈的婚礼。初步估计，得五六十万元。小胡已经借遍了所有的亲戚朋友，现在还差十万元呢！”

“难道他要和你借钱？”

“哎，我这么聪明哪能让他张口呢！他一提起钱的事情，我就说‘小胡啊，我可不像你结个婚就要丢掉性命。你嫂子那是贤淑温柔，通情达理，要说你老婆是狐狸，我老婆那可是稀世珍宝大熊猫啊！’”

听了赵虎的话，妻子忍俊不禁地笑起来，说：“你这个家伙，打比方打得还挺溜的，落水狗，黄鼠狼，狐狸精，大熊猫，都从你嘴巴里蹦出来了！得了，既然你把小胡说得这么可怜，咱们也借点儿钱给他吧，总不能看着他被人甩了吧。但是他什么时候能还呢？”

赵虎赶紧说：“这你放心。小胡的公司是有年终分红的，所以平日里工资不高。小胡说了，他年底就能挤出一部分钱来还债啦！”

为了说服妻子，赵虎可谓绞尽脑汁，才想出了这么多打比方的方法。效果的确不错，因为妻子被他逗得心花怒放，哈哈大笑。因为交谈如此开心，妻子居然在赵虎没有明确提出借钱给胡进时，就主动说要借一部分钱帮助胡进度过困境。如此一来，赵虎的心愿就达成了。

在说服他人时，一本正经固然很好，但是未必每个话题都适合严肃地交谈。我们唯有更好地运用心理学知识，并且最大限度地发挥语言的魅力，才能说服他人于无形，并且让他人心甘情愿、高高兴兴地接受我们的观点、意见或者主张。

第09章

活用心理暗示：和风细雨说出真情实意

很多人都容易受到心理暗示的影响，如果我们能在说话时巧妙运用心理暗示的技巧，则既可以委婉曲折地表达自己的真情实意，也能保护与他人之间的情谊，不至于因为一些尴尬的问题导致伤害彼此间的情谊。人与人之间的交往，不像一加一等于二那么简单，很多时候都是非常微妙的。因此，我们必须掌握更加灵活高超的语言表达技巧，才能更加细致地表达自己的情感。

意在言外的表达，帮你委婉表达不满

在日常生活与工作中，我们不可能永远一帆风顺，也不可能凡事都顺心如意。每当遇到不能如愿的事情，我们难免会感到不满或者生气。然而，现代社会的人际关系如此复杂，我们必须学会更好地发泄情绪，才能避免因此与他人之间产生不愉快。很多情况下，如果我们稍有不满意就歇斯底里，那么一定会失去好人缘。然而，很多人又不愿意委屈自己，该怎么办呢？其实，除了直截了当地表达愤怒和不满之外，还可以选择委婉的方式表达不满，这样既不会与他人反目成仇，也能够表达自己的真实心意，从而既能让他人知道你的不满，也维护了友谊的和平状态。这种好办法，可谓一举数得。

实际上，每个人每天都难以避免地要面对自己的情绪问题。尤其是在如今竞争越来越激烈的职场上，同事之间的残酷竞争，导致很多行业的从业人员之间的关系都更加微妙。稍有不慎，我们或者被同事黑，或者无意间得罪同事。在很多情况下，人们的本性都是维护自己的利益，因而难免会因为利益受损而生气、愤怒。而生气的目的是什么呢？一味地生闷气，是不可能达到目的的。因为大多数人生气，实际上是想要震慑他人，从而获得他人更多的尊重。生闷气，恰恰让生气失去了原有的效果，也让我们的生气变得毫无意义。只有把气愤找到合适的方式表达出来，我们才能更好地实现自己的目的，让他人改变对待我们的态度和方法，从而也为自己争取更多的尊严。

在战场上，最圆满的结果就是敌人不战而降。在人际关系中，最好的办法就是不动声色，却达到了目的。要想实现这一点，我们首先应该专心专注，从

而以实力为自己代言。遗憾的是，很多时候实力并不能让他人更加敬畏你，反而会因为嫉妒等复杂的情绪，对你做出更加出格的事情。在这种情况下，我们就应该学会换一个角度看待问题。很多问题的答案都不是唯一的，而且从不同的角度去看也会有不同的意见、观点和收获。例如，站在他人角度看待问题，就能够很好地帮助我们平息怒气，更多地理解和体谅他人，也因而能够帮助我们恢复理智，从而让我们更加委婉地表达自己的不满。中国汉字博大精深，只要说得巧妙，就能起到意在言外的效果。我们一定要学会灵活运用语言，只要能够适当地点拨对方，就可以如愿以偿地不伤和气地达到效果。

宫如是一家出版社的推销人员，她的主要工作就是不停地出差，与各个地方的书店、书商联系，请他们吃饭，维护关系，从而保持稳定的销量。有一次，宫如出差时乘坐火车，因为百无聊赖，当一位男士与她搭讪时，她也不置可否地与对方攀谈起来。毕竟，漫长的旅途生涯让宫如倍感寂寞，如果是一个有趣的聊友，倒是也能让枯燥乏味的旅途有趣一些。经过十几分钟的聊天，宫如觉得男士还算比较遵守规矩，为此，她有一搭没一搭地聊着。不承想，没过多久，这位男士突兀地问："你结婚了吗？"这个尴尬让宫如很恼火，但是碍于之前一直愉快地聊天，她不能直接发作。为此，宫如说："其实我早就想问你每个月的收入是多少？但是作为淑女，我知道问男士的收入是不礼貌的，因而忍住了自己的好奇心。不过，我觉得作为一个绅士，你也应该知道不能问女士是否结婚的问题，否则就是更加不礼貌的。你觉得呢？"男士听到宫如的话，也觉得很尴尬，笑了笑就不再说话了，满脸都是尴尬的表情。

在这个事例中，宫如虽然因为男士唐突的问题而感到尴尬，但是却没有因此当即发火。否则，此后的旅程对着一个反目的人一定更加难堪。因而，宫如采取委婉的方式表达了自己的不满，暗示男士不应该随随便便问女士婚否。男士还算识趣，看到宫如给他留了面子，便也尴尬地笑了笑，就不再说话了。

当我们学会用语言隐晦地表达自己的意思，则一定能够把很多尴尬化解于无形，而且还能保全他人的颜面，不至于与他人之间完全反目成仇，可谓一举两得。中国文字博大精深，根据情境、语气的不同，能够很好地表达不同的意思。只要我们处处用心，就能避免冲突，恰到好处地隐晦表达。

改变一个人的最好办法，就是持续地夸赞

一个人即使再怎么优秀，也不可能让身边的每一个人感到满意。因而，当我们对一个人不满时，千万不要强势地要求对方改变。现代社会中的年轻人，大多数都是独生子女，而且从小在父母的呵护下长大，因而很多人都个性极强。对于这种情况，直接导致人们在生活中彼此宽容和忍让的能力欠缺，包括在职场上的很多磨合也都变得愈发艰难。从社会的高度来看，很多人频繁跳槽，离婚率不断攀升，所谓的与同事相处不来，性格不合、感情不和等原因，归根结底都是因为人们彼此之间不能容忍。因此，人与人就像是刺猬一样，一旦靠近，就扎得对方哇哇乱叫，也扎得自己不知所措，只好赶紧离开十万八千里，恨不得老死不相往来。

那么，如何才能成功地改变一个人呢？以往，人们会为了爱情改变自己，但是，如果是单方面的付出，爱情也是不能长久的。相爱的人尚且如此，更别说是关系微妙的朋友、同事了。其实，要想改变一个人，一味地指责并不能起到显著效果，有的时候还会因为他人的逆反心理，导致事与愿违。要想让一个人真正地改变自己，只有持续地夸赞他，就按照你所期望的样子夸赞，他一定会主动改变，而且变得越来越好。

很多女人都觉得男人结婚后变了，从热恋时期的温柔体贴、勤快肯干，变得脾气暴躁、粗心大意，而且懒得要命。如果说婚前在一起大多数家务活儿都是男人干了，那么一旦结婚男人转眼间就会改变模样，懒得甚至连油壶倒了都

不愿意扶一把。对于这样的男人，不得不说他们太不能装了！男人很会装，其实男人婚前的种种优秀表现，都是装出来的。那么，女人也许会说，如果能装一辈子也好啊！的确，聪明的女人能让男人装一辈子，愚蠢的女人却只能让男人放弃伪装。小米和小麦姐妹俩，恰恰就是聪明女人和愚蠢女人的典型。

小米和小麦是双胞胎姐妹，是同一天结婚的。结婚之后，小米就开始夸赞丈夫。她总是当着很多亲戚朋友的面说："我家李刚特别会做饭，我最爱吃他做的饭了！你们不知道，他做的饭比五星级大厨做的饭还要好吃，而且，他每次都会细心地为我剔鱼刺。我常常想，我这辈子做得最正确的选择，就是嫁给了李刚。"与小米恰恰相反，小麦每次见到亲戚朋友都不停地诉苦："男人都是大骗子，真的。结婚之后我才知道我被骗了，杜伟结婚前对我多好啊，每天对我嘘寒问暖、呵护备至。现在呢，他再也不做任何家务，哪怕家里乱得像刚被劫匪光顾，他也佯装没看见。就更别说做饭、洗衣服了。总之，我是被骗了，上了一个天大的当。"结果，在姐妹俩喋喋不休的唠叨中，小米家的李刚表现得越来越完美。如果是李刚曾经的厨艺并不像小米说得那么好，则他现在的厨艺已经有了很大进步，差不多可以赶上普通家常菜馆的厨师了。而小麦家的杜伟呢，也变得越发的懒惰。如果说他曾经的婚后表现让婚姻看起来像个小小的骗局，那么他现在的表现则无愧于小麦整日挂在嘴边的大骗局了。这是为什么呢？

小米很聪明，她在结婚之后其实也感觉到了误差，这是大多数人面对婚姻都会有的感触。然而，她忽略了这小小的落差，而是选择更持续地夸赞李刚。李刚呢，因为总是人前人后地得到小米由衷的夸赞，明明厨艺不好，也为了对得起小米的夸奖，因而勤学苦练，最终越来越无限接近小米的夸赞。小麦呢，她不停地抱怨杜伟，而且在亲戚朋友面前揭杜伟的短，最终只能导致杜伟破罐子破摔，再也不想尝试做出任何改变。如此一来，关于小米和小麦的婚姻前景，聪明人一定会做出准确的预测。

不管对谁，要想改变他们，我们就要学会持续地夸赞，而且把没有的事情

说得跟真的一样，从而真心诚意地赞美他人。唯有如此，他人才会因为得到夸赞，努力地缩短自己与理想之间的差距，从而让自己变得越来越完美。

指桑骂槐，让对方主动反省自身错误

人都是有自知之明的，即使是犯了错误的人，其实也能主动意识到自己的错误或者不足。因而，如果你不想直截了当地撕开对方的脸皮，指出对方的错误，更不想不留情面地批评和指责对方，那么你完全可以指桑骂槐，说些类似或者相同的错误给对方听，以起到打草惊蛇的警示作用。如果对方自觉，一定会在听了你的话之后有所收敛。如若无所收敛，你再在对方执迷不悟的情况下毫无保留地批评指责，也为时不晚。

人与人之间的相处，都是缘分使然。虽然每个人都很难让他人感到满意，而且因为利益的关系彼此之间也会产生竞争关系，但是相识皆是缘分。我们唯有惜缘，才能更好地与他人相处，也才能在气愤的时候记得给对方保留一些颜面，从而避免反目成仇。

丽丽是个命运悲惨的女孩，从小就失去父亲，是母亲一手把她和哥哥拉扯大的。然而，自从哥哥结婚之后，嫂子对母亲却很过分。不但想把母亲从家里赶出去，还经常咒骂母亲是个老不死的。虽然丽丽几次因为气愤，想要与嫂子争论一场，甚至狠狠地吵一次，但是她很清楚这个家只剩下她与母亲，还有哥哥，因为总想给哥哥留点儿面子，不想一家人之间闹得太僵。

这一天，嫂子突然指着母亲破口大骂："你这个老不死的，你也不撒泡尿照照自己，你怎么就长得这么丑呢！"吃饭时，嫂子做好饭就带着自己的孩子吃了，根本没让母亲吃饭。丽丽下班回家后，看到母亲红肿的眼睛，知道母

亲一定又受气了。因而，她生气地说："我去找她理论，看她是不是不想跟我哥过了！她难道没有父母吗？她难道不是人生父母养的吗？"母亲赶紧拦住丽丽，哭着说："丽丽啊，你爸爸去世早，是我一个人把你们拉扯大的。你哥哥好不容易才娶到媳妇，我就算死了，也不能把他的家拆散了啊！"无奈，丽丽只好忍下这口气，做了点儿简单的饭菜给母亲吃。然而，丽丽越想越不对劲，这样纵容下去，嫂子终有一天不知道要对母亲怎样呢！因而，她左思右想，想到了一个好办法。

一天，丽丽休息，因而装作漫不经心的样子跟嫂子聊天，说："我单位有个同事，最近家里都乱套了。还有两个孩子呢，却要离婚。"嫂子惊讶地说："都有孩子了，为什么要离婚呢！"丽丽故作玄虚地说："这件事只有我知道，嫂子你别告诉别人啊。我这个男同事，就是为了他媳妇对他妈不好，所以才要离婚的。这个女人也不知道怎么了，蛇蝎心肠，就是容不下她的婆婆。我这个男同事是公司里的高管，挣得多，也很疼爱他媳妇。现在看到老娘被媳妇挤兑得没法过了，非要老娘不要媳妇。现在啊，虽然她媳妇后悔了，毕竟一个女人都生了俩孩子了，不能为了挤兑婆婆就把自己的家拆了吧。但是我同事却铁了心要离婚，他说如果他媳妇对他妈不好，也就说明不是真的爱他，就该离婚。"嫂子显然有些尴尬地笑了笑，说："这个女人真想不开，要是离婚可不就傻了。"丽丽说："是啊，她都生俩孩子了，还上哪儿去找好男人啊！我这个同事就不一样了，三十多岁，工作好，职位高，挣得也多。就算有俩孩子，也照样找大姑娘呢！这女人啊，对婆婆不好就太傻了，归根结底那儿子是人家十月怀胎生出来的呀！"嫂子借口要去厕所，躲开了。丽丽暗暗窃喜：看你还敢不敢对我妈这么厉害，除非你想离婚。

果然，在丽丽这番话之后，嫂子的确有所收敛。虽然她依然不喜欢婆婆，也不给婆婆任何钱与粮食生活，但是她再也不敢明目张胆地骂婆婆了。丽丽对母亲说："妈，咱们不吃她的也不喝她的，我养着你。她只要不与你闹，你就别和她一般见识，毕竟不能真的让哥哥离婚啊！"

在这个事例中，丽丽显然运用了敲山震虎的方法，以相似的事例隐晦地提醒嫂子：是挤兑婆婆重要还是自己的家更重要？要是因为挤兑婆婆就把家拆散了，岂不是傻眼了嘛！就这样，丽丽无怨无悔地负担起妈妈所有的开销，与改变之后的嫂子相安无事。

人生，总有很多的不尽如人意，尤其是婆媳关系，自古以来、古今中外，几乎概莫能外。对于诸如姑嫂、婆媳，或者是职场上与同事、上下级之间的关系，都非常微妙。我们如果不好仗义执言，就不如以举例子的方法，起到敲山震虎的作用，让他们有所收敛。

列举困难，让对方带着不情之请主动告辞

生活中，有很多人不会拒绝他人。他们总是对别人的请求毫无免疫力，情不自禁地答应，即使心里很为难，嘴上也说不出来。也许有很多人都夸赞他们乐于助人，只有他们自己知道，这份不分情况的乐于助人，给他们带来了多少苦头。每个人都应该学会拒绝他人，因为我们不是万能的神，我们自己的生活和工作也同样面临很多困境。而每次对他人的帮助，都只能建立在我们心有余力的情况下，否则就会给我们自身也招来很多麻烦。如果最终帮人不成反被怨，岂不是得不偿失吗？！

有些人总是担心拒绝他人的求助，会导致他人对自己心怀怨恨，甚至影响自己与他人的关系。其实，拒绝并非总是得罪人，只要掌握了拒绝的语言技巧，你就能够让他人心平气和地接受你的拒绝，而且丝毫不会觉得丢脸。从另一个角度来说，也并非是每个请求都是合情入理的。偏偏有些人，他们总是对人提出过分的、不合理的请求，又让他人碍于面子不得不接受。对于这样的

人，我们更加不能心软，而应该更加义正严词地拒绝。总之，每个人在生活中都难免需要拒绝他人，因而，我们应该从现在开始就关注拒绝的语言技巧，督促自己尽快学会，掌握拒绝的语言技巧。

社会发展到今天，钱已经变成人与人之间最敏感的话题。现代社会的物质极大发展，每个人都在忙着改善自己的生活条件，因而很多人都争先恐后地买大房子，买好车。丽娜夫妇就是这样的先锋典范。

早在前几年，他们在大家都还没有买车的意识时，就买了十几万元的私家车。如今，他们又看到同事买了新房，因而也要换房。对于总是喜欢超前消费的他们而言，手里其实并没有多少积蓄，因而从动了换房的念头开始，丽娜与老公王琦就开始四处找亲戚朋友们借钱。这一天，他们一起带着礼物来到表哥家里。此时，表哥早就听说他们俩四处借钱准备换房的事情了，因而对他们的来意心知肚明。赶在丽娜夫妇开口之前，表哥就开始大吐苦水："哎呀，我现在可真羡慕你们啊！孩子小，还不怎么需要花钱，哪里像我呢。我儿子上大学四年，花了十几万元，把家里都花空了。我算是发现了，现在的孩子们都是白眼狼，根本不知道父母的辛苦。这不，他刚刚毕业一年，自己连一毛钱都没积攒，昨天居然就打电话来和我说要买房，还张嘴就要二三十万元。你们也知道，我和你表嫂都是普通的工薪族，在供养完他读大学之后，哪里还有积蓄呢！我就算去借，也借不来二三十万元啊！我只能告诉他自己想办法，他还不乐意呢！买房就是自己的事情啊，我作为父亲，供他读完大学也就完成任务了，怎么可能再给他买房呢！气就气吧，我也不管他了！"听了表哥的一通诉苦，丽娜夫妇一句话也说不出来，只好在闲聊一会儿之后，从表哥家告辞了。

在这个事例中，表哥提前就知道了来意，因而赶在丽娜夫妇开口借钱之前，就先列举了自己家中的诸多困难，最终让丽娜夫妇根本不好意思再开口。这种方法能够很好地避免尴尬，尤其是像表哥这样赶在他人开口前就列举困难，则更加避开了故意不帮忙的嫌疑。当然了，人人都知道家家都有本难念的经。即使对方已经开口提出了不情之请，只要你真诚地根据现实生活的情况列

举困难，对方也会迎难而退的。

总而言之，拒绝的方式有很多，这种列举困难拒绝他人的方式是非常委婉且真诚的，让对方即便被拒绝了，也不能产生任何抱怨。因而，当你需要拒绝他人时，不妨经常使用哦。需要注意的是，列举的困难一定要切合实际，这样对方才不会怀疑你的用意。换言之，如果对方真的是不情之请，即便知道你是以困难为借口，也无可厚非。

客套话能够婉拒对方，保持合理距离

对于陌生人或者不太熟悉的人，我们一定要说礼貌用语，诸如“谢谢”“对不起”“打扰了”“很抱歉”“非常感谢”，等等。这些礼貌用语，能够让人与人之间的关系变得更加和谐，从而也避免了毫不客气的话给他人带来的不快感受。然而，如果把这些礼貌用语用在非常熟悉的人之间，则效果完全相反，往往让听的人感觉到生疏和距离。举个最简单的例子，如果一对朝夕相处的夫妻，在有需要请对方帮忙时，一口一个谢谢，每句话都客套无比，那么旁观的人一定会觉得他们不是真正的夫妻，甚至怀疑他们之间的关系。这就是客套话和礼貌用语的奇特作用，用在不太熟悉的人之间表示熟悉，用在亲密的人之间则拉开距离，表示生疏。因而，如果我们想要拒绝他人，却又不知道如何拒绝，就完全可以多多说些客套话，让那些原本以为和我们很熟的人，产生距离感和生疏感。如此一来，他们自然不好意思再超越关系，说出不情之请。

一直以来，豆豆都默默地喜欢顶头上司方思远。方思远比豆豆年长几岁，也比豆豆早几年进入公司，小伙子不但人长得精神，而且非常机灵，待人处世

都很周到。刚刚来到公司半年多，豆豆就对方思远产生了好感，因而总是有意无意地找方思远汇报工作，有的时候还会故意与方思远一起吃午餐。对于豆豆的好感，方思远起初并没有在意。他有女朋友，而且是两小无猜，青梅竹马。如今，他的女朋友正在国外读书，他也一心一意地等着女朋友学成归国。不过，大多数同事都误以为方思远是单身，因而有好几个女同事都暗恋他。

正值情人节，豆豆决定向方思远表白。她精心准备了巧克力，还预订了西餐厅的餐位。然而，看到豆豆这么大张旗鼓，方思远意识到了问题的严重性，因而平日里与下属打成一片的他一本正经地说："谢谢你，豆豆。你是个很好的女孩，你聪明善良，善解人意，而且工作能力也很强，未来一定不可限量。我呢，我并不如你想象的那么好。相信我，未来一定有更合适的男孩在等着你，你这么优秀。"豆豆显然受到打击，因此失落地说："既然如此，巧克力我已经准备好了，还是送给你吧。"方思远连连推辞："不不不，无功不受禄，我怎么能接受你的礼物呢！这样吧，我请你吃饭，但是仅仅作为普通朋友好吗？正好我女朋友也不在国内，咱们这两只单身狗就搭伴吃饭吧，如何？"听到方思远居然有女朋友，豆豆更加绝望了。她在方思远一连声的客套中，告辞方思远，一个人离开了。

很多情况下，对于初次见面的陌生人，客套话都能帮助我们与他人更加熟悉，给对方留下好感，从而促进交流。然而，对于原本应该熟悉亲密的人，客套话反而会让彼此的关系疏远，导致彼此之间产生无边的隔阂。因而，当我们想要拒绝他人时，也可以用客套话作为拉开距离的有效方法。这么做，非但给对方保全了颜面，也让我们的拒绝更加委婉，不那么生硬和伤人。

拒绝，是一门不折不扣的艺术，尤其是语言的艺术。恰到好处的拒绝，最佳方式的拒绝，一定不会让双方都陷入尴尬的境地。尤其是以客套的语气与对方说话，更是无形中拒人于千里之外，聪明人一定能够领悟你的深意，不再继续与你纠缠不休，也会重新掂量你们的交情，再决定是否把不情之请说出口来。

与领导说话，更要委婉动听不得罪人

在金庸的武侠小说中，那些高手总是说人在江湖，身不由己。现代社会已经没有飞檐走壁的绝技，但是职场上激烈的关系依然不容小觑，我们依然要说，人在职场，身不由己。的确，虽然每个“90后”“80后”都是父母呵护着长大的，但是职场却从来不会像父母一样呵护与宠爱我们。在关键时刻，如果我们依然任性地说话，就会带来严重的后果，甚至导致失业。所谓官大一级压死人，在职场上，我们尤其要学会与上司打交道。否则，就会有苦头吃啦！

很多性格耿直的年轻人，说起话来夹枪带炮，从来不会委婉曲折，更不会改变方式。也因此，年轻人跳槽的越来越频繁，严重影响了职业生涯的发展。试想，如果你得罪了领导，还能继续在公司里待下去吗？由此可见，不管我们是喜欢和欣赏领导，还是讨厌和厌恶领导，我们都必须学会与领导相处。也许有些洒脱的年轻人会说工作的机会多得是，没有必要非在一棵树上吊死。的确，工作的机会很多，然而你永远不能保证下一个领导是你所喜欢的。因而，与其频繁跳槽，不如学会和领导的经营之道，这样才能获得职业生涯的长足发展。

小梦刚进公司时，是大家公认的勤快人儿。不管是在上班还是在下班时间，只要领导一声召唤，她肯定当仁不让地冲在前面，冲锋陷阵。后来，领导渐渐地习惯了不管有什么事情都交给小梦，有的时候下班了也理所当然地让小梦留下来加班。此时，小梦已经从新人变成老人，因而自然不愿意继续这么苦干下去。

对于领导总是在下班时分派任务给她的行为，小梦早就觉得不耐烦了。但是，小梦知道自己初来乍到时就是凭着勤快才能站住脚的，因而，她不能一下子就折了领导的面子。思来想去，她想出了一个委婉拒绝领导的好办法。这一

天傍晚快下班时，领导又喊小梦去办公室，说有个大且急的项目要交给小梦。当小梦听到领导说这个项目必须三天就交而且要保证质量时，赶紧诉苦："领导，我手里现在有三个大项目，还有六个小项目，都是月底之前就要交的。您这么信任我，认可我的工作能力，我简直觉得受宠若惊。如今，有了这个能够给自己脸上贴金的项目，您也第一时间想到我，我真是太感动了。但是领导，我实在是分身乏术。我也很想接下这个项目，不过我有个不情之请，您能再分派两个人由我调遣吗？这样，我不但保证这个项目保质保量如期完成，也保证我手里的其他所有项目都干得漂漂亮亮。"听了小梦的话，领导尴尬地笑了笑，说："原来你手里这么多项目啊！我还真是疏忽了，总觉得你能干，一有项目就交给你。这样吧，你还是先把原来的项目处理好，等到我有了其他好项目，再想着你。"从此之后，领导再也不会给小梦分派这么多项目了。当然，领导也没有派人给小梦调遣。

在这个事例中，小梦的拒绝非常委婉，而且不露痕迹。对于领导的偏爱，小梦首先表示感谢，然后才表达了自己心有余而力不足的状况。她让领导再分派两个人给她调遣，这不就相当于给她升职了嘛！虽然领导很欣赏小梦，但是现在就给小梦升职，显然他还没有心理准备。因而，他只得把项目交给别人负责，在决定给小梦升职之前，尽量避免给小梦安排过多的工作。

如果小梦换种方式直接对领导说："我是人，不是神，您怎么能给我分派这么多工作呢！我也需要休息，也要有私人时间啊！"如此一来，领导肯定会对小梦有意见，甚至会把小梦雪藏起来，导致她最终干不下去只得辞职。由此可见，与领导说话一定要非常谨慎，而且要讲究方式方法。任何职场人士，只有得到领导的认可和赏识，才有可能一帆风顺，平步青云。

醉翁之意不在酒，暗示对方你的心

欧阳修在《醉翁亭记》中说，醉翁之意不在酒，在乎山水之间也。现代社会，还有几个人能有古人的闲情雅致，有时间也有钱地游山玩水呢？大多数迫于工作和生活的压力，总是忙不休地工作，挣钱，养家糊口，而且也因为日益微妙的人际关系导致的巨大压力，还要应付复杂的关系。在很多现代人的心中，人际关系是最难以处理的关系。因而，我们要想生活得轻松，必须学会处理人际关系。尤其是当遇到难以处理的难题时，如果不好意思直截了当地说出来，也可以运用暗示的方法，意在言外地表达。如此一来，只要对方足够了解你，或者是很聪明机灵，也就能够知道你的心意。

其实，诸如暗示之类的话，在我们的生活中是很常见的。例如，有些人在表达不满的时候，恰恰会烦着我；还有些人在拒绝他人时，也会使用暗示的方法。曾经有位伟人说，不管是白猫还是黑猫，只要能抓住老鼠的就是好猫。我们也要说，不管使用哪种表达方法，只要能达到目的的就是好方法，因而虽然有些人觉得暗示的方法不够直截了当，我们也依然会经常使用暗示的方法，这样才能更好地表达内心。

曾经，有位女播音员声音甜美，受到很多听众的喜爱。有些男性听众，甚至写信去电台，公然表达对女播音员的喜爱，在信中问道：“听到你的声音如同天籁，我能否有机会一睹您的真容呢？要是您能赏光，那我就太荣幸了，这也是您对听众的关爱吧。”当时，这封信被女播音员读了出来，而后公开作出回答：“亲爱的朋友，感谢您的喜爱，也感谢您对我的认可。常言道，知人知面不知心，由此可见，朋友之间贵在相知，而不在于是否见过面。就让我在您的心中保有一份神秘，继续与您成为灵魂的挚友吧！”

女播音员的这几句话，虽然没有直接拒绝男性听众见面的要求，但却委婉隐晦地表达了拒绝见面的意思。这样委婉的方式，既不至于激怒男性听众，而

且也达到了女播音员拒绝的目的，可谓一举两得。现代社会，作为公众人物，一定要更多地注意自己的言行，因而女播音员只能以这种方式暗示听众。

生活中，很多情况下都可以使用暗示的方法。例如，当你向领导主动请缨要求承担重要工作时，领导也许会说："小李，我觉得你肩上的担子已经很重了，你只要把手里现有的工作做好，就算是帮了我的大忙。"这句话，不但从表面看来感谢了小李为领导分担工作，而且也暗示小李拒绝的含义，从而为小李保全颜面，不至于严重打击小李的积极性。任何人，都是会暗示他人，也是会经常被他人暗示的。在生活和工作中，我们一定要把脑筋放得灵活一些，这样才能及时了解他人暗示的含义，也可以在自己不知道如何直接表达的时候委婉暗示。

第10章

寒暄打动人心：妙用投其所好说话技巧

人与人之间的交往，往往是从寒暄开始的。曾经有心理学家证实，人们在最初相识的几分钟里，说的话通常没有太深刻的含义，而都是一些可有可无的“废话”。恰恰是这些“废话”，让我们与他人之间消除隔阂，然后才能展开融洽的交谈。要想以套近乎的方式获得他人的真心，我们就必须掌握投其所好的说话技巧，唯有如此，才能让对方更加认可和欣赏你。

主动出击，才能结交更多的朋友

为什么有些人一生之中没有几个朋友，有些人却不管走到哪里都能呼朋唤友呢？也许有人会说爱交朋友的人性格好，不管什么时候都能得到他人的喜爱。朋友少的人，则一定是性格孤僻的。其实不然。一个人的朋友多少，并非完全取决于他的性格脾气，而很大程度上是他能否主动出击所决定的。这种善于交往且很健谈的人，就是我们平日里所说的自来熟。他们面对陌生人时，能够尽快消除彼此之间的陌生感觉，而且能够鼓起勇气与他人搭讪。不妨试想一下，如果你坐火车的十几个小时里从未与邻座的人搭讪，则你们直到下车都是陌生人。恰恰相反，如果你在哪怕是坐公交车的十几分钟时间里也与人搭讪，则你很有可能又多一个朋友。这就告诉我们，我们必须主动出击，才能拥有更多的朋友，也才能建立强大的人脉关系网。很多时候，我们与陌生人搭讪，仅仅缺少一点勇气。当你能够鼓起勇气主动与遇到的那些陌生人搭讪，你就迈出了搭建人脉关系网的第一步。毫无疑问，在现代社会，人脉关系是非常重要的资源。

在我们的一生之中，有些人和事是已然注定且永远无法改变的。但是，对于宿命的安排，我们却可以选择通过努力改变那些能够改变的因素，从而扭转命运。例如，我们无法选择父母，他们在社会中那么卑微而又渺小，但是我们可以选择通过自己的后天努力给他们带来荣耀，也改变我们的命运。再如，我们无法改变自己的长相，但是我们可以通过后天的勤奋充实自己，让自己变得学识渊博，谈吐幽默，从而充满人格魅力。诸如此类的一切，都是我们可以改

变的，因而我们必须抓紧时间努力改变。如果你时至今日依然觉得自己是一个闷葫芦，永远也无法鼓起勇气去结交更多的朋友，那么你必须从此时此刻就开始改变，这样才能让自己变得更加乐观开朗，拥有好人缘。

天知道亨利为什么认识这么多人！从乞讨卖艺的、修马桶的，到银行里的工作人员，甚至市政府官员，他都能扯上或多或少的关系。最重要的是，亨利与他们还很熟悉，就像是每天都能见面的邻居一样，从不觉得眼生。每当亨利有求于他们的时候，这些朋友也都会给亨利一个小小的面子，多多少少总能帮上忙。

这一次，亨利的上司家的孩子着急出国，但是签证却没办好，因而需要大使馆帮忙。为此，上司火急火燎。原来，上司的孩子是出国读书，如果耽误了，就要缺很多课程。为此，亨利打了个电话给政府的朋友，政府的朋友又托人找了大使馆的人，原本需要等七天的，居然当天晚上就搞定了。上司不由得对亨利刮目相看，说："亨利，你简直是万能的。"后来，大家知道这件事，都称呼亨利为"万能的亨利"。与亨利坐同一张办公桌对面的约翰，却与亨利形成鲜明对此。约翰不但没有朋友，而且和同事们的关系也很冷漠，总是喜欢独来独往。有一次，约翰问亨利："亨利，你为什么这么受欢迎，还有这么多的朋友？"亨利笑着说："因为我很喜欢与人套近乎，只要他人能回答一句话，我就有把握与他成为朋友。"听到亨利的话，约翰惊讶不已，说："如果我也与人搭讪，也能像你这样吗？"亨利毫不犹豫地点点头，说："你试试吧。"在亨利的鼓励下，约翰先从办公室里的同事做起，果然与大家的关系越来越熟悉。看到逐渐变得乐观开朗的约翰，亨利高兴极了，因为约翰也是他的好朋友。

不管什么时候，对于一个友善地主动搭讪的人，只要对方不惹人讨厌，我们就应该给予回应。正是出于这种心理，所以主动示好的人总是能够得到更多的关注，也因此收获了满满的友谊。记住，人与人之间都是彼此的镜子，我们以怎样的态度对待他人，他人就以怎样的态度对待我们。既然如此，我们何不放开心胸，更好地面对和接纳他人呢！

很多人常常觉得自己不被他人欢迎和喜爱，这恰恰反映出他对他人的抵触和他们之间隔阂。如果我们首先从自己这一方打开心扉，那么我们就会惊讶地发现，他人对待我们的态度也瞬间发生了改变。

第一句话震撼人心，才能帮你吸引他人

与人交往时，我们所说的第一句话至关重要。首先，第一句话往往有着先声夺人的效果。即便对方还没有来得及细细观察你，也不知道你的脾气秉性、为人品质等，也能通过你的第一句话对你有所了解。最重要的是，如果你的第一句话震撼人心，则对方一定会被你吸引，聚精会神地听你讲第二句话。否则，如果你第一句话就说得毫无气势，那么对方就会对你失去兴趣，更不会接着听你讲下面的话。如此一来，即使你下面的话再精彩，也需要耗费很多精力和时间才能再次吸引他人的注意。

很多人都曾有过演讲的经历，或者至少听过演讲。演讲的时间往往短暂，如果不能在开场白时就吸引广大听众，则演讲很难获得成功。因而，我们在演讲时第一句话就要说得兴致盎然，因为第一句是最重要的，是奠定整个演讲基调的一句话。当然，虽然我们的生活不必要天天演讲，我们也不是演说家，但是我们每天都难免要与他人交流。这些人或者是陌生人，或者是熟悉的人，但是因为交流的目的不同，我们依然要吸引他们的注意力，从而让自己的表达达到一定的效果，唯有如此，才能铺垫基础，让下面的交往更加顺利。

在日常生活中，与他人交流时，我们也应该用心地说好第一句话，这样才能牢牢吸引他人，让他人更加聚精会神地听我们讲话，从而更好地领悟我们

的意思。毫无疑问，每个人都难免要与他人交流，而交流作为人与人之间思想沟通的重要手段，起到难以替代的作用。要想建立良好的人际关系，我们就必须勤学苦练说话的基本功。尤其是在人多的场合，更是只有说好第一句话，才能帮助我们成功吸引他人的注意力，如愿以偿。诸如在职场上，很多公司在年终总结时都会举行盛大的年会。在这一年一度的年会上，有心人会想办法让自己从众多人中脱颖而出，从而为自己的未来争取更多的机会。不可否认的是，能够脱颖而出且成功吸引众多领导注意力的人，一定能在未来的工作中有更多的机会，也得到更多机遇。相反，如果一个人总是默默无闻，则很难成功吸引眼球，更别说从公司的济济人才中脱颖而出了。那么，如何在年会上脱颖而出呢？对此，每个人都有自己不同的做法，有人通过表演、搞笑博得眼球，有人通过低调内敛的发言吸引领导注意，也有人通过猎奇夸张的话毛遂自荐。不管使用哪种方法，精彩的语言表达都是必不可少的。如果你对自己的未来有着良好的规划，不如也从现在开始就勤学苦练说话的基本功吧。尽管说话不是你平步青云的唯一条件，但却是你通往成功之路的必要条件。因而，每个人都应该对说好第一句话足够重视，且付诸实践。

套近乎很重要，能帮你与他人攀上关系

在面对陌生人时，如何与其套近乎，这是个难题。一旦我们解决了这个难题，与陌生人搭讪的成功率就会极大提高，当然，我们也会因此结识更多的人，为自己争取更多的机会。常言道，多个朋友多条路，我们唯有抓住每一个机会为自己拓展人脉关系，才能在职场上因为丰富的人脉关系而如鱼得水。

也许有人会说，人应该凭着真才实学闯荡社会，的确如此。不过，这只是

重要的条件之一，而并非充要条件。也就是说，除了拥有真才实学之外，成功还需要很多其他因素的辅佐。正如古人云，天时地利人和也。由此可见，要想成功，人和是必不可少的要素之一。因而，套近乎尽管被很多人忽视，却依然势不可当地成为成功的必要条件。套近乎为什么这么重要呢？首先，套近乎能够帮助你与他人搭上关系。中国社会是人情社会，这一点每个人都深有感触。俗话说，朝中有人好做官。如果你人脉关系丰富，不管做什么事情都能找到贵人助自己一臂之力，那么你的成功肯定会变得更加容易一些。其次，套近乎可以让你与他人的关系更加融洽，即使是与陌生人攀谈，套近乎也能拉近你们彼此之间的距离，让他人逐渐消除对你的警惕和排斥心理。举个最简单的例子，如果你是推销员，那么你一定要学会与他人套近乎。因为大多数情况下，陌生人戒备心理的产生都是因为缺乏安全感。如果你与他之间建立某些联系，则会让他产生熟悉亲切的感觉，安全感也就自然建立，因而你们彼此之间会更加信任和宽容。这样一来，交往自然水到渠成。

作为二手房经纪人，婷婷的销售业绩始终是店里最好的。婷婷的学历并不是最高的，长得皮肤黝黑，五官清瘦，也算不上漂亮，说起话来还总是直截了当，为何她的业绩这么好呢？很多客户只要跟着婷婷看过房子，就总是对她忠心耿耿，这让其他同事羡慕不已。

前段时间，婷婷无意间认识了一个客户。这个客户是个年轻的小姑娘，看起来二十七八岁，而且不太愿意说话。第一次接触这个客户，婷婷觉得心里没底，很快看完几套房子，她就与客户分开的。到第二次看房，中间大概经历了两个多星期。原本，婷婷都觉得客户可能没什么意向了，不承想客户又同意跟她看房。这次，婷婷带客户看了好几套房子，历时两个多小时。好不容易看完房子，婷婷把客户带回店里梳理，听到客户接电话时，电话里传来河南口音。婷婷喜出望外，好不容易等到客户打完电话，赶紧惊喜地问："刚刚给你打电话的是河南口音？"客户点点头，说："是我男朋友的妈妈，他家是南阳的。"婷婷高兴地说："哈哈，咱们是老乡啊，都是河南人的媳妇儿。"客

户也很惊讶，说："你老公也是河南的？""对呀，我老公是南阳镇平的，你男朋友家是哪里的？""就是南阳市区的。""太让人惊讶了，以前在北京生活时，我们身边很多河南人。现在到了南京定居，我以为河南人很少了呢！"这下子，轮到客户惊讶了："你还在北京生活过？""对啊，我在北京生活了十几年，为了给孩子落户，才来南京定居了。""太巧了。"客户也觉得难以置信，"我男朋友的爸爸现在还在北京工作呢，就住在燕郊。"婷婷马上找到了话题，更加滔滔不绝："燕郊是河北的地方，不过距离北京东城望京等地特别近，所以有很多人在那里居住，在北京上班。""就是的，我男朋友的爸爸就在望京上班。这下好了，既然你老公也是南阳人，你们还在北京待过，我觉得你就更好与我男朋友的爸爸沟通了。我们买房是老人家出钱，所以得他拿主意。"就这样，客户把未来公公的电话留给婷婷，让婷婷直接与他沟通。婷婷当然得心应手，还未见面，就与这个老乡聊得兴致盎然。后来见面之后，婷婷还特意与老公一起邀请老人家吃饭呢，他们变成了老乡和朋友，自然买房肯定是在婷婷这里买了。

婷婷很聪明，思维敏捷，因而在客户的一通电话之后，马上找到了套近乎的理由。彼此作为河南人的儿媳妇，尽管客户只是准儿媳妇，但是既然已经着手开始买婚房了，自然也是对与河南有关系的人和事莫名亲近的。如此套近乎，恐怕让人始料不及，也幸好巧合的作用，婷婷又找到了与客户的未来公公的又一个重要共同点，即客户的未来公公在北京生活。对于北京，婷婷在那里生活了十几年，自然是非常熟悉且有着很多话题的。如此一来二去，她与客户的关系越来越深，也越来越亲密，自然工作也就水到渠成了。

现代社会，尤其是在大城市，打拼的人们往往来自四面八方，全国各地。因而，人与人之间很难像在老家的小地方那样攀上亲戚关系，但是套近乎并非局限于亲戚关系。细心的人会发现，要想与他人套近乎，其实有很多关系都可以用得上。例如，老乡关系（同省的都可以成为老乡，如果在国外，则中国人全都是"老乡"）、校友关系、驴友关系，或者志同道合，有着共同的兴趣爱

好，都可以以此套近乎。

告诉他人“你很重要”，这话充满神奇

在与人相处时，每个人都希望得到他人的关注和重视，这是人们的自尊心在起作用。然而，偏偏有些人很容易忽略他人的感受，更多地关注自身。因而，这样的人很难交到很多的朋友，只能与身边亲近的人来往。现代社会，人际关系上升到更高的高度，而且我们作为职场人士，或者出于生活需要，也经常需要与形形色色的人打交道。这就要求我们必须拥有更强的人际交往能力，从而与他人更好地相处、交往，帮助自己建立强大的人脉关系网。

生活中，人们常常把自己看得很重要。例如，如果一个女孩穿着洁白的裙子，却不小心在公交车上被踩了一个黑脚印，那么她一定觉得很尴尬。实际情况如何呢，除了她自己对那个脚印念念不忘，根本没有人注意到那个脚印。这种现象很常见，都是自己把自己看得过重，实际上却并没有得到他人的关注。遭遇这种经历的人，既因为自己的尴尬没有被人留意而感到小小的庆幸，也因为他人对自己的漠不关心感到大大的失望。这种复杂的情绪相互渗透，让人心中百感交集。那么，对于我们比较在乎和亲近的人，我们则不能如此无视，否则一定会让对方感到伤心。当我们想要吸引一个人的注意力，当我们想要打开一个人的心扉，当我们想要收获一个人的真心，我们就一定要告诉对方：你很重要。

你很重要，尽管只有区区的四个字，但却具有神奇的魔力，能够瞬间让人感到受重视的满足，也因此不由自主地觉得对他说这四个字的人同样重要。人与人的付出，一定不是单方面的，而是双向的。你付出什么，就会收获什

么，因而从你真心诚意地告诉他人“你很重要”，对方也同样会觉得“你很重要”“你是我很在乎的人”。如此一来，彼此的交往一定更加深入。

琳琳是一个自我意识很强的人，而且自我感觉超好，总觉得自己是最棒的、最优秀的，也是深受每个人喜爱的。然而，这次相亲，琳琳却备受打击。原来，这次相亲是爸爸的同事安排的，男孩就是爸爸同事的儿子。对方条件很优秀，哈佛大学毕业，现在在金融业工作，是年轻才俊。由于在相亲之前就了解了男孩的基本情况，也看过男孩的照片，因而琳琳对男孩很满意。不承想，她真正见到的却是一个无比傲慢的人。

在整场约会中，男孩张口闭口都是“我”怎么样怎么样，从未想要了解琳琳的基本情况。对于这个骄傲自负的男孩，琳琳暗暗想：“即便你再怎么优秀，我也不会喜欢你。”让琳琳大跌眼镜的是，在约会结束时，男孩居然毫不掩饰地对琳琳说：“实际上，我是被爸爸逼着来相亲的。咱们并不般配，因为条件相差悬殊。”这句话让琳琳恨不得端起桌上的饮料泼到男孩的脸上，但是碍于爸爸的面子，她忍住了。这次相亲让琳琳元气大伤，一下子就觉得自己不那么优秀，甚至卑微起来。后来，大姨又给她安排了一次相亲。这次的男孩虽然条件不是那么优秀，但是非常绅士。不管是叫饮料，还是叫甜点，他都会第一时间考虑到琳琳的喜好，让琳琳感到呵护备至。约会结束后，男孩贴心地送琳琳回家。他们走在凉风习习的马路边，男孩让琳琳走在自己的右手边，走在靠近马路牙子的那一侧。琳琳问：“为什么？”男孩笑着说：“因为你很重要。”这句话，让琳琳深受感动，心里暗暗地说：“就是这个人了。”果然，琳琳与男孩交往神速，半年之后就已经开始谈婚论嫁了。

一句“你很重要”，让男孩在体贴之余，更加深刻地打动了琳琳的心。每一个女孩，都希望成为梦想中的公主，被白马王子呵护备至。琳琳找到了那个视她非常重要的男孩儿，因而一改挑三拣四的常态，很高兴地接受了男孩的追求。

“你很重要”是一句充满神奇的话，不但能够告诉他人他很重要，也能帮

助我们变成他人心目中很重要的人。毫无疑问，每个人都希望自己备受瞩目，当你慷慨地给予他人这份关注，他人也会同样地回报于你。

没有人会拒绝他人的热情，你是一团火

如果是热情的人就像一团火，能够燃烧身边的一切，给他人带来光和热，那么冷漠的人则恰似一块冰，能够把人变得冷冰冰，甚至浇灭人心中本来的热情。现代社会，人们处处提倡正能量，唯有一个热情的人，才能改变生活的现状，以极强的能量改变身边的人和事。也许有人会说自己是外冷内热型的，虽然心里热情似火，但是表面上却冷若冰霜，又该怎么办呢？细心的人会发现，很多成功的人都非常热情，那么，我们如何表现自己的热情呢？即使一个人心里再怎么热情似火，如果传递给他人的却是冷淡，也是不能如愿以偿的。这就要求我们应该学会表达，更要能用热情感染他人。

一个热情的人，眼睛里一定跳动着小小的火苗，带给人纯真和友善的感受；一个热情的人，在与他人握手时不会如同蜻蜓点水，而是完全张开手掌，真诚地握住他人的手；一个热情的人，言谈举止间很少会故意地冷落他人，而是始终真诚如一；一个热情的人浑身都会散发出热量，能够融化坚冰……热情有如此神奇的魔力，从现在开始，就让我们成为一个热情的人吧。

作为一名汽车销售员，李坤尽管不是店里长得最帅的，也不是学历最高的，甚至不是从业时间最长的，但却是业绩最好的。这是因为，李坤是个热情的人。

一天中午，有个中年女士走进店里，围着一款十几万元的中级车看个不停。很多工作时间长的汽车销售员都认识这个女士，因为她此前曾经不止一次

地来店里看车，却从未下定决心要买。因而，大家看到这个女士都避之不及，唯有李坤不知道内情，笑吟吟地迎上前去。李坤非常耐心地为女士介绍车型，还问女士有没有特殊的喜好。女士说：“我一直想要一辆白色的车，因为我姐姐有一辆，所以我也想要一辆。”李坤当即表示理解，并且说：“喜欢白色的人往往心思纯净，为人非常纯粹真诚。您一定也是这样的人。”女士笑着说：“当然。所以，我选择今天来看车。今天是我的生日，我想为自己挑选一款别致的车作为生日礼物。”李坤听到女士说今天是她的生日，赶紧喊来前台的助理，并且小声让助理准备一束白百合。很快，助理捧着精心挑选的鲜艳百合来了，李坤走过去献给女士，说：“尊敬的女士，祝您生日快乐！”显而易见，女士万分惊讶，甚至半天都没缓过神来。过了好久，她才说：“谢谢你，小伙子，我已经十几年没有收到过鲜花了，而且还是我最喜欢的白百合。”李坤就像对待自己的亲人一样自然地说：“不客气。在您的生日送花给您，这是每一个知道的人都会做的。您尽管看车，买不买都没有关系。这束花，只是给您的生日祝福。”出乎其他同事的预料，女士居然当天就交了定金，决定从李坤手里购买一辆白色的科帕奇。她真诚地对李坤说：“你是我所遇到的最热情的汽车销售员。他们很多人，都因为我犹豫不决不愿意再接待我。其实，我只是缺乏信心，不能马上下定决心。你的热情让我认清了自己，其实车并不是最重要的，最重要是我感受到了温暖和友爱。”

对于这个总是犹豫不决的女士，大多数同事都已经放弃了，李坤却一如既往地用自己的热情，感动着每一位潜在的客户。人与人之间的交往其实很微妙，很多情况下，人们看似为了金钱名利而不停地争夺，实际上，当得到了心里真正想要的尊重和感动，一切就都是可以放下和看开的。

曾经有首歌唱道：你的热情就像一把火，燃烧了整个沙漠……的确，热情就拥有如此神奇的魔力，能够让人们干涸的心田被热情所燃烧，能够让人们冰封已久的心灵瞬间喷薄。从现在开始，让我们成为一个热情的人吧。相信当你从内而外散发出热情时，一切都会随之改变的！

不要等到有事相求时才想起他人

生活中总是有些人，太过功利，即使和朋友之间，也是有事相求时才想起来联系，平日里则老死不相往来。殊不知，人情是笔糊涂账，当你算得太清楚时，必然也会遭到他人斤斤计较，因而对于你的吝啬，他人也会以同样的吝啬作为回报。由此可见，不管是和亲人还是和朋友之间，感情一定要靠平日里源源不断地经营和维护，否则再深厚的感情也会被时间和空间磨损，让原本彼此亲密的人变得形同陌路。

与亲人之间尚且还好，因为总会有些千丝万缕的联系让彼此有机会偶尔见面。但是和朋友之间，则没有那么多非见不可的机会，因而除了用心经营之外，一切刻意的疏远都会让朋友的关系瞬间变得生疏。然而，每个人的人生都不可能是一帆风顺的，尤其是在现代社会各种情况随时千变万化，我们难免不会有需要朋友帮忙的时候。如果平日里不曾往来，之后在急需帮忙的紧急关头才临时抱佛脚，只怕会事与愿违。

晓菲和笑笑是大学同学，而且是上下铺的好姐妹，大学期间简直形影不离，好得如同一个人。同学们有的时候和她俩开玩笑，说她俩是“老鼠爱大米”。然而，大学毕业后，晓菲去了深圳打工，笑笑则回到家乡的小县城。刚开始时，晓菲每次休假千里迢迢地回家，笑笑都与晓菲相聚。后来，随着结婚生子，彼此越来越忙碌，有的时候明明知道笑笑回家，或者笑笑主动邀约，晓菲却刻意回避，觉得自己拿着微薄的薪水和这个深圳的白领实在攀不起，也就不再尽地主之谊了。

就这样，不知不觉间，晓菲和笑笑已经五年没见了。这段时间，笑笑张罗着想买大房子，却因为筹集不到足够的钱，导致耽搁下来。思来想去，笑笑决定向远在千里之外的晓菲借钱。她给晓菲打电话：“晓菲啊，我是笑笑。你还好吗？”彼此寒暄几句之后，笑笑直接切入主题，说：“晓菲，我想买套房

子，还差十几万块钱。你手里宽裕吗，能不能借我周转一下？”面对这个五年多有机会见面却从来避而不见的好朋友，晓菲犹豫了一下，说：“额，我最近也不宽裕呢。我在深圳刚刚买了房子，属于初次置业，贷款一百多万元，想要帮你实在是心有余而力不足，希望你能谅解。”如此简单客套的话，笑笑这才意识到，友情是无法储备的。即使再深厚的友情，如果始终冰封，那么等到用的时候，也会因为生疏而消散。她也不怪晓菲，毕竟是她先疏远了晓菲，荒废了这段友情。

任何感情，都不可能天长地久，除非长久地用心维护，才能让感情始终保鲜。不仅爱情如此，亲情、友情都是如此。人是感情动物，而感情却不是与生俱来的。尤其是朋友之间，原本就没有血缘关系的联结，因而更应该彼此多多联系。

很多人对待朋友，平日里从不想起，一到需要的时候才去发掘友情，却为时已晚。其实，现代社会通信如此发达，即便工作和生活再怎么忙碌，即使朋友远在天涯海角，只要有心，也还是可以保持联系的。例如，抽空给朋友打个电话，发个短信，或者与朋友互加微信，发发邮件，这都是很好的方式。当然，如果朋友之间离得近，那么交往则更不仅限于此。周末的时候，节假日期间，大家聚在一起吃饭、唱歌，或者只是在家里喝杯茶，也都是很好的选择。感情之花要想常开，就必须用心用情，这样才能长久。

第11章

不随便乱说话：聪明的人总能管住嘴巴

尽管每个人都有一张嘴巴，但是更有两只眼睛和两只耳朵，这实在是造物主让人们要多看多听，而管好自己的嘴巴，该说的说，不该说的不说。现代社会人际关系的作用日益凸显，要想与他人处理好关系，我们就必须管好嘴巴，这样才能做到谨言慎行，才能让说话对人际交往有益，帮助我们建立好人缘。

问问自己，你真的会“说话”吗

生活中，几乎每个人每天都在说话。然而，你真的会“说话”吗？看到这个问题，一定有很多人都觉得莫名其妙，孩子长到一岁多就会说话，除非是聋哑人，否则有谁不会说话呢？但是，真的有很多人不会说话。常言道，会说说得人笑，不会说说得人跳，不会说话的人一张嘴总是要得罪人，或者让人心生不悦，会说话的人却总是能够把话说得悦耳动听，让人情不自禁地喜欢听他说话。

举个最简单的例子，当朋友邀请你吃龙虾时，你却直截了当地说：“小龙虾多脏啊，不能吃！”这时，原本兴致勃勃的朋友一定会对你怒目以视，幸好你女朋友很会说话，赶紧打圆场：“你这个土老帽。现在你想吃野生的龙虾也没有了，都是养殖的，哪里还脏呢！龙虾多好吃啊，你从来没吃过，今天正好可以尝试一下。”这时，朋友的脸上才阴转晴，渐渐露出笑容。再如，你去参加女性朋友的结婚典礼，大喊道：“亲爱的，你终于嫁出去了。”这时，女朋友即使碍于面子不好直接说你，心中也一定不悦：我又不是嫁不出去，看你愁的。这些，都是说话不入耳给人带来的麻烦，一定会让你无形中得罪人。因而，从今天开始，我们就要学会说话，并且努力做到把话说得悦耳动听。这样一来，我们才能得到朋友的喜爱，也拥有好人缘。

当然，并不是所有不会说话的人，都是刻意给他人添堵。大多数情况下，某些人之所以说话难听，都是因为他们的无心之过。有些人性格古怪，固执己见，不管做什么事情都只会从自己的角度出发。有些人则直截了当，再难听的话也不会委婉地表达，因而无形中得罪他人。还有些人说话不分时间、场合，

更不分交谈对象，因而总是招人厌烦。总而言之，我们要想把话说得悦耳动听，就必须更加小心谨慎，考虑周全。

很久以前，有个财主意外地发了一笔横财，又恰巧马上就要过年了，因而他决定宴请亲朋好友吃饭喝酒，让大家好好大吃大喝一顿。请客的时间已经到了，但是还有很多客人没有来，因而财主喃喃自语："怎么回事，马上就要开席了，怎么该来的还没有来呢！"听到这句话，有些心思细腻、敏感的客人们暗暗琢磨：该来的还没有来，言外之意不就是说不该来的已经来了么！既然不受欢迎，我们还是走吧！想到这里，他们纷纷起身告辞。看到这种情形，财主更着急了，大声喊道："哎，怎么不该走的都走了呀！宴席都准备好了啊！"听到这话，剩下还没有走的那些客人又多想了：不该走的都走了，不就是说我们这些该走的反而赖着不走么！他们也都不约而同地走了，最终，席间只剩下一位客人。这位客人平日里与财主交往密切，关系比较好，因而告诉财主："你呀，就是不会说话。"财主说："哎呀，其实我不是那个意思，让那些人走的。"仅剩的客人一听，既然不是让那些人走的，本意是让我走的啊！因而，他也气呼呼地走了，连头也不回。

在这个事例中，原本吝啬的财主因为意外发财，因而想请亲朋好友吃饭喝酒。不想，他却因为不会说话，让所有到场的客人都愤怒地离席，再也不想吃他的饭喝他的酒了。为此，财主懊悔不已，但是却追悔莫及。

同样的意思，如果通过不同的方式表达出来，则往往会产生截然相反的效果。财主的本意是好的，却因为表达方式不恰当，而把客人们都赶走了。如果财主能够换一种方式，在最初的时候说："很高兴大家赏光，我们的宴席很快就要开始了。但是因为还有一部分客人没有到场，所以恳请大家继续等待一会儿。"这样的话，不但对在场的客人表示欢迎，也表达了自己想要等人到齐了再开席的愿望，根本不会得罪人。日常生活和工作中，我们要想与他人搞好关系，就一定要学会表达，学会恰到好处地说话。具备说话的能力，不一定代表会说话。只有真正地会说话，我们才能在人际交往中如鱼得水。

不要随随便便地道歉，否则一文不值

生活中，每个人都会犯错误，因为人不是神，不可能真正做到面面俱到，十全十美。我们的习惯是，在做错事情的时候就道歉，有的时候哪怕不是我们错了，但是为了获得暂时的安宁，我们也会道歉。例如在与女朋友相处的过程中，很多男孩不管是否真的是自己的错，一旦看到女朋友生气或者耍小性子，马上就会表达歉意。日久天长，就会把女朋友惯得越来越娇纵，不管遇到什么事情，都随意任性，逼着你道歉。如此一来，势必影响彼此间的感情。还有些人在职场上充当老好人，不管工作的责任是否在自己，一遇到上司追责就会一味地承担责任，表示歉意。如此一来，上司最终必然觉得他的道歉一文不值，没有任何含金量，甚至对他的工作能力产生怀疑。正确的做法是，在需要承担责任的时候，如果是原则性问题，我们一定要分清责任，在确定确实是自己的责任时，才可以道歉和承担责任。否则不由分说地就道歉，只会让人觉得你真的有问题。

在西方国家，尽管很多男士都是绅士，却很少轻易道歉。因为每个人都有承担责任的强烈意识，所以知道对不起并非是随便可以说的。当你说了对不起，就意味着你已经承认自己是有责任的一方。因而，在不能确定自己有责任时，最先忙着做的不应该是说对不起，而是要界定责任。尤其是很多涉及经济赔偿的事情，一句“对不起”也许就会成为呈堂证供，因此千万不要出于礼貌而随口说出“对不起”。在法治社会，对不起的分量是非常之重的。尽管日常生活中的诸多小事并不需要我们对峙法庭，但是我们依然要学会控制自己脱口而出的冲动，不要随便说对不起。即便是与最亲密的人之间，我们也不能毫无原则地道歉，否则日久天长，我们的歉意就会变得轻飘飘的，没有任何分量。

在费尽千辛万苦追到现任女友默默之后，原本骄傲的那威就像是变了一个人。现在的他，一改往日高傲的形象，总是像一只温驯的小绵羊一样对待女朋

友。他不仅对女朋友千依百顺，而且每当女朋友噘起小嘴生气时，他都忙着道歉，根本不去深究女朋友生气的原因是什么。在爱情之中，那威迷失了自己。有一次，女朋友因为在地铁上与他人争抢座位而争吵，那威居然也帮着女朋友和他人一起吵架。不得不说，那威是完全失去了原则。

随着那威道歉次数的越来越多，女朋友也越发地刁蛮任性。她对待那威就像是对自己的一只宠物，根本不尊重那威，更别说为了那威做爱的付出啦。终于有一天，那威与女朋友之间爆发了超级大战。事情的起因很简单，那威带着女朋友回家吃饭，妈妈精心准备了糖醋排骨，但是女朋友对着香甜的饭菜却大发雷霆，当着妈妈的面就使性子："那威，我要吃红烧排骨，我不要吃糖醋排骨。"那威好言好语地哄她开心："乖啊，吃饭，就吃糖醋排骨。对不起，都怪我没有提前告诉妈妈你喜欢吃红烧排骨。等到下个周末咱们回家时，我让妈妈做红烧排骨，你还想吃什么，我都让妈妈做。"不承想，女朋友却继续不依不饶地说："我不，我偏不！"这时，妈妈正色说道："又不是小孩子，挑食偏食。糖醋排骨吃着不也很好么，那威就爱吃糖醋排骨！"女朋友突然生气地说："我不吃了。"说完，她就拿起小包摔门而出。那威觉得当着妈妈的面很没面子，因而也跟出去追女朋友喊她回来吃饭，女朋友却毫不留情地说："你除了会道歉还会干什么？你妈欺负我的时候你干嘛去了！"那威陪着笑说："我妈那不也是心疼我么！你就委屈一下吧！"不承想，女朋友却说："那你就回你妈面前当孝顺儿子吧，反正我也早就厌恶了你这个只会说对不起的窝囊废。"女朋友的这句话，让那威简直如同五雷轰顶，他呆呆站在原地很久，女朋友早就跑得不见踪影了。直到此刻，那威才意识到自己在爱情里卑微到尘土里，却换不来真心诚意的爱情。从此之后，他再也不会轻易道歉了，即使女朋友回头还请求他的原谅，他也像个爷们似的昂首挺胸，不为所动。他暗暗下决心：我要重新开始一段爱情，找回最真实的自己。

因为对千辛万苦才追到的女朋友的喜爱，原本个性极强的那威一改往日的高傲模样，放低姿态，处处都以女朋友的需求和喜好为主，而且每当女朋友

生气或者耍小性子时，他都无理由地道歉。原本，他以为这样就能得到女朋友的真爱，却不承想被女朋友称作只会说对不起的窝囊废。至此，那威才意识到泛滥的东西总是不被珍惜，对不起也是如此。因此，痛定思痛的他决定改变自己，重新找回自己，再次开始新的爱情。

任何时候，对任何人，我们都不能轻易地说对不起，虽然讲礼貌、宽容都是绅士的表现，但是在需要的情况下我们必须明确界定责任，才能勇敢地承担责任。而且，即便是对亲密的人，我们也不能一味地退让，否则道歉就变成毫无意义的付出，甚至招人反感与厌烦。

你不是裁判官，不要总是否定他人

在生活中，很多人都喜欢充当裁判官的角色，对于他人的事情总是指手画脚，似乎任何事情只有他们的选择才是英明正确的。人们并不欢迎这样的人，即便他们是出于好心而多管闲事，但是人们依然对他们避之不及，这是因为每个人都有自尊心，也希望通过很多事情树立自信心。如果一味地被他人否定，则无论是自尊心还是自信心都不能得到满足，久而久之必然产生挫败感，导致自己缺乏信心。因而，聪明人从来不会直接否定他人，更不会直截了当地告诉他人：“你错了。”相反，真正充满智慧的人，总是能够委婉地表达自己的意思，并且还能用赞美的方法激励他人，从而曲折地达到他想要改变他人、提升他人的目的。

细心的人会发现，很多事情都是需要润滑的，尤其是人际关系。举个最简单的例子，男士在为自己刮胡须时，为了避免被锋利的刀刃伤到，会首先给胡须涂满肥皂水。这样一来，在刮胡子的时候就不会感到疼痛了。再举个例子，

现代社会的教育界为什么提倡表扬和鼓励孩子呢？也是为了让孩子在积极愉悦的状态中主动自发的进步，而不是被打压和批判。不但孩子需要赞扬和鼓励，成人同样如此。由此可见，多多鼓励和赞扬身边的人，是多么重要啊！

为了举办一次大规模的短期培训，卡耐基租下了位于纽约的一家饭店的宴会厅，约定租期为一个月。原本，他已经与饭店经理协商好了相关事宜，因而他印好了一切的门票、邀请函，而且也将其全部寄出了。不承想，饭店经理突然发出通知给他：租金涨到此前协商好的四倍多。得到这个消息，卡耐基未免觉得有些被动，因为整个短期培训都已经筹划到位啦，而且很多项目都已经实施了。为此，他找到饭店经理，说："您好，我接到了您的通知，觉得万分惊讶。当然，我知道这一切并不是你的责任，换作是我当饭店经理，为了给老板一个交代，肯定也会尽量提高收入。不过，我只是想分析一下价格突然翻几倍对饭店的影响，肯定是有利有弊的。"

说着，卡耐基拿出一张纸，在上面注明"利"：宴会厅也许能够租下来给其他人使用，价格也许会很高；宴会厅也可以不出租，而作为其他用途；租给我，显然你们也许会因此错过更好的创收机会。接下来，卡耐基又在一张纸上注明"弊"：我因为价格突然翻了几倍，不得不另外找合适的场所，如果宴会厅不能如愿以偿地出租，连低价的租金也变成竹篮打水一场空；我的培训都是针对高端人士的，相当于免费为饭店做广告，能够让饭店不花任何钱就吸引来无数人士参观。最后，卡耐基说："经理先生，您觉得综合考虑的话，究竟是利大还是弊大呢？"在卡耐基认真、客观的分析下，饭店经理陷入沉思。次日清晨，他就派人给卡耐基送去最新通知：房租涨幅50%，而并非此前的四倍之多。

在这个事例中，面对饭店经理单方面把房租涨到四倍之多，卡耐基虽然恼火，但还没有失去理智。因而，他并没有直接指责饭店经理见利忘义，违背双方的口头约定，而是以心平气和的方式，给饭店经理分析利弊，帮助他作出选择。毫无疑问，饭店经理也是很有经济头脑的，在听到卡耐基的分析后，他不

由得怦然心动，最终决定房租只涨幅50%，依然租给卡耐基。如此一来，卡耐基在没有指责饭店经理的情况下，轻而易举地就达到了目的。

每个人都会犯错误，这一点是任何人都无法避免的。在遇到他人犯错时，最好的方法并不是直截了当地否定对方，或者是义正严词地指责对方。要想圆满解决问题，我们必须找到最合适的办法，才能事半功倍。聪明的人总是会用高明的方法“点拨”犯错的人，从而帮助他们主动自发地认识和反省错误，及时改正。

女人诉苦听听就好，千万别当真

皮斯作为著名的身体语言大师，曾经说过，女人必须说话，这是由女性的大脑结构决定的。通常情况下，女性是通过说话的方式来表达对他人的赞赏。如果一个女人很欣赏和认可你，她就会不停地说话，这是对你的莫大肯定。例如，当一个女人心中郁郁寡欢或者万分痛苦的时候，如果她愿意跟你说话，就说明她心中非常信任你，而且也很愿意向你倾诉。不过，需要注意的是，当一个女人向你诉苦时，你只需要听听就好，千万不要当真。大多数情况下，女人喜欢唠叨，而且是那种漫无目的、毫无意义的唠叨。作为听众，你只要听她唠叨，而不要给出实质性的建议。因为很多女人唠叨都是为了发泄情绪，而并非真的需要帮助，更不需要得到切实的建议。

曾经有很多男性，对于爱人的唠叨不置可否，最终与爱人闹得很不愉快。例如，妻子下班回家之后，怨声载道：“今天，那个可恶的上司又给我分派了很多工作，害得我整整晚了一个小时才下班。”这时，你只要安静地听着，并且表示理解和同情即可，千万不要说“不如换个工作吧！”否则，她一定会歇

斯底里："什么？怎么可能？换份工作，岂不是要让我一切重头再来么！"作为男人，你一定很不理解，明明是她自己抱怨工作不如意，如今却又否定你的看法，甚至指责你出馊主意。这就是因为你不理解女人的唠叨，她只想说出来，而并不想要改变什么。

近来，作为妇女之友的林强非常郁闷，因为办公室里的爱丽总是向他抱怨。爱丽的老公是做销售的，经常要出差，不但照顾不了家庭，有时候一旦出差时间长，甚至一个月都见不到人影。这次恰逢爱丽过生日，她老公却离家千里，把这件事情都忘到九霄云外去了。因而，爱丽整日为此喋喋不休。

中午吃饭时，爱丽特意与林强坐在一起，又开始祥林嫂般的抱怨："我问你，林强，你们男人是不是都这样呢！你们在谈恋爱的时候是一个样子，结婚之后又是另外一个样子。那时，我过生日即使我老公出差，也会鲜花快递。现在呢，根本就不把这件事放在心上了。我不是为了礼物而生气，就是觉得他太无视我了。仔细想想，他简直把人快要气疯了。在他不出差的日子，我每次休息都要给他做饭洗衣服，简直成了他的老妈子。唉，我觉得保姆的待遇也比我好很多。我简直就是免费的保姆，而且还没有任何地位的那种。"林强已经接连几天听爱丽的抱怨，因而实在觉得厌烦，因而按捺不住地说："既然你对他百般不满意，我觉得你不如选择离婚吧。要知道，好男人天底下多得是，何必在他身上浪费青春呢！"

"什么？！"爱丽突然惊叫起来，害得旁边吃饭的人都看向他们，"林强，你可真是个损友啊！就因为这么点小事情，你就给我提出这样的建议。你不觉得你太坏了么，人家都说宁拆十座庙，不毁一桩婚，你却因此挑唆我离婚，你简直坏透了。"林强无辜而又委屈地看着爱丽，说："但是，是你自己说你老公不好的，而且你都说了有好几天了……"爱丽不置可否地说："这有什么呢！婚姻哪能十全十美呢！就算你以后找女朋友，也不会始终幸福美满的……"爱丽喋喋不休地给林强上了很长时间的课，最后说，"我再也不和你聊天了。"

无辜的林强，因为给爱丽出了馊主意，被爱丽一番抱怨。至此，林强才明白一个道理：女人在诉苦的时候只是像倒垃圾，而并不想得到别人的帮助。为此，作为妇女之友的林强在听其他女人抱怨和诉苦时，再也不敢轻易给出建议了。

女人诉苦，大多数是出于发泄情绪的需要，并不需要切实的建议。因而，听女人诉苦的最好办法就是左耳朵听右耳朵冒，千万不要放在心里，更不要以此当真。已经有心理学家证实，爱唠叨是女人的天性。女人天生爱说话，爱唠叨，也爱聊天，也喜欢谈论八卦。倾听女人诉苦，你知道带好耳朵，随时点头表示认可就足够了，千万不要把女人的唠叨当真，更不要为此而有所行动。

尊重他人，首先要尊重他人的隐私

人与人交往，一定要以彼此尊重为基础。唯有如此，才能建立更加和谐平等的关系。当然，人际交往也是有禁区的，即别人的隐私碰不得。偏偏生活中，有很多人总爱拿他人的隐私开玩笑，最终伤害他人的自尊，友谊也随之付诸东流。结交一个朋友，努力经营友谊，需要漫长的过程，需要真心的付出和努力，因而在拿他人隐私开玩笑之前，我们必须衡量好一时的口舌之快和深情厚谊之间的关系。

所谓隐私，就是他人独自保守的不想为他人所知道的秘密，这个秘密一旦公开，就会给他人带来极大的困扰，让他人颜面尽失。因而，如果你拿着他人的隐私开玩笑，则你们的情谊也会受到伤害。原本，与他人聊天，开个玩笑让大家娱乐，是无可厚非的。但如果把每个人的快乐都建立在他人的隐私之上，由此让他人难堪和痛苦，就得不偿失了。这样的玩笑，开得没有任何意义，反

而导致现场的气氛变得尴尬，最终事与愿违。

任何时候，开玩笑都是有原则的。其中，最首要的原则就是不能触碰他人的隐私，更不能触碰他人的软肋。不管是对朋友、亲人，还是对同学、同事，要想关系更加亲密无间，就必须遵守原则，避免触碰底线。常言道，良言一句三冬暖，恶语伤人六月寒。即使你在拿他人隐私开玩笑时并非出于恶意，但是却切实给他人的心灵带来伤害，而且言语的伤害并非那么容易消除的。

张伦平日里最喜欢开玩笑，虽然没有恶意，却因为管不住自己的嘴巴，导致玩笑伤人，因而得罪了很多朋友。有一次，张伦的好朋友马玉喜得贵子，因而张伦带着精心准备的礼物前去喝满月酒。看到张伦来了，马玉高兴地迎上前去。张伦拿出礼物，居然是一支包装精美的钢笔和一本珍藏版的新华大字典。马玉的老婆看到礼物，笑着说："张伦，就数你的礼物最特别。孩子还这么小，你居然给他送字典和钢笔。"这时，张伦当着所有人的面满脸坏笑地说："因为你家的公子与众不同啊。你想啊，别人家的孩子都要结婚之后一年才能出生，你家的呢，我们这才喝完喜酒三个月吧，公子就猴急猴急地出来见世面了！"听了张伦的话，在场的亲朋好友全都哈哈大笑，但是马玉夫妇却满脸羞愧。原本，他们奉子成婚就有些尴尬，如今却又被张伦拿出来公然开玩笑，不禁更让他们觉得无地自容。从此之后，马玉夫妇就有意地疏远了张伦，即使在张伦结婚的喜宴上，他们也只是让人带去礼金，而没有亲自出席。

张伦的玩笑话，虽然给大多数人带来了欢乐，但却无形中伤害了马玉夫妇的自尊。俗话说，人活一张脸，树活一张皮。对于他人的隐私，只要心知肚明就好，实在没有必要当着无数人的面揭短。正因如此，张伦失去了多年的好朋友。这个玩笑的代价，未免有些太大。作为生活的调剂，我们实在没有必要为了可有可无的玩笑话，得罪辛苦经营、用心维护的好朋友啊！

无论是出于好心还是恶意，我们都不能给他人的心灵带来伤害，尤其不能以他人的隐私开玩笑。当你不尊重他人时，他人也一定对你缺乏应有的尊重，日久天长，你必然会与朋友渐行渐远。社交场合的交谈，应该以愉快为主。很

多话，我们都必须管好嘴巴，根据时间、情景和所面对的人决定是否说出来。古人云，祸从口出，是有一定道理的。我们只有谨言慎行，保护好他人的隐私，才能与他人更好地交往。

每个人都有痛点，你要做的是避开

每个人的心里，都有疼痛的一个点。这个点，是自己独有的，常常在寂寞的时候独自疗伤。面对他人的这个痛点，不管你是出于好心想要安慰，还是出于恶意想要揭对方的老底儿，都必须管好自己的嘴巴，千万不要随意触碰。从需要的角度来说，如果他人想要得到你的安慰，则一定会主动向你倾诉，寻求帮助。相反，如果他人不主动提起，你也最好不要说，因为这一定是他人想要独自疗伤的表现。我们与他人交往，一定要建立在尊重的基础上，唯有更好地尊重他人，才能让交往更深入和亲密。

很多人在气极的情况下，总是口无遮拦地什么都说。在日常生活中，揭老底儿是人们在情绪激动时常做的事情。殊不知，揭老底儿实在不是明智之举。所谓揭老底儿，就是说些他人的短处和痛点，让他人感到难堪和尴尬。如此一来，你必然伤害他人的情感，让他人不知道如何面对现状。常言道，打人不打脸，骂人不揭短。一旦你不顾一切地揭开他人的老底儿，则他人一定会觉得尴尬难堪，甚至还会恼羞成怒，与你大打出手。和他人一样，你也一定有痛点。那么当他人揭开你的痛点时，你会如何？如此想来，你就不会轻易揭他人的老底儿了吧。所谓感同身受，就是这个道理。古人还曾说，己所不欲，不施于人，说的也是这个道理。因而，不管我们再怎么生气，也应该避开他人的痛点，这是做人最基本的底线和原则。

最近两年，因为汪峰与章子怡的甜蜜爱情，汪峰的前任葛荟婕一直对汪峰撕扯不断，也时不时地攻击章子怡。近日来，更是传出葛荟婕吸毒的传闻。对此，很多网友和粉丝都力挺汪峰。作为一个男人，他在被前任撕扯不断的情况下却从未爆料葛荟婕吸毒的事实，算是一个真正的爷们儿。对此，葛荟婕也应该对汪峰心存感激，但是其却不停地攻击汪峰与章子怡，人品可见一斑。避开他人的痛点，这是我们做人的原则和底线。不管多么生气，除非是面对阶级敌人，否则对任何人都不应该揭老底儿。偏偏生活中有很多人都喜欢且擅长揭老底儿，自以为这样的语言才最有杀伤力。尤其是很多夫妻之间，妻子总是在恼怒的关头脱口而出："你以前……你曾经……"这些揭老底儿的话，总是能在一瞬间击中她最爱的男人的痛点，让其心痛不已。日久天长，夫妻感情必然受到影响，可谓得不偿失。

李峰与杜文是从小一起长大的小伙伴，上学时还是初中同学、高中同学。因而，他们关系非常亲密，不管遇到什么为难的事情，都会主动与对方诉说。然而，李峰尽管把杜文当好朋友，却并不是与杜文无话不谈的。对于杜文，李峰始终有所保留，这是为什么呢？原来，杜文几次当着别人的面揭李峰的老底儿，要知道，这些私密的事情李峰只告诉了杜文，因而导致李峰非常尴尬，也很伤心。渐渐地，李峰就疏远了杜文，从最亲密的哥们，变成了普普通通的朋友。而且每次和杜文一起出现在公开场合时，李峰总是提心吊胆，生怕杜文一高兴又开始揭他的老底儿，让他难堪。

有一次，都已经成家立业的他们一起参加高中同学聚会。在酒过三巡时，李峰显然有些喝多了，开始和同学们扯些小时候的事情。正当李峰和大家说得兴致盎然时，杜文突然插嘴道："李峰小时候啊，我最清楚了。我告诉你们，李峰小时候最邋遢了。他整天拖着两条鼻涕虫，哪里有现在的风光啊！他的手，就像是黑煤球一样，我简直怀疑他从来不洗澡，也从不洗脸洗手，难以想象啊，黑煤球如今长大成人就变得这么干净了。"同学们全都哈哈大笑，李峰却觉得非常难堪，他阴沉着脸对杜文说："你知道的这点陈年旧事已经卖了多

少遍了，还有价值吗？”看到李峰生气了，同学们都尴尬起来，气氛紧张而又难堪。

原本杜文是想揭李峰的老底儿，让同学们欢乐开怀的，不想此时的李峰显然是有头有脸的成功人物，因而小时候的邋遢模样也就成为心底的痛点。既然他已经通过努力树立了成功人士的形象，自然不想再丢面子，因而他对杜文的话很生气。如此一来，大家全都觉得尴尬难堪。杜文呢，这个揭老底儿的笑话非但没有起到如愿以偿的效果，反而事与愿违，让在场的同学们都很难堪。

通常情况下，只有那些与我们亲近的人才会掌握我们更多的老底儿，也知道我们的痛点所在。光阴荏苒，时光如梭，随着时间的流逝，早已经物是人非。因而，任何时候都不要揭他人的老底儿，更不要暴露他人的痛点，否则，你就会失去朋友，甚至遭人唾弃。我们都应该努力提升自己的涵养，多多夸赞他人的优点，这样才能让彼此之间的关系更加和谐融洽，亲密无间。

不要贬低别人的服饰，就像不要贬低别人的脸

对于服装，每个人都有自己审美的眼光，因而走在大街上形形色色的人中，除非是特别流行或者特别普通的衣服才会撞衫，否则，每个人乍看起来都拥有自己的特色。当然，因为成长背景、教育经历以及个人眼光的不同，每个人的喜好都是不同的。尤其是对于服装这种极具个性的物品，则更加具有个人的独特性和与众不同的色彩。在每年的戛纳电影节上，那些有幸参加的女明星，最害怕的事情就是撞衫，因而，她们总是提前很久就开始准备独特的礼服，以便帮助自己与其他女性区别开来。也因此，每年的戛纳电影节就像是一场高水准的服装盛会，一旦结束，就有时尚界的人士开始品头论足。很多女星

穿的衣服不合体，被揶揄讽刺，然而，作为公众人物，她们只能默默忍受，因为她们注定要承受这一切。但是对于普通人呢，我们可千万不要贬低他人的服饰。因为普通人不同于明星，无须把一切都展示在公众面前。如果说明星的服饰引领着时尚和潮流，那么普通人的服饰则只关乎个人喜好。就像三毛，她一生之中最爱牛仔裤和长裙。这完全是她个人的事情，其他人想要欣赏的就可以欣赏，不想欣赏的则可以避开视线，却无权品头论足，挑三拣四。

当然，哪个女人不想追求美丽呢？！对绝大多数女人而言，只要经济条件允许，她们就会想尽办法让自己变得更美丽。从这个角度来说，美丽不但出于我们的心，也是由经济条件决定的。因而，我们更加不能贬低他人的服饰，尤其是对一个没有经济能力购买漂亮衣服的女人而言，这是一件非常残忍的事情，也间接表现出贬低者本人的低素质和没教养。很多人都知道，不能嘲笑他人长得丑，因为人的长相是父母给的，天生注定的。当我们嘲笑他人长得丑，并不能说明他人不堪入目，只能说明我们自身缺乏教养。面对一个自己无法改变的东西，我们有什么权利指责他人呢！即使你长得英俊潇洒，也只能说明你的爹妈把你生得好，而并不代表你有什么嘲笑他人的资本。从这个角度来说，嘲笑他人的服饰，与嘲笑他人的长相一样，是让人鄙视的。

今天，是赵虎与龚如结婚的日子。赵虎的父母都是城里人，原本赵虎的妈妈就不赞同这门亲事，因为觉得龚如是农村人。但是她拗不过赵虎，只好答应了。在婚礼上，赵虎妈妈才第一次见到龚如妈妈。毫无疑问，作为农村人的龚如妈妈，穿着一件花布的上衣，下面是一条黑色打底裤，脚蹬一双显得旧了的皮革凉鞋。赵虎妈妈撇着嘴不以为然地说："看看吧，这就是农村打扮的土包子。"听到妈妈这句话，赵虎异常严肃地说："妈妈，今天是我和龚如结婚的日子，我希望您说话能注意一些。作为农村人，贫穷是肯定的，因而龚如妈妈没有您这么漂亮的衣服。但是，这并不能说明她的品质有问题，也许她还非常勤劳呢！我希望您能尊重她。"赵虎妈妈依然不以为然，怎么瞧龚如妈妈也不顺眼。

这时，比较宽容的赵虎爸爸对她说："老伴儿啊，今天是孩子的大日子，你就忍一忍吧。你也要体谅亲家母，她年纪轻轻就失去丈夫，一个人把女儿和儿子抚养长大，也实在不容易呢。我们不要嘲笑他人的服饰，因为这是经济能力决定的。如果每个女人都像莫泊桑的《项链》中的女主角玛蒂尔德那样，虽然穷得叮当响，却非要爱面子讲排场，那岂不是更让人笑话么！我觉得亲家母这样挺好，本色出场，说明人也实在。现在要是面对一个长相丑陋的人，你总不能笑话人家吧，对不对？"爸爸的一番话让妈妈恍然大悟，她开始专心参加儿子的婚礼，再也不嘲笑亲家母的服饰了。

这个世界上，总是有人丑陋有人漂亮，也总是有人有钱有人贫穷，对于他人的长相和服饰，我们都不应该贬低。归根结底，长相是天生的，服饰是由经济能力决定的，都与个人的品质无关。

人与人相处的基础是尊重，我们唯有在尊重他人的基础上，才能与他人更好地相处。我们唯有怀着一颗宽容的心，才能成为受欢迎的人。从现在开始，让我们更多地关注他人的灵魂和品质，而不要为了皮囊和作为身外之物的服饰，给予他人不恰当的评价。否则，就会暴露我们的粗俗和肤浅，让我们在众人面前贻笑大方。

第12章

主动找人说话：才能打开谈话的新局面

很多时候，交谈之所以陷入僵局，往往是因为交谈的人不够健谈。真正健谈的人，即使面对僵局，也能没话找话，或者主动与人搭讪，从而打开谈话的新局面。需要注意的是，交谈的基调往往是由最初的几分钟决定的，我们要想交谈和谐愉悦，就必须努力给谈话开个好头，这样才能顺畅自如地进行下去。

最开始的五分钟，决定了你们的交往

人与人交往是否能够愉快地进行下去，大多数时候取决于最初交谈的五分钟。就像是演讲时的开场白无比重要一样，交谈的最初五分钟也是至关重要的。倘若交谈的最初五分钟能够奠定交谈的基调，让整个谈话都轻松愉悦，则往往接下来的交流和沟通也会比较顺畅。相反，如果交谈的最初五分钟进行得艰难晦涩，则接下来也很难有所改观。因而，我们必须慎重对待交谈的开场白，只有找准话题，奠定愉快的基调，才能让一切水到渠成。

那么，如何让交谈的最初五分钟比较愉悦呢？首先，要以礼貌作为开场白。尤其是在面对陌生人时，你一张嘴，就会给对方留下笼统的印象，因而，你必须非常有礼貌，才能让对方喜欢你。其次，还要找准话题。众所周知，人们最感兴趣的是自己，如果你从开始说话时就不停地诉说关于自己的事情，则一定会让人索然乏味。再次，如果你能够提前了解对方的喜好，因而做好迎合对方的兴趣，则交谈一定会更加愉快。最后，也是最重要的一点，一切交往都必须建立在彼此尊重的基础上。只有彼此尊重，平等地对待对方，才能做到愉快交往。

很久以前，有个年轻的贵族摸黑赶路，越是着急，反而迷路了。年轻的贵族走了很久，才终于遇到一个猎人。他赶紧策马扬鞭，冲上前去，问猎人："喂，还要走多远才能找到投宿的地方？"猎人停下脚步，抬眼看着年轻的贵族，心不甘情不愿地回答："五里（无礼）！"贵族连声谢谢都没说，就绝尘而去。他一直奔跑了有六七里路，却始终没有看到投宿的地方，不由得暗暗

思忖："我已经走过了五里了啊，为什么还没有看到投宿的地方呢？"他念念有词，突然脑中灵光一闪：五里，不就是无礼嘛！他思来想去，觉得自己不能像没头苍蝇一样乱撞，只好又往回赶去，想再次找到猎人问路。果不其然，他刚刚返回了三四里路，就看到猎人正怡然自得地走在路边。贵族赶紧翻身下马，毕恭毕敬地走过去问猎人："您好，兄弟。我是刚刚向您问路的，实在对不起，我太无礼了。但是天已经黑了，我真的急于找到投宿的地方，不然夜深了，野兽就该出来了。能麻烦您给我指路吗？先谢谢您啦！"等到贵族说完这番话，猎人才笑着说："天黑了，走夜路危险，而且这附近也没有村落。如果你不嫌弃，就跟我一同去我在森林里狩猎时的落脚点休息吧，虽然条件艰苦，但是有吃有喝，也有干草可以打地铺。"贵族高兴地点点头，赶紧邀请猎人一起上马，他们朝着目的地奔驰而去。

到了目的地，贵族一边与猎人聊天，一边帮忙准备晚饭。夜晚来临，他们吃着香喷喷的烤野兔，居然相谈甚欢。

在这个事例中，因为贵族一开始非常无礼，因而被猎人捉弄。幸好他即使意识到自己的错误，赶回去向猎人道歉，再次问路，才得以被猎人邀请，回到猎人在森林里的临时住所休息，补充食物和水。如果不是贵族能够自我反省，及时改正错误，只怕他还会遭到猎人的捉弄，也许还会在森林里遭遇危险呢！

人与人的交往，一定要建立在尊重和平等的基础上。不管一个人的身份是低贱还是卑微，在人格上都是平等的。因而，我们既不能妄自尊大，也不能妄自菲薄。只有不卑不亢地与他人相处，才能让人际关系得到改善，也能如愿以偿地建立人际关系网。不管是谁，都想得到他人的尊重，这一点是毋庸置疑的。因而，我们必须懂得礼貌，也要懂得运用心理学技巧，才能在与他人相处时如愿以偿地得到帮助。尤其是在与他人交谈时，必须把握好最初的五分钟，给他人留下良好的印象。否则，恶劣印象一旦形成，就会导致此后的交往无比艰难晦涩，也很难扭转。

提问要恰到好处，你掌握技巧了吗

在与他人交谈时，我们常常觉得艰难晦涩，似乎总也找不到顺畅自如的感觉，这是为什么呢？很多情况下，或者是你的话题选择得不好，也或者是你在与人交谈的过程中提问的方式有问题。很多人觉得提问只要是以提问的口吻说出一些问题即可，实际上，要想让交谈变得让人兴致盎然，提问是有技巧的。例如，提问时最好采取开放式提问的方式，和封闭式提问答案只能选择相比，开放式提问给他人更大的空间思考和回答问题。提问，问题应该具体，而不要空泛。只有问题具体，他人才更好回答。例如，你如果问一个人“今天感觉如何”，则对方很难找到一个准确的切入点进行回答。倘若你改变方式，问：“今天，你工作还顺利吗？”这样的问题，对方就很容易回答，既可以说说工作上的心得体会，也可以说说工作过程中让人高兴的人和事。此外，提问时，还应该问一些对方擅长领域的问题，或者是对方感兴趣的话题，也可以问问与对方有关的事情，这样对方一定会兴致盎然地说个不停。总而言之，提问题的技巧并没有绝对的规定，必须依靠我们在与人交往的过程中不断摸索和总结。只要你能够恰到好处地提问，他人一定会乐于回答，且能够传达给你很多有意义的信息。

作为一名保险推销员，安达一直想把自己的保险推销给一家大企业的老板。然而，这个老板明显表示对保险产品不感兴趣，因而几次把安达拒之门外。如何才能啃下这块硬骨头呢，安达显然不想放弃，因而他必须多动点儿心思。

有一天，安达无意间看到关于这个老板的一篇访谈，得知这个老板很喜欢攀岩。为此，安达决定从攀岩入手，找到与老板的共鸣。一个周五的下午，安达再次敲开老板的办公室。在老板还没来得及下逐客令时，安达拿出了一副攀岩的工具。看到攀岩工具，老板眼睛瞬间亮了。他问安达：“你也喜欢攀岩？”安达点点头，展示了自己胳膊上强壮的肌肉，说：“看吧，这就是攀岩

的成果。当然，也有伤痛。”说着，安达还展示了自己腿上的累累伤痕。老板的语气明显缓和下来，开始与安达进行客套的交流。安达问：“听说，你曾经在业余攀岩的比赛上获得过冠军呢！”老板听到安达提起他的得意之事，脸上马上神采飞扬，说：“当然啊。你是怎么知道的？”安达笑了，说：“您在业余攀岩界大名鼎鼎，谁人不知道您的大名呢！您简直太神奇了，很多大老板都疏于运动，没想到您会从事如此高难度的项目。”老板得意洋洋地说：“金钱重要，生命更重要。既然生命在于运动，我当然应该选择不停地运动。”安达羡慕地说：“您能说说当时获得冠军的经历吗？很多朋友听说我认识您，都想要得到您的签名呢！”接下来的一个多小时里，老板一直在滔滔不绝地讲述自己的攀岩历程。安达呢，则一直全神贯注地听着，时不时地点头表示赞许，有时还会给老板竖起大拇指。要告辞的时候，安达才把那副攀岩专用工具送给老板，并且把工具上专业攀岩冠军的签名指给老板看。这份礼物，简直深得老板的心，因而老板连连感谢。

随后的几个月里，安达经常以学习者的形象跟随老板一起去攀岩。日久天长的相处，让老板越来越信任安达。最终，他不但从安达手中购买了私人的保险，还把整个公司的职工保险也交给安达去做。

在与老板交流的过程中，安达显然掌握了提问题的技巧。虽然人们常说好汉不提当年勇，但是现实生活中的很多好汉都希望说说自己曾经的传奇经历，以得到他人的认可和赞赏。老板虽然位高权重、腰缠万贯，但是也难以逃脱这个规律。因而，安达的提问非常巧妙，不但问起了老板曾经获得攀岩冠军的经历，而且还让老板详细讲述当时的英勇壮举，从而极大地满足了老板的自尊心和自信心。

提问的技巧，说一千道一万，归根结底也就四个字，即“投其所好”。只有把问题问到对方的心坎儿里，对方才能乐于回答，也才能心甘情愿地发表长篇大论。在这一来一往地问答中，交谈的人彼此之间一定能够加深了解，沟通更加顺畅自如。

换位思考，把话说到他人心里去

很多人说话让人觉得乏味，归根结底，是因为他们一味地以自我为中心，根本不考虑他人的感受。或者在遇到分歧时，他们更是据理力争，只会站在自己的角度考虑问题，与他人挣得面红耳赤，最终争赢了他人，却失去了友谊，渐渐失去了好人缘。面对这种情况，要想改变，最重要的方法就是学会换位思考，从而才能成功地把话说到他人心里去。

所谓换位思考，就是把自己放在他人的立场上考虑问题，从而避免过于主观地强迫他人接受我们的意见和态度，更容易体察他人的想法和主张。尽管人们都说要尽量做到客观公正，但直观性却是不可能完全消除的。唯有换位思考，才能让我们在遇到分歧和争执时，尽量保持冷静和理智，真正做到把话说到他人心里去。如此一来，人际关系也得到极大改善。在日常生活中，你可曾遇到过这样的情况：你独自滔滔不绝地说着，但是对方却对你的话充耳不闻，或者左耳朵进，右耳朵出，根本满不在乎你在说什么。尽管对方也会时而点头时而“嗯嗯”，但是你的话实际上都变成了空气，仿佛从未存在过。在这种情况下，聪明人一定不会继续自顾自地说下去，而是会马上调整交谈的思路，改变交谈的方式，甚至更换交谈的话题，从而努力做到把话说到对方的心里去。这也就要求我们，不能一味地只顾着说我们想说的，而应该尽量说些对方想听的。尤其是当对方与我们的意见和观点不一致时，一味地否定和灌输不可能起到很好的效果，只有从内心深处打动对方，我们才能让对方听进去我们的话，从而作出改变。

一个年轻人服兵役期间参加了残酷的战争，谢天谢地，他活了下来，没有被战争夺去生命。在旧金山，他给远在乡下的父母打电话说：“爸爸妈妈，我回来了。我正准备回家，但是我有个不情之请：我的一位朋友，他在战场上不幸踩到了地雷，身受重伤。如今的他已经变成重度残疾，失去了双腿，还失

去了一只眼睛。他没有家人，也没有亲戚朋友，因而，我想把他一起带回家，和我们共同生活。”父母对于孩子即将回家的消息都很高兴，但是对于孩子口中的战友，父亲犹豫不决地说：“孩子，你的战友的确很可怜。但是我想，我们可以帮他找到其他住处，而不必和我们全家人拥挤地一起生活。”年轻人执拗地说：“但是，我想带他回家，我想让他与我们全家一起生活。”母亲接过电话，着急地拒绝：“儿子，事情绝不像你想象得那么简单。一个重度残疾的人，必然面临很多生活的不便和困难。你千万不要一时冲动，这是一个沉重的包袱。”儿子失望地挂断电话，他的父母继续在家中等待他的归来。然而，几天之后，旧金山的警察局打电话给年轻人的父母，让他们去认领尸体。父母简直如同遭遇晴天霹雳，赶紧搭乘飞机飞往旧金山。在看到儿子的尸体时，他们悲痛欲绝地发现，他们的儿子失去了双腿，且只有一只眼睛。警察告诉他们，他们的儿子是以跳楼的方式自杀而亡的。

在这个事例中，如果父母能够换位思考一下，考虑到在残酷的战争中重度残疾的年轻人是多么悲观绝望，而又无处可去，就不会那么直截了当地拒绝儿子的请求，也就不会让残缺不全的儿子失去活着的希望。很多时候，我们换位思考，帮助的不是他人，更是我们自己。哪个人不会遇到一些困顿的局面呢，只有在他人需要的时候伸出援手，才能在自己遭遇困顿时也更加勇敢面对。

与他人交谈时，我们唯有换位思考，才能更好地表达自己的思想和感受，从而把话说到他人心里去，也就不至于让他人感到绝望和无助。

不要随意打断他人说话，更别插嘴

尊重他人有很多细致入微的表现，其中对于交谈最重要的一条，就是不要

打断他人说话。在交谈过程中，总有些人不管他人在说什么，只要自己兴之所至，就马上插话，这让人觉得很不舒服。记得小时候，爸爸妈妈和老师都教我们要仔细聆听他人说话，不要随意打断他人说话。然而，时光流转，几十年后的今天，我们依然要老生常谈，再次重申这个问题。

打断他人说话本身就是很不礼貌的行为，除非不得已的情况，即使我们想要表达什么，也应该耐下心来认真听对方把话说完。从尊重对方的角度来说，不打断对方说话是基本的礼貌行为，从我们自身的角度来说，只有认真听对方把话说完，我们才能最大限度地了解对方，从而帮助自己更好地进行谈话。有些人不但打断他人说话，还会随意发表自己的言论，如此一来，更让对方感到不被尊重。在这种情况下，对方又怎么会与你愉快地交流呢！

虽然李鹏品学兼优，但是老师就是不喜欢他，这是为什么呢？原来，李鹏思维敏捷，却也因此有一个坏毛病，即总是喜欢随意打断老师的话，并且自以为是地插话。在课堂上，当其他同学都聚精会神听讲时，李鹏却手也不举，就质问老师："老师，这个题目不应该这么解答吧？"刚开始时，老师觉得他勤学好问，还经常表扬他，但是随着他的这个毛病愈演愈烈，老师越来越反感他。很多时候，老师正在按照自己的思路聚精会神地讲课，就被他强行打断了，因而不得不缓冲一下思维再重新来过，由此导致课堂任务常常不能按时完成。

这不，前几天老师正在讲读一篇作文，正当老师绘声绘色地为同学们朗读时，李鹏突然喊道："老师，这篇作文里说得不对……"老师对李鹏怒目以视，李鹏却毫无觉察，继续喋喋不休。因此，老师见到李鹏都怕了，每次上课前都要再三强调同学们不许随意打断老师讲话，更不能随随便便地插话。

当你随意打断他人讲话，并且在不明就里的情况下就随便插话时，你的发言一定含金量很低，甚至还会起到事与愿违的效果。通常情况下，打断他人说话且随意插话的人，一定是缺乏耐心听完他人所有发言的人，也因此会闹出很多乌龙笑话。谁让中国文字博大精深呢，既有正叙，也有倒叙，还时常会有正

话反说的情况。因此，不等到了解所有情况就盲目作出评判，一定是缺乏理智的愚蠢行为。

当你能够耐心听完他人的发言，你就会发现很多事情其实并非你想当然的那样。而且，在沉下心来静听他人讲述的过程中，你也会拥有平和的心境。由此可见，打断他人说话而随意插话，不但是不尊重他人的表现，也让自己的心变得更加浮躁。只有潜心下来，耐心地听完他人的表达，再经过仔细的思考，我们才能表达自己的思想和观点。人与人之间的彼此尊重，很多时候都体现在不引人注意的小节。从今天起，我们只有更加注重提升自己的涵养，才能成为一个受欢迎的人。

要想与他人交好，就要给予他人面子

生活中，每个人都非常在乎自己的面子。我们唯有给予他人面子，才能顺利与他人交好。那么，给予他人面子除了尊重他人之外，还应该学会帮他人打圆场。任何时候，丢面子都是难堪和尴尬的体验，因而我们要时时处处都给他人留面子，才能成为深受欢迎的人。如果他人在某个场合下丢了面子，你恰恰就在现场，那么恰到好处地打圆场则能帮助他人找回面子，也能够帮助你找回友谊。总而言之，面子问题在现代社会是不可小觑的问题，我们必须引起足够的重视。

所谓打圆场，在现实生活中是非常常见的现象。只要我们细心、留心，就能发现很多打圆场的现象。通俗地说，所谓打圆场，就是从他人的角度出发考虑问题，帮助他人找到恰到好处的理由，以便缓和激烈和紧张的气氛，做到让在场的人都放松下来，从而气氛更加和谐。人们常常因为各种各样的问题产生

争执，或者发生纠纷，在这种情况下，如果你能让现场气氛变得融洽，则大家都会感激你。通常情况下，打圆场的都是局外人。不过，如果事发突然，或者没有其他人能够打圆场，则我们自己也是可以打圆场的，这样不但给予对方面子，也为自己找回面子。

一年一度的年会就要开始了，在主持人说了开场白之后，轮到张董事长讲话。不想，话筒突然发生故障，不停地发出刺耳的声音，导致台下人声鼎沸，大家议论纷纷。显然，张董事长有些尴尬，不知道如何改变局面。这时，机灵的主持人从张董事长手中接过话筒，先是拍了拍，以减少共振，接着又对着话筒喂了好几声，在证实话筒的故障已经消除之后，才大声对着台下的职工们说："因为张董事长的威严，话筒都吓得哆嗦了，不停地吭吭唧唧。现在，话筒已经恢复了正常，因为它知道让张董事长通过它说话，是它三生有幸。对于我们在场的每一个人而言，能够聆听张董事长的教诲，同样是三生有幸。现在，就让我们平静下来，用绝对的安静欢迎张董事长的发言吧！"主持人的话音刚落，台下就爆发出热烈的掌声，张董事长这才恢复神色，坦然地拿着话筒开始讲话。

在这个事例中，张董事长面对话筒的临时罢工，再加上台下的职工们议论纷纷，显得非常尴尬。作为位高权重的董事长，他当然不愿意提醒大家保持安静，也不好意思反复证实话筒有没有恢复正常，幸好担任年会主持人的下属非常有眼力见，因而在这个千钧一发的时刻，主动接过张董事长手中的话筒，帮助张董事长验明话筒能否正常使用，而且还为这片刻的喧闹进行了简短的致辞，成功挽回了张董事长的面子。可想而知，张董事长虽然当时没说什么，但是心底里一定非常感激机灵的主持人眼明手快地为他找回面子。因此，这个主持人的职业生涯在未来必然发展得一帆风顺，因为他不但得到了张董事长的赏识，也将同时得到张董事长的提携。

在很多社交场合，任何微妙事件的发生都会影响全局的和谐融洽。我们不管是作为当事人，还是作为旁观者，都应该抓住机会给足他人面子。这样一

来，得到面子的人一定会对我们产生良好的印象，甚至会在机会允许的情况下给予我们更多的提携和帮助。总而言之，多个朋友多条路，不管是谁，多个朋友总比多个敌人好。更何况，很多面子都是顺手拈来的，做个顺水人情当然是最好的选择。

打破难堪的沉默，你必须学会没话找话

在与他人交流的过程中，显而易见，最尴尬的事情就是突然间冷场，彼此相对两无言。这种无话可说的沉默，让人觉得最尴尬和难堪。对于此情此景，是让沉默和尴尬继续生发开去，还是赶紧想办法打破沉默，没话找话说呢！作为社交高手，你当然知道应该没话找话说，只有打破难堪的沉默，才能让谈话氛围渐渐调动起来，变得热烈而又真诚。

从某种角度来说，没话找话说是一种艺术，很多喜欢搭讪和聊天的人都喜欢没话找话说，但是真正善于聊天的人却非常擅长没话找话说。这两者有着本质的区别，喜欢没话找话说的人不一定能成功打破尴尬的沉默，擅长没话找话说的人即使在难堪的沉默中，也能成功调动大家的谈兴，让大家变得兴致盎然地交谈。

实际上，没话找话说是有技巧的。在对方逐渐冷却的谈兴面前，你必须找到最佳的话题，才能成功激起对方的谈兴。否则，虽然你万分努力，但是对方却不以为然，甚至对你费尽心思才找到的话题充耳不闻，岂不尴尬？！不可否认的是，任何交谈都要以话题为媒介。如果没有合适的话题，即使再健谈的人，也无法让谈话气氛热烈地进行下去。既然是交谈，就必须至少有双方存在。因而，我们只有勾起对方的谈兴，才能调动谈话的氛围，让谈话更加热

烈，让参与交谈的人更加真诚和投入。

通常情况下，最新的热点话题是比较保险的交谈选择。这是因为最新的热点问题通常不涉及具体的人和事，因而无须担心会招致对方不悦。此外，时事话题也是可以信手拈来的。作为现代社会的知识青年，大家一定都很关心时事新闻，也会及时了解各种国家大事。当然，这是从广阔的角度来看，如果从个人的角度出发，倘若你足够了解对方，则说些对方感兴趣的人和事也是不错的选择。每个人都有自己的兴趣所在，当你投其所好，向对方伸出橄榄枝，对方一定也会马上作出回应，甚至热烈响应。总而言之，面对冷场所提出的话题，一定要竭力避免封闭性，否则当话题再次很快短路时，等待着我们的将会是更加尴尬的沉默。

这次相亲，夏夏根本不想来，是妈妈逼着她来的。妈妈每天面对已经三十二岁的夏夏，简直心急如焚，生怕夏夏变成没人要的老姑娘。实际上，夏夏只是一直没有遇到合适的人而已。她早就暗暗下定决心，只要心目中的白马王子出现，她一定立马就把自己嫁出去。

周日早上十点钟，夏夏准时出现在约定的咖啡厅。早上喝咖啡，这似乎有些别扭，毕竟这是个应该睡懒觉的上午。当夏夏接近那个预定的座位时，远远地就看到一个英俊帅气的面孔，她不由得在心里暗暗祈祷："希望他有一米八高，能够搭配得上我的身材。"此时此刻，夏夏早已忘记自己是被妈妈逼着来的事实，一味地只祈求这个看起来很有眼缘的男性是她的真命天子。果然，走到近处时，夏夏看到了对方的大长腿，心中不由得暗暗舒了口气：嗯，就凭这双大长腿，一定也是个高大帅气的美男子。看到夏夏来了，那位男士站起身来表示迎接，哇塞，足足比一米七的夏夏高了大半头，看来至少一米八五以上。终于遇到了这个看起来很合眼缘的人，原本性格活泼就像男孩子一样的夏夏突然间沉默了，而且满脸通红，她居然害羞了。

看到夏夏的样子，男士也有些尴尬。过了足足有一分钟，他才问夏夏："你想喝点儿什么？"夏夏头也不抬地说："卡布奇诺。"男士喊来服务员，

为夏夏点了一杯卡布奇诺，还体贴地点了一块巧克力慕斯。夏夏惊讶地问："你怎么知道我喜欢吃巧克力？"男士笑了，说："你和我妹妹一样喜欢喝卡布奇诺，所以我想你也许和她一样喜欢吃巧克力慕斯。这家咖啡店的慕斯很好吃，你应该会喜欢。"夏夏问："你还有个妹妹，她多大了？"看得出来，男士平日里一定很疼爱妹妹，因为他开始滔滔不绝地讲述关于妹妹的很多事情。夏夏听完他的讲述，不由得笑起来："你一定是个好哥哥。"男士笑了，说："我相信凭着我和妹妹相处的经验，我也会是一个称职的男朋友。""那可不一定，能够满足妹妹的疼爱，未必能让女朋友也满意。""当然，但是对女朋友却一定要有对妹妹的疼爱。你呢，你有兄弟姐妹吗？"就这样，话题从卡布奇诺到男士的妹妹再到夏夏的情况，非常自然地，他们相谈甚欢。分别时，他们彼此留下了联系方式，并且约定下个周日老时间依然在咖啡馆见。

相亲，对于从未有过这种经历的人而言，一定觉得是非常尴尬的。尤其是当两个原本陌生的人都很不健谈，甚至不知道应该说些什么的时候，那难堪的沉默简直让人心跳加速，不知如何是好。然而，只要其中有一方能够没话找话说，提出一些恰到好处的能够激起对方谈兴的话题，尴尬的沉默马上就会结束，甚至会让彼此都相见恨晚，谈到分手时依然意犹未尽。

现实生活中，我们经常需要面对这样的沉默，或者是陌生的，或者是尴尬的，总之不是那么让人愉快的。我们唯有掌握没话找话说的技巧，成功打破沉默，才能让这一切都迎刃而解，也才能帮助彼此顺畅地交流。

第13章

冷静应对危机：打消心结构建友好关系

在日常生活中，人与人之间难免会产生矛盾和冲突。在这种情况下，我们千万不要情绪激动，而应该保持冷静和理智，才能寻求最好的办法解决问题，缓解人际关系，从而消除误解，彼此真心相待。尤其是当危机发生时，千万不要延误，只有及时化解矛盾，才能在时间的帮助下与他人恢复友好交往。

夫妻床头吵架床尾和，人际关系也是如此

民间有句俗话，夫妻不记隔夜仇，床头吵架床尾和。这句话的意思是说，夫妻之间作为至亲至爱的人，一定不要因为各种琐碎的矛盾，导致彼此之间发生冷战，甚至误解产生很久也不能做到及时和好如初。在这种情况下，必然会伤害夫妻感情，导致彼此之间无法破镜重圆，甚至日渐产生隔阂。因而，为了维持夫妻间的感情，夫妻在发生矛盾或者产生误解时，一定要及时化解矛盾。当然，不仅仅夫妻关系如此，很多人际关系都应该遵循这个定律。

不管因何原因，矛盾一旦产生，及时沟通、化解矛盾，是很有必要的。常言道，没有过不去的火焰山。人际关系也是如此。只要人们彼此之间怀着真诚友好的心愿，努力地消除误会，一切误会就都会烟消云散。与此恰恰相反，如果人们彼此之间不能真诚友善，向着好的方向努力，就会由于人为原因导致误解不断加深，最终致使矛盾不可调和。因而，人与人相处时努力做到防患于未然是很有必要的，即使彼此之间发生误解，也要及时解决问题，不要无限拖延。所谓量变引起质变，很多误解最终变得不可调和，就是因为矛盾的持续积压和累积。当然，需要注意的是，我们所说的及时解释和消除误会，并非是在事情发生当时就一味地纠缠对方要作出解释，毫无疑问，任何人情绪的极度愤怒和波动，都是需要一段时间消化和恢复平静的。因而即使再怎么心急，我们也要耐住性子，更好地对待这一切。

晨晨是个性格倔强的女孩子，从小就特别要强，不管做什么事情都希望自己能够拔得头筹。在读大学期间，晨晨交往了很多朋友，彼此间关系亲密。有

段时间，晨晨简直觉得自己是世界上最幸福的人，因为有这么多喜爱和欣赏她的朋友们陪伴在她的身边。

有一天，晨晨因为一件小事，与最心爱的好朋友依依闹了矛盾，相互间谁也不理谁，就像陌路人。事后想一想，晨晨觉得其实也没什么大不了的，她已经想不起来自己当时为什么一言不合就与依依吵闹起来了。思来想去，晨晨很想向依依道歉，但却始终抹不开面子，她暗暗想道：既然我都能够意识到自己的错误，为什么依依不能也主动反省自己，向我道歉呢？这么想着，晨晨始终没有把道歉的话说出口。过了很久，晨晨过生日，在与很多朋友一起吃饭唱歌时，晨晨突然想起去年生日时依依攒了好几个月的钱，为她买来了那件她心仪已久的礼物——一瓶价值不菲的法国香水。闻着熟悉的香味，晨晨想到了依依，拨通了依依的电话。然而，电话那头传来忙音，在四处打听之后，晨晨才知道依依已经因为父母的工作调动，去了法国。从此之后，这两个原本心心相印的好朋友就天各一方了，晨晨觉得无限伤感：再见不知何年何月，也许早就物是人非了。

如果晨晨能够尽早向依依道歉，或者向依依解释，与依依和解，则依依就能够在离开法国之前与晨晨告别，好朋友之间还可以采取各种方式保持联络。如今，依依却带着遗憾去了遥远的法国，也许在很长时间内与晨晨天各一方。随着时间的流逝，他们的误解也许会渐渐淡去，但是他们失去联络的友情也会越来越淡。

时光荏苒，生命如逝，任何时候，我们都应该保持宽容的心。尤其是对于身边的朋友亲人，其实本来没有什么大不了的矛盾，也没有过不去的坎儿。只要彼此宽容，能够想到每个人都是向死而生的，也就能够放宽心胸，不再斤斤计较。总而言之，任何矛盾一旦发生，就要及时解决。否则，矛盾就会日渐积累，就像一个人生病，先是病在肌肤，渐渐病入膏肓，让人追悔莫及。人们常说，退一步海阔天空。很多情况下，退一步不但海阔天空，还会有意外的收获。

一句背后赞美，抵得上百句当面赞美

现代社会，不管是父母对待孩子，还是成人之间的彼此交往，人们都更加重视赞美的重要作用。因而，与以往的不好意思直接赞美他人相比，现在越来越多的人把赞美挂在嘴边，动不动就赞美他人。虽然慷慨的赞美有利于人际关系的提升，但是泛滥的赞美却往往事与愿违，导致一切事情改变了味道。很多人在听到他人频繁的当面赞美时，总觉得这份赞美是虚情假意的。因而，他们非但不感激他人的赞美，反而对他人心生抵触，甚至产生戒备心理。在这种情况下，慷慨地给予他人赞美已经不是当务之急，最要紧的是如何采取最恰到好处的方式，才不至于让赞美产生误解。只要用心细心，赞美还是有很多办法让他人相信的。例如，对于初次见面的陌生人，我们应该赞美其显而易见的优点；对于熟悉的人，我们应该赞美他们不为人注意的地方；对于虚荣心强的人，我们可以当着他人的面给予赞美；对于低调内敛的人，大张旗鼓的赞美往往使其感到不适，唯有真诚的发自内心的赞美，才能让他感受到你的用心……在诸多方法中，最好的赞美方式就是背后赞美。何为背后赞美呢？顾名思义，就是在被赞美者不在场的情况下，真诚地当着他人的面赞美他们。要知道，和容易让人误以为动机不纯、涉嫌溜须拍马的当面赞美不同，背后赞美时，被赞美者并不在场，因为不会涉嫌别有用心。也是从这个角度出发，恰恰证明了背后赞美一定是发自内心的，否则谁会在当事人不在场的情况下拍马屁呢！由此一来，背后赞美便成了真诚赞美的象征，一句背后的赞美，往往抵得上一百句当面的赞美。因而，聪明人一定会使用背后赞美的方法，给予他人真诚的赞美，也实现自己打动他人的愿望。也因此，当他人从第三者口中听说你对他的背后赞美时，一定会对你刮目相看，甚至还会消除曾经对你的误解，与你化干戈为玉帛。

单蕾是个应届毕业生，毕业后就进入现在的这家公司工作，因为不懂得人情世故也不明白职场的很多潜规则，因而没少得罪人。这不，前段时间上司因

为单蕾负责的一项工作没做好，就大发雷霆，当着办公室所有同事的面训斥单蕾。单蕾从小在父母的细心呵护下长大，哪里受过这个气啊，因而当场与上司顶撞起来，弄得上司也非常难堪。为此，上司生气得愤然离去，不愿意再与单蕾沟通。

事后，学姐知道这件事，狠狠地批评了单蕾一顿，说："你这个黄毛丫头，初出茅庐，哪里懂得职场上的艰难啊！难道你以为上司也会和你的父母那样宠爱着你吗？别做梦了。对于上司，总归是应该尊重的。上司训斥你你还觉得丢脸，那么你当着那么多人的面顶撞上司，不买上司的账，难道上司不觉得丢人吗？如果不想办法尽快缓和关系，现在还是冷落你，过段时间就该找个理由辞退你啦！"听了学姐的话，单蕾这才意识到问题的严重性。然而，让她直接找上司道歉，她可不甘心也不好意思。如何才能既向上司示好，又保全自己的面子呢？思来想去，单蕾想出了一个好办法。

有天中午吃饭，单蕾特意凑到马凯身边，与马凯同坐一张桌子。原来，马凯是上司的心腹，上司不但工作上器重马凯，私底下也与马凯私交甚好。单蕾一边吃饭，一边漫不经心地谈起自己工作以来的感触。她不露痕迹地说："马凯，你最喜欢办公室里的谁呢？"马凯笑而不语，说："你呢？"单蕾逮住机会赶紧说："我最喜欢张主管。虽然他是我们的顶头上司，而且对我们要求严格，但是在他的管理下，我觉得自己进步神速呢！最重要的是，张主管特别宽宏大量。上次，我在办公室里公然与张主管顶撞，原本以为自己一定死定了，肯定会被开除。不承想，这都半个月了，张主管对我一如往昔，还是经常点拨我，帮助我。要不是张主管宽容，只怕我现在又在四处找工作了呢！"马凯笑着说："当上司也不容易，我们都要互相体谅啊！"事后，马凯在与张主管聊天时，自然而然地说出了单蕾的这番话，张主管笑着说："这个小丫头，还算是有良心，心思也挺细腻。"

不得不说，单蕾还是非常聪明的。她既不好意思直接找张主管道歉，又担心自己的工作不保，因而就想出了这个两全其美的好办法，既背后赞美了张主

管，收到了良好的效果，又保住了自己的工作，还有可能得到心中释然的张主管特殊的优待，简直好处多多。

任何时候，背后赞美他人的效果都是更加显著的，比当面的恭维显得更真诚，也更容易让人信服。尤其是在职场上与上司相处时，当面的赞美很可能被当成曲意逢迎、阿谀奉承，但是背后赞美则不存在这个问题。当有朝一日你的赞美传到上司耳朵里时，你一定会在上司心目中留下好印象。此时，即使你与上司此前有什么不愉快，也会烟消云散。

冰冻三尺非一日之寒，解铃还须系铃人

生活中，人们常说解铃还须系铃人。实际上，这句话的意思是告诉我们，当人与人彼此之间因为某个人或者某件事发生矛盾，则一定还要从源头上消除误解，才能真正解决问题。否则，如果任由矛盾酝酿发酵，也许最终会无法收场。

人是感情动物，每个人彼此之间的相处，都要建立在感情的基础上。也许这份感情有深有浅，有浓有淡，但是人们之间的情谊是肯定存在的。要想打动他人，我们必须以情动人。尤其是当人们彼此之间产生误解时，则更需要动之以情，晓之以理，才可能扭转局势，让人们更加彼此理解和体谅。打个比方来说，如果人与人之间的矛盾是坚冰，那么这根深蒂固的矛盾一定不是一朝一夕间就形成的，要想化解这矛盾，必须找到最合适的方法，才能从根本上解决问题。而融化坚冰的唯一方式，就是温情。毋庸置疑，每个人在生活中都有可能与他人发生矛盾，唯有以情动人，才能化解矛盾，让人们发自内心地彼此靠拢和贴近。当然，也许有人会说，有些人就是那么刀枪不入，冷血无情，即

使面对他人的苦苦哀求，也不为所动。其实不然。如果对方总是冷若冰霜，那一定是因为你没有找到合适的方法打动他。要想彻底融化对方心中的寒冰，我们就必须稍安勿躁，持之以恒。俗话说，只要功夫深，铁杵磨成针，民间更有人说，哪怕是块石头只要天天揣在怀里，也一定能够将其焐热。这些话，都告诉我们应该不停地往他人心中注入温情，最终一定能够如愿以偿地打开他人心扉，让他人发自内心地感动。

小敏是个脾气火爆的女人，当年当她发现丈夫与厂里的临时工鬼混时，便一气之下举报了丈夫，导致丈夫与那个不要脸的女人被捉奸在床。小敏不知道的是，当时丈夫正在面临下岗，因而心情郁闷，再加上丢了这个人，因而竟然一时想不开跳河自杀了。

此后的十几年，小敏也离开了厂子，四处打工挣钱，最终创业成功，成了一个小老板，也就是人们所说的女强人。这时，她才从十几年的悲痛和绝望中挣脱出来，决定回家看看跟随公公婆婆一起生活的儿子。然而，婆婆一看到小敏就歇斯底里地骂她，并且说是小敏害死了她的儿子，对此，小敏一语不发。她知道，无论丈夫犯了怎样的错误，他都是婆婆深爱的儿子。如今，婆婆白发人送黑发人，一定是心痛得都碎掉了。但是，小敏必须亲近自己的儿子，她不能让儿子失去了爸爸，再失去妈妈。为此，小敏每天都买礼物回家，陪伴公公婆婆，有时还会亲手给他们做饭。开始时尽管婆婆对她不是打就是骂，但是小敏打不还手骂不还口，任由婆婆处置。而且，她还真诚地请求婆婆的原谅。转眼间，一年多的时间过去了，如今的婆婆已经能够平静地面对小敏。有一次，公公半夜里突发心脏病，婆婆情急之下不知如何是好，便打通了小敏的电话。小敏接了电话马上赶回家里，和婆婆一起把公公送到医院。幸亏抢救及时，公公才算捡回了一条命。自此之后，婆婆虽然没对小敏说感谢的话，但是每天晚上做饭都会准备小敏的饭菜。由此，婆婆的心结渐渐解开了。

人与人之间没有绝对的深仇大恨，很多情况下，人们之所以迈不过心里的坎儿，只是因为心中的坚冰还没有融化。要想打动他人，我们必须真心诚意地

付出，这样才能在对方心里重新建立信任的关系，从而获得对方的谅解。

持之以恒的温情和关怀，能够帮助人们融化心中的坚冰，让人们再次敞开心扉，接纳他人。人世间的任何力量，都比不上爱与宽容的力量。只要我们足够努力，就一定能够攻克他人心中的堡垒，带着爱与温暖走进他人的心里。

以德报怨，是消除矛盾的最佳时机

人生不如意十之八九，没有任何人能够一帆风顺地行走于这个世界，即使能力再强的人，也不可能凡事都顺心如意。因而，每个人都难免需要他人的帮助，这样才能借助于外力，让自己的人生更加平顺一些。面对那些曾经伤害过我们，如今却急需帮助的人，你是选择无动于衷，还是选择伸出援手，这是个很为难的选择，但也是个很简单的选择。

常言道，多个朋友多条路。对于曾经的“敌人”，其实除非是在战场上，否则生活中并没有绝对意义上的敌人，只有相对的无法让我们满意的人，如果你一味地憎恨，一定很难化解怨恨。相反，如果你能够在对方需要的时候，以德报怨，慷慨地伸出援手，则也许就此机会就能解除对方的怨恨心理，从此化干戈为玉帛，从“敌人”变成互帮互助的朋友。所谓心病还需心药医，如果对方不需要帮助，你或许很难得到机会化解矛盾，因而当对方遇到困难时，恰恰是你消除矛盾的好机会。

曾经，有两个战士在硝烟弥漫的战场下结下了深厚的友谊。在经历一场败仗之后，他们不小心脱离了大部队，在森林里迷路了。他们又累又饿，还缺衣少食，足足走了三天，也没能走出漫无边际的大森林。在第四天时，两个战士都奄奄一息了，他们彼此约定如果有一个人能活着出去，就把另一个人的父

母当成自己的父母赡养。幸运的是，他们猎到了一只小动物，才勉强获得了食物。他们约定只吃很少的食物，这样才能坚持更长的时间活着。

一个战士背着食物在前面走着，突然间，有一颗流弹飞过来，击中了他的肩膀。他大喊了一声便倒下，他的战友赶上来，查看他的伤情。后来，他们不得不相互搀扶着往前走，森林里突然窜出一只猛兽，怒吼着向他们扑过来。受伤的战士奋不顾身地保护另一名战士，最终赶走了野兽，他自己却身受重伤。在奄奄一息中，他把食物交给战友，说："好好活着，别放弃。"战友看到他为了救自己而即将失去生命，不由得痛哭起来，哽咽着说："刚才的那一枪，是我打的。"他笑了，说："我知道。"战友更加悲痛欲绝："你知道？那你为什么还要救我？"他说："我摸到了你身上发热的枪管。我知道你想活，我也想活，我不怪你。记住，如果能活着出去，一定要把我的寡母当成你的母亲。"说完，他就断绝了气息。战友抱着他逐渐冰凉的身体痛哭失声，他凭着顽强的求生意志走出森林，离开部队后第一件事就是去看望去世的战友的寡母。

以德报怨，说起来很容易，但是真正能做到的人，一定要有着开阔的胸襟和宽容的胸怀。人与人之间难免会有矛盾，就像刺猬依偎在一起取暖一样，如果离得远了，必然觉得很冷，但是一旦离得近了，又会被彼此身上的刺扎伤。在这种情况下，只有以宽容的胸怀接纳和包容他人，我们才能更好地与人相处。如果想要化解他人心中的怨恨，则抓住他人困难的时候伸出援手，以德报怨，是最好的选择。

谦逊是美德，永远不要趾高气昂

生活中，人与人除了人格上的平等，在很多方面都是存在差距的，并不能

做到完全的平等。因而，总有些人因为自己某些方面领先于人，或者有着特殊的能力，就趾高气昂，不把任何人放在眼里。在这种情况下，他们必然失去真心结交的朋友，甚至变成孤家寡人。

如果你经常出入于社交场合，或者有很多朋友，你就会发现谦逊的人在人群中最受欢迎。他们总是很低调。即使有突出的地方，也不会因此而骄傲。他们从来不挑衅他人，因而显得特别有亲和力。正如民间的一句俗语，一瓶子不满半瓶子晃荡。这句话的意思是说，一满瓶的水反而不容易晃荡出来，但是半瓶子的水却很容易晃得洒出来。因而，我们都应该成为谦虚的一瓶水，而不要当骄傲的半瓶水。

人们常说，要高调做事，低调做人。这也就意味着我们可以在做事的时候极尽完美，但是在做人时却应该低调内敛。很多事情，并非我们努力去表现就能证明的。当你安静地做好自己该做的事，换来的一定是人们发自内心的佩服和心悦诚服。现实中，一个人即使再完美，也不可能得到所有人的欣赏和喜爱。当他人对我们怀着不满，我们却自以为是、趾高气扬，则显得对人缺乏尊重，因而也必然招来更大的不满。恰恰相反，我们必须低调，必须保持谦虚的姿态，这不仅能够表现出对他人的尊重，也能表现出我们的宽容忍让，因而能够顺利消除他人心中的不满，改善我们与他人之间的关系。

大学毕业后，万勇进入现在的公司工作。他虽然缺乏工作经验，而且学历只是大专，但是他在工作中勤学好问，而且总是以求教的态度向同事们请教，因而深得同事们喜爱。每天在办公室里，大家听的最多的话就是万勇的“张姐，能麻烦您教会我这个表格的做法吗？”“默默，我想请教您做这个方案需要注意什么，您是经验丰富的啊！”“马哥，我不知道哪里做错了，你可以给我指出来吗？”随着万勇的问题越来越多，他的能力也得到快速提升。当然，因为他的勤学好问和谦虚礼貌，同事们也越来越欣赏和认可他。但是，万勇的顶头上司张主任貌似并不喜欢他，而且经常排斥他。

对这一点，万勇心知肚明，但是他知道自己在公司里资历尚浅，既没有资

本与上司抗衡，也没有必要因为上司的喜好影响自己的前途。因而，他始终保持谦虚的心态向上司请教。有一次，公司要举行公开竞聘，万勇所在的部门也需要从内部提拔一名副主任。轮到万勇发言时，他说："我也赞同张主任的意见，同意让马哥当副主任。在这里，我还要感谢大家一直以来对我的指点和帮助，如果没有你们的倾心传授，我也许现在还无法胜任工作呢！当然，我尤其要感谢张主任。一直以来，张主任都很宽容地对待我，我工作经验不足，工作上常常出错，张主任始终包容我。如果没有张主任的指导和教诲，我根本无法取得进步。"说完，万勇给大家深深地鞠了一躬。万勇这次的表现，给张主任留下了良好的印象。从此之后，张主任开始赏识万勇，而且经常找机会提拔万勇。

对于一个低调谦逊的下属，上司没有理由总是给其小鞋穿，更没必要阻碍他的发展。万勇以自己谦虚的态度，赢得了上司的好感，最终帮助上司打消对他的不满，甚至开始赏识和提拔他。由此可见，尤其是在职场上，我们一定要摆正自己的姿态，千万不要随意地给自己树立敌人。

谦虚是一种美德，趾高气昂的人很难招人喜欢。在秋天的田野里，饱满的果实一定低沉着头，只有空空的果实才会高昂着头。做人也是这样，越是内涵丰富、有真才实学的人，就越是能够潜下心来，把最谦逊的一面展现给他人。任何时候，我们都不能忘记谦逊的美德，它能给我们的人生带来更多的惊喜和收获。

满满的认同，让对方不再与你针锋相对

毋庸置疑，每个人都希望得到他人的认可，因为这是我们社会价值的极大表现。遗憾的是，生活中却总有些人喜欢并且擅长与他人唱反调，对于他人的

优点他们总是视而不见，对于他人的缺点，他们却总是无限放大，如此一来，他们就有了更多的理由否定他人，或者与他人争辩。毫无疑问，在人际交往中，这样的人是不可能受欢迎的，因为没有人愿意一直生活在他人的否定中。最直接导致的后果就是，人们越来越远离这些人，不再愿意与他们交往。

当然，因为每个人的脾气秉性、生活经历、教育背景等的不同，所以每个人对待人和事都有自己的看法。在意见不一致时，你是选择直接否定他人，批判他人，还是选择以委婉的方式表达自己的观点，同时也尽量争取不要激怒他人？答案当然是后者。与他人针锋相对的辩论固然畅意，然而生活中这样的经历多了，你就会发现自己身边的朋友越来越少。因而，我们必须选择合适的方式与他人交流，才能避免这样尴尬的情况出现。

作为一名保险推销员，刘红是非常有谈话技巧的。即便再难缠的客户，到了刘红这里也会乖乖缴械投降，这一切都是因为刘红熟知人们的心理，而且能够据此运用最合适的交谈技巧。

前段时间，刘红登门拜访一位客户，刚刚敲开门，她就开门见山地说："您好，王先生，我已经给您做好了保险计划书。现在，咱们就来详细谈谈吧！"不想，王先生显然不配合，而是直截了当地说："我对保险不感兴趣。所谓保险，都是保生不保死的。钱交了，你们就再也不关心我们了。"刘红显得很惊讶，但是她并没有直接反驳客户，而是和颜悦色地问："哦，您为什么会这么想呢？可以告诉我您的理由吗？"王先生显得很内行地说："现在通货膨胀这么厉害，十年前的三千元抵得上现在的三万元。而我如果从现在交给你们几万元，等到十几二十年再把钱拿回来时，这几万元岂不是也就相当于打水漂了么！"听了王先生的话，刘红笑起来，说："王先生，您说得很对。现在通货膨胀这么厉害，钱越来越不当钱用了。正因为钱存在银行里不停地贬值，而且人们需要花在医疗上的钱也越来越多，因此才需要保险。大多数人之所以死去，肯定是因为意外事故。现代的医学如此发达，一般的疾病肯定都是可以治愈的。对于我们而言，最痛苦的事情就是疾病明明是可以治愈的，却因为没

有钱而看不起病。再如，正如您所说的，您现在所交的钱等到十几二十年后，肯定不值钱了。不过，保险不是理财。如果您是想追求高额回报，我建议您可以购买理财产品。但是作为您的保险顾问，我觉得您首先应该购买保障型产品，保障您和家人的健康安全，其次才能考虑理财产品，以求用钱生钱，您说呢？”刘红的一番话，让王先生陷入了沉思。经过一番仔细的思考，他决定听从刘红的建议，先用仅有的钱购买保障型产品，为全家人的健康安全保驾护航。等到有闲钱周转时，再购买理财产品，这样也能帮助家庭改善经济状况。

在这个事例中，如果是普通的保险代理人，一定会刚开始说话就先否定王先生对保险的错误观点。然而，刘红没有这么做。她首先肯定了王先生对保险的理解，这样才能让王先生静下心来听她往下说。接下来，刘红才从容不迫地为王先生分析了他现在急需满足的需求，而且帮助王先生区分清楚保险和理财的不同含义。如此一来，王先生怎能不心服口服呢？！

任何时候，面对他人的不同意见，尤其是面对客户的不同意见，我们千万不要张口就否定对方。要知道，没有人愿意被否定，更不喜欢自己的想法被批驳得体无完肤。一切的交流都必须建立在尊重和理解的基础上，因为我们也要适时肯定他人，表达尊重，然后再委婉地表达我们的不同意见，从而使对方心平气和地接受。如此一来，就能有效避开与对方针锋相对的局面出现，也让交谈的氛围更加愉悦。

志同道合，是彼此间亲密的最好理由

通常情况下，有血缘关系的人会存在亲情，彼此关心和照顾；没有血缘关系的人，要想更好地相处，则必须有一些共同点，或者从对方身上发现吸引自

己的地方。例如，有些人有着共同的志趣，有些异性之间则是因为性情相投，或者是情投意合，还有人之所以亲密，则是因为有着共同的兴趣爱好。总而言之，人与人之间必须相互吸引，才能最大限度地接纳和包容对方，一起携手朝着人生的美好未来走去。

对于陌生的人，或者是彼此不够熟悉的人之间，往往会因为隔阂产生距离。在这种情况下，要想拉近彼此间的距离，就应该相互了解，最好能够发掘到共同的兴趣爱好，也发展出相似的理想和志向。唯有如此，人们彼此之间才能变得亲近，也才能更加和谐友爱地相处。曾经有心理学家经过研究证实，人们的确愿意亲近那些与其有着共同兴趣爱好、志同道合的人。因此，当我们想要接近一个人时，不如找到自己身上与其相似的兴趣爱好，这样就能起到事半功倍的效果。

作为柯达公司的创始人，伊斯曼为了在罗彻斯特建造一座剧院、一座纪念馆和一座音乐馆，捐赠了巨额的款项。当消息散布出去，很多制造商闻讯赶来，都想承接这三座建筑物内的座椅。然而，他们都被伊斯曼拒绝了。后来，一个不是很出名的承包商亚当森也赶来，但是伊斯曼的助理却给他当头泼了一盆冷水："虽然你心急如焚，恨不得马上把这笔9万美元的订单拿到手，但是伊斯曼先生非常珍惜时间。如果你的发言超过五分钟，相信你肯定没希望了。"亚当森感谢了助理，带着自信的微笑走进伊斯曼的办公室。

此时此刻，伊斯特正埋头在文件堆里，因而，亚当森安静地等待着，同时开始环顾伊斯曼的办公室。过了没多久，伊斯曼抬起头，看到亚当森安静地站在他的面前，因而有些厌烦地问："您有什么事吗？"亚当森点点头，说："伊斯曼先生，您这间办公室装修之巧夺天工，让人感叹。"听到亚当森的赞美之词，伊斯曼非常兴奋地说："哎，你发现啦。实不相瞒，这间办公室是我自己设计和主持装修的。尽管我花费了很多心力在上面，但是后来因为工作忙碌，始终没有时间细细欣赏。"亚当森指着墙上的书柜，说："这个谁，如果我们没看错，应该是英国橡木，而不是人们常用的意大利橡木。它的纹理很独

特，就像是一件雕刻精美的艺术品。”伊斯曼兴奋不已，居然站起来与亚当森握手，口中连连说道：“你很识货，你很识货。”在亚当森羡慕和赞许的眼神鼓舞下，伊斯曼居然放下手里的工作，开始亲自带着伊斯特欣赏他的办公室。看得出来，伊斯曼的确在办公室的装修上煞费苦心，几乎每件不起眼的小饰品，都能勾起他满满的回忆。后来，他在讲述完办公室独具匠心的巧妙布置之后，居然开始向亚当森讲述自己的童年生活以及青壮年的奋斗历程，他滔滔不绝地说着，直到中午时分才恋恋不舍地结束谈话。

直到与伊斯曼告别，亚当森绝口未提关于座椅的生意。然而，伊斯曼很清楚亚当森的来意，因而在亚当森离开不久，就派助理与亚当森洽谈相关事宜，很快就达成了合作的协议。

要想做事，先要做人。要想做人，先要得到他人的认可和信任。人与人之间，往往存在着隔阂和怀疑，只有我们表明自己的立场，告诉他人彼此之间是志同道合的，才能牢牢地吸引他人的注意力，得到他人的认可和赏识。如此一来，还愁生意谈不成吗？一切成功，都将水到渠成。

第14章

遇急事巧变通：能屈能伸才能游刃有余

民间有句俗话，“人挪死，树挪活”。这句话看起来是说人和树，实际上是告诉人们，面对多变的生活，必须及时调整思路和方向，千万不要墨守成规。此外，人生不如意十之八九，每个人在人生之中都难免会遇到危难的事情，只有能屈能伸，才能做到游刃有余，顺利渡过难关。很多人之所以因为一点小小的困难就被打垮，就是因为不懂得变通。倘若我们不管遇到多么突然和恶劣的情况都能灵活处理，生活也会变得更加从容。

临危不惧，大丈夫能屈能伸懂变通

生活中一定会存在很多困难，这一点是毋庸置疑的。那么，面对坎坷和困境，我们是成为坚强不屈的钢铁，还是能屈能伸地灵活应对，这往往给我们的命运带来深远的影响。为人处世，很多人只懂得方，却不知道“圆”也是必不可少的。如果说方代表刚硬，那么圆则代表柔韧，代表变通。谁的一生之中都能顺遂如意呢？当面对不如意，我们必须学会改变规矩。俗话说得好，规矩是死的，人是活的，规矩是人定的。因而，我们绝不能因为规矩，而把人框死。

细心的人会发现，不管是生活中还是职场上，那些懂得变通的人，往往能够更灵活地为人处世，也更容易得到大家的认可和赞赏。也许有人会说，懂得变通不就是圆滑吗？其实不然。凡事皆有度，懂得变通是合理的度之内的圆滑，圆滑则是过分的变通。任何事情，过犹不及，就像为人处世，既要精明，也要难得糊涂。

作为一个事业有成的商人，亨利手中有很多闲散资金。一个偶然的机会，亨利听到自己在政府部门工作的朋友说了一则消息，即位于市区东侧的郊区未来将会变成新城区，大肆动工建立商业、住宅和写字楼等。为此，亨利四处托人找关系，买下了那里的一大块土地。在亨利这么做的时候，家人朋友全都不看好，就连给亨利透露消息的那个朋友都跟着拦阻。然而亨利心意已决，便义无反顾地去做了。

果不其然，半年之后，非但规划没有通过，而且新任的政府班子还决定把城市往西部拓展，以后重点发展西部。这时，家人都抱怨亨利当初不听劝，

把所有积蓄都投到这样一块荒地上。亨利也意识到问题的严重性，但是他并不悲观。经过再三思考，亨利决定想办法盘活这块地，让它从荒地变成宝地。亨利首先去找了政府官员，告诉他们自己有块地没有太大用途，想要免费捐给政府。政府的负责人听说之后，当然非常高兴，不过亨利是有条件的，他说："我这个人一生之中没有伟大志向，但是小时候没有机会读书，因而想指定你们用这块地来建造一所大学。"就这样，在亨利的坚持下，他的那块地上，很快矗立起一所现代化的大学。亨利高兴不已，马上开始着手建造超市、游泳馆、商场等设施。原来，亨利只捐出去一半的土地，让政府帮他建造大学吸引人气，而他只待万事俱备，就开始建造各种商业和娱乐休闲设施，只等着赢利呢！

显而易见，亨利的思维是非常灵活的。对大多数人而言，当看到自己押上全部身家的土地失去很大一部分的价值时，一定会非常着急，甚至为此而上火。但是亨利不同，他尽管也着急，却从未失去理智，在他的匠心独运之下，这块土地变废为宝。尽管亨利失去了一半的土地，但是却把剩下的这部分土地巧妙利用，使其价值成倍增长。

生活中，即便我们无限渴望，事情也不可能总是让我们如意。要想更加从容地面对生活，我们就应该能屈能伸，即使面对困境，也做到安之若素，兵来将挡，水来土掩。唯有如此，我们的人生才能更加坦荡，不显局促。

未雨绸缪，才能做到狡兔三窟

一只小小的野兔，也生而具有忧患意识。它们只住着温暖舒适的巢穴还不满足，居然为自己准备三个出口，这样一旦有危险降临，它们就能够从容地

利用其他两个出口逃命，非常从容。更何况是人呢？虽然人是生物链的高端物种，是万物灵长的主宰，然而人比各种生物更多地面临残酷的处境。要想明哲保身，要想保存实力，就必须像野兔一样也未雨绸缪，不管做什么事情都先想好退路，这样才能进退自如。

所谓未雨绸缪，通俗地说，就是人应该有先见之明，能够把目光放得更长远些，从而预见到很多可能发生的情况，因而及早做好预案。人的一生之中，必然无数次面临突发状况，与其事到临头手足无措，不如提早规划，从容不迫。

在春暖花开的日子，百兽一片祥和，各种小动物都在一起玩耍。唯有一只狼，远远地躲开小伙伴们，独自在磨牙。狐狸看到狼紧张的样子，不解地问："这是春和日丽的好天气，大家都在愉快地玩耍，你为什么不和我们一起享受快乐呢？"狼默不作声，依然继续磨牙，直到把牙齿磨得又尖锐又锋利，它才停下来。狐狸在一旁观察狼，又问："猎人春日里只顾着呼呼大睡，猎狗也蜷缩在阳光下懒洋洋的，你为什么一定要磨牙呢！就连老虎和狮子，也都春困秋乏，正在睡大觉呢！"狼不屑地看着狐狸，说："你们只顾着玩耍，一旦危险临近，就只能听天由命了。我呢，我可不想冤死。我现在把牙齿磨得又尖锐又锋利，万一老虎和狮子突然发动攻击，最起码也能抵挡一阵。"正当狼说完这句话时，老虎突然呼啸而至。小动物们四处逃散，而狼因为有锋利的牙齿，所以得以活命。

虽然这只是一则寓言故事，但是其中蕴含的道理对于我们的生活却有深刻的指导意义。古人云，生于忧患，死于安乐。就是告诉我们应该随时保持警醒的状态，这样才能在危险到来或者遭遇困难的时候，有备无患。

近来，关于公司即将陷入困境的流言蜚语充斥着每个人的耳膜，对此，小娜对与自己同期进公司的安安说："安安，他们都说公司要垮台了，咱们是不是也应该早做打算呢！你有什么计划呢？"安安不以为然地说："公司哪有那么容易说垮台就垮台了呢，我觉得，我们还是安心工作吧。"小娜说："我

也不是说要跳槽，只是想着咱们是不是应该先找找其他合适的工作，这样也可以早作准备。万一公司倒了，咱们就换地方。如果公司继续发展，那当然是最好的，也省得折腾了。”安安对小娜的话不以为然，说：“我可不想杞人忧天。”小娜呢，每天下班之后都利用闲暇时间，在网上投递简历。果不其然，不出一个月，公司就因为经营失败破产了。当安安顶着三伏天的大太阳四处寻找工作时，小娜已经去提前了解和联系的那家公司面试了。由于前期准备工作做得好，小娜的面试非常顺利，第二天就去新公司上班了。

因为对待未来的不同态度和规划，导致小娜和安安的命运也截然不同。如果安安能够采纳小娜的建议，提前在网上投递简历找工作，则不但不会影响之前的工作，而且能够更好地面对突如其来的变故。

我们不管做什么事情，都应该提前谋划，未雨绸缪。唯有如此，我们才能适应瞬息万变的社会，也才能更好地规划自己的未来。

动嘴之劳帮人打圆场，轻松赚好人

在人际交往中，我们自己或者他人，常常会因为一言不合就陷入争执或者吵闹起来，导致彼此都很尴尬。在这种情况下，必须有人出面缓和气氛，或者最好能够有局外人帮忙打圆场，才能尽快摆脱尴尬，让气氛重新变得和谐融洽。所谓救场如救火，有些情况下用在这样的场合也不为过。

也许有人因为不想惹事上身，所以不愿意帮人打圆场。实际上，打圆场是救火的事情，但是做起来却轻而易举。对于口才好、思维敏捷的人而言，只要动动嘴皮子，就能卖一个大人情给他人，何乐而不为呢？！而且，不仅他人需要我们帮忙打圆场，很多情况下人们都是守望相助的，说不定哪一天，我们也

需要他人打圆场，这样的付出其实也是一种积累。尤其是当遭遇尴尬场面的时候，如果有人挺身而出打圆场，当事人一定会感激涕零的。

很多交谈之中的难堪场面，往往是突然发生的。对此，当事人往往不知所措。面对让人无比压抑和紧张的气氛，简直让人无法面对。因而，说打圆场的人救场非常贴切。现代社会，人际关系已经被提升到前所未有的高度，很多人都认识到拥有好人缘和丰富的人脉资源，是很难得的财富。也因而，人们更想结识更多的朋友。很多情况下，打圆场就是一个帮你给他人留下好印象的好办法之一。

曾经，有个理发师手艺高超，因而有很多年轻人慕名找到他拜师学艺。在诸多徒弟中，理发师最喜欢丁丁。丁丁很机灵，而且非常勤奋，因而一年多之后，师傅就让他单独给客户理发了。

第一次给顾客理发，丁丁非常紧张。在给顾客理发之后，顾客对着镜子左看右看，说："太长了点儿吧！看着好像跟没剪短似的。"丁丁很紧张，突然之间不知道该如何接茬。这时，师傅走过去说："您好，女士，这个发型的长度非常符合您的气质。您看看，您气质高雅，看起来斯斯文文的，一看就知道是有学识有修养的。如果头发长度太短，则未免显得有些不够沉稳。这个发型很配您。"听了师傅的话，女士高兴地笑了，说："您这位师傅，还真会说话，我的确是文化工作者。那就这样吧，长点也好，勤来修剪就行了。"

过了一会儿，丁丁开始给第二个顾客理发。这次，他吸取上次的教训，特意把顾客的头发理得短了一些。不想，这位男士理完发之后，左看看右看看，说："这个发型是不是太短了，不太合适吧。"丁丁尴尬地看着男士，头发已然剪短，很难马上变回来了。这时，师傅走上前去说："这位先生，看您的模样，应该也就二十七八岁吧。您这么年轻，而且看起来非常朴实，短头发能够让您变得更精神，更加神采飞扬。"男士听到师傅的话由衷地笑了，说："我已经三十二岁了，哪里还能再回到二十七八岁呢！我家儿子都两岁啦！"师傅惊讶地说："真看不出来。很多年长的人看起来脸色晦暗，您却满脸光彩，我

真以为您只有二十七八岁呢！您理了这个发型，肯定有很多人都说您才二十多岁！”年轻人听了，满意而去。

眼看着第三位顾客进门，丁丁战战兢兢，生怕剪短了，又生怕留长了，犹豫不决，因而手底下未免动作放缓，一个头发足足剪了一个小时才剪完。顾客站起来一边伸懒腰，一边抱怨道：“你肯定是新手吧，剪个头发用这么久。”丁丁满脸冒汗，师傅却开玩笑地说：“为首脑服务，当然要多花时间，多用心思啦！”顾客情不自禁地哈哈大笑起来。

等到顾客走后，丁丁如释重负地对师傅说：“师傅，看来当个理发师真不容易啊。不但要有好手艺，还要会打圆场。今天这三个顾客，如果不是您帮忙打圆场，我可真不知道如何应付。”师傅笑着说：“你可别小看理发师的工作。正如你所说，理发师每天都能见到形形色色的人，处于信息交流的集散地，不但要帮顾客理发，还要能与他们聊得来呢！”

通过这三个顾客，丁丁对师傅更加佩服得五体投地。原本，他以为只要学好手艺就能走遍天下，这才意识到还必须有个好嘴头，能够灵活地与顾客搭茬，才能真正做到让顾客满意而归。

生活中，我们经常会因为各种各样的原因陷入僵局，面对尴尬，在这种情况下，一定要想法设法地打圆场。即便身边没有帮手，也要“自救”。当然，在遇到他人尴尬难堪的时候，我们更要动动嘴皮子，做个顺水人情，帮他人“救场”。如此一来二去，你的人际关系怎么会不好呢！

面对他人挑衅，淡然相对最合宜

淡定平和，虽然说起来是非常简单的四个字，但是真正想做到这一点却

很难。每个人都是性情中人，因而当遇到不平之事时，难免会觉得情绪激动，很难按捺自己。实际上，只要我们认清了生命的本质和存在的价值，也知晓自己的人生目标，就会在很多无关紧要的问题上想得更加清楚透彻。我们之所以存在，努力地活着，就是为了实现自己人生的价值，而完全不是为了与某人斗气，争个胜负输赢。既然如此，当遭遇他人挑衅时，我们完全没有必要大动干戈。如果他人的挑衅没有切实影响到你的生活，那么你只要安然做自己该做的事情就好。

在这个世界上，有那么多的人，每天都在发生各不相同的事情，因而，我们应该不忘初心，时刻牢记着自己的美好愿望。任何事情，一旦失去目标，就像船只在大海上航行，失去了方向。因而，唯有不忘初心，我们才能向着生命的目的地航行。在实现人生目标的过程中，我们难免会遇到各种干扰因素，在这种情况下，只有保持平和的心态，才能坦然面对和顺利度过。

林肯，作为美国总统，在竞选总统的道路上经历了无数艰辛。最终，在他历经千辛万苦终于成功当选的那一刻，很多参议员都很不服气。毕竟，他们之中的大多数都是贵族，身份显赫，但是这个当选总统的林肯，却出身贫民，身份卑微，根本不能与他们相提并论。

当林肯站到讲台上准备发言时，一个议员非常无礼地站起来，傲慢地说："林肯先生，我先提醒你，不要忘记你的父亲是个修鞋匠。"这时，台下的参议员们全都肆无忌惮地哈哈大笑起来，他们都等着看林肯的笑话呢！不承想，林肯面不改色，语气平和地说："很感谢你记得我已经去世的父亲，我会始终记住你的劝告，永远记得我的父亲是个修鞋匠。当然，我很清楚一点，和父亲是一个优秀的修鞋匠相比，我做总统一定不会像他那么出色。"林肯的话，让刚才哈哈大笑的参议员们都陷入尴尬的沉默。就在此时，林肯转身对着那位无礼的参议员说："我很确定，我父亲在世时曾经帮你们家人做过鞋子。因此，假如你觉得鞋子不够合脚，虽然我还不能自称优秀的修鞋匠，但是从小在父亲的影响下耳濡目染，帮你修理鞋子还是绰绰有余的。"说完，林肯坦然看着在

场的参议员们，说：“这个福利待遇对大家一视同仁。只要你们穿在脚上的是我父亲做的鞋子，我都免费维修。但是不要奢望我的手艺能超过我父亲，因为他是世界上最伟大的鞋匠。”说到这里，林肯热泪盈眶，然而在场的参议员们却爆发出经久不息的热烈掌声。

对待那个参议员的无理挑衅，林肯选择了淡然以对。他坦诚地说出了父亲的职业，并且表达了对父亲最崇高和真挚的敬意。对于林肯的表现，全体参议员都发自内心地佩服。因而，他们才会给予林肯经久不息的掌声。

很多人面对他人的挑衅，总是歇斯底里，不能自持。实际上，他人的挑衅并不能代表什么，更不能否定我们存在的价值。我们只有坚定不移地相信自己，充满自信地以淡然相对，才是对他人挑衅的最强有力的反击。

面对质疑，等待真相不言自明

没有人愿意被他人误解和质疑，尤其是当我们内心坦荡的时候，似乎更觉得这种误解和质疑是一种侮辱。因而，我们总是迫不及待地解释，想要以此证明自己的清白。殊不知，当你因为解释而与对方争得面红耳赤时，当你因为愤怒而对对方出言不逊时，当你因为着急而变得语无伦次时，你就先输了。解释当然是必需的，但是一定要选准最佳时机。很多人遭到质疑，在事发当时就恨不得马上解释清楚，根本不给他人冷静下来思考的时间和空间，因而导致事态无法控制，甚至朝着恶性发展。实际上，从另一个角度来看，质疑不仅仅代表怀疑，也是一种提醒，更是一种警示。人们常说，有则改之，无则加勉，其实是对待问题的最好方式。别人就算说得不对又怎么样呢，根本不会从实质上影响我们。我们只要坚定不移地做好自己，真相总有一天会不言自明。

在这个世界上，每个人的脾气秉性都是不同的，每个人待人处事的方法也是相异的。我们没有权利要求所有人都符合我们的标准，也不可能做到这一点。因而，我们最重要的就是做好自己，至于别人怎么想，怎么说，怎么做，是他们自己的事情。对于他人的评价，你想听就听，不想听则可以将其当作耳旁风。

作为世界上最优秀的交响乐指挥家之一，小泽征尔是颇具实力的。在音乐的道路上，他非常自信，甚至超过了相信那些业界的权威人士。

早在没出名之前，有次小征泽尔参加世界级的比赛。在指挥乐队演奏的过程中，他敏感地听到一个刺耳的音符。起初，他以为是乐队演奏的问题，因而指挥乐队重新演奏了一遍。然而，问题依然存在，那个刺耳的音符就那么跳脱地闯进小征泽尔的耳朵里。这一次，他确凿无疑地说："乐谱有错误。"毫无疑问，小征泽尔的发现遭到了在场的评委和权威人士的质疑，他们纷纷说道："这是一场世界级的比赛，乐谱怎么可能会出现错误呢！"小征泽尔面红耳赤，依然坚定不移地说："就是乐谱错了。"他的话音刚落，在场的评委和权威人士全都从座位上起身，给予他经久不息的掌声。原来，这个乐谱中的错误，就是本次大赛隐蔽的考题。在这个评委们专门设计的"圈套"面前，很多信心不足的参赛者都放弃了主见，选择屈服，只有小征泽尔，顶着巨大的压力，坚持自己的看法。毫无疑问，小征泽尔成功了。

有人说小征泽尔非常幸运，因为他坚持己见，不畏惧评委和权威人士的压力而退缩，更没有屈服。因而，他才能轻而易举地获得成功。我们说，小征泽尔的成功是必然，而非偶然。要知道，只有极度的自信，才能让他在由世界顶级的评委团和权威专家组成的团队面前，坚定不移地相信自己，毫不退缩。正是小征泽尔的坚持，帮助他找到了正确的答案，也获得了极大的成功。否则，他也许终其一生都会碌碌无为，默默无闻，也就不可能有辉煌的成就了。

生活中，我们经常会由于各种各样的原因遭到质疑，每当这种情况发生时，我们一定要抓住恰到好处的机会进行解释。这个机会或者就在当下，或者

是需要等待一段时间，总而言之，心急是没有任何用处的，必须找准时机作出解释，才能起到预期的效果。还有的时候，我们只需要坚持，事实终将会证明我们是正确的。由此可见，面对他人的质疑，我们应该根据实际情况，因时制宜，因地制宜，因人制宜。

自我解嘲，永远是聪明人的所为

曾经有位名人说，自嘲是最高层次的幽默。的确，拿别人开玩笑，说些逗人开心的事情，是很容易的，但是如果把自己当成调侃的对象，取笑自己以娱乐他人，则是非常难的。这要求当事人必须有绝对的自信，否则，自卑的人哪里敢拿自己的缺点和不足开玩笑呢！

通常情况下，人们把幽默视为聪明人的专利。殊不知，只要我们放开心胸，坚持自信果敢的勇气，也能调侃自己，娱乐他人。通常情况下，自嘲的人会以自己的缺点不足来“开涮”，在嬉笑怒骂中，他们却绝对不会感到自卑。因此可见，能够自嘲的人不但自信，而且是非常聪明的。在生活中，细心的人会发现自嘲的人语言艺术高超，即使在尴尬的情况下，也能运用三寸不烂之舌，灵活化解局面。往往，自嘲的人都能营造出幽默的气氛，让在场的人全都放松下来，也使气氛变得和谐融洽。当然，并非每个人都能灵活运用自嘲的交谈技巧。在使用自嘲的方法娱乐大众之前，我们必须调整心态，让自己变得积极乐观、开朗大方。否则，你在众人哈哈大笑之余却心里打鼓，生怕自己哪句话说得不够好而丢人，或者害怕他人因为知道你的底细而瞧不上你，那可就得不偿失了。

在压力倍增的生活和工作中，自嘲堪称一剂良药。我们不但可以以自嘲化

解尴尬，还可以以自嘲暗讽他人。如果我们能够灵活运用自嘲的能力，那么不但能够帮助自己化解尴尬，也可以给身边的人带来无尽的欢乐。当你成为人群中的开心果，还愁没人喜欢你吗？！很多情况下，尴尬的气氛会让在场的每一个人都陷入难堪的沉默，因而自嘲不但能够帮助我们自己解围，也间接地为大家解了围。总而言之，只要掌握了自嘲的语言艺术，你就一定能够成为社交场合的常胜将军，而且还会备受他人的欢迎。

逆向思维，助你出其不意巧解难题

通常情况下，大多数人都习惯性地使用正向思维思考问题，因而在遇到难题时思维未免因循守旧，很难做到推陈出新，充满创意。在《孙子兵法》一书中，世人学会了一个战术，即“出其不意，攻其不备”。尤其是在敌我力量相当的情况下，只有运用这个战术，才有机会获胜。实际上，不仅战场上要出其不意，攻其不备，即使在日常生活中，我们也要改变传统的思维方式，更好地运用逆向思维，从而从与众不同的角度解决问题，效果也许出乎意料。

所谓逆向思维，实际上就是突破常规。举个最简单的例子，通常情况下，人们都习惯于从因推果，也就是从事情的起因着手，推测事情的结果，如此一步步往前推进。但是大侦探福尔摩斯则不同，当案情扑朔迷离，出乎他的意料时，他就会改变思维模式，采取逆向思维，从结果开始分析，从而追溯到最初的因由。如此一来，很多堵塞的思路就会马上茅塞顿开，让人感到豁然开朗。在日常生活中，每个人对于经常发生的事情都有一个推测。因而，当我们以常规的思维方法来提出问题时，对方就会根据预先的设想给出合理的解答，封闭我们的去路。倘若我们能够采取逆向思维，提出一个对方根本无从推测并且做

出回答的问题，则对方一定觉得万分惊讶，惊慌之余也想不到好的解决办法。由此一来，我们在这一局中就果断胜出，为自己争取到优势，从而也为成功争取到更大的可能性。

在刚去到魏国时，孙膑并没有很大的名气，也不能使人信服。有一次，魏王为了试探孙膑是否有真本领，故意当着满朝文武百官的面，测试孙膑的智谋。魏王端坐在宝座上，挑衅地对孙膑说："如果你有办法让我从宝座上下来，我就承认你的确是有才华的。"听到魏王提出的难题，大臣们全都束手无策。庞涓为了帮助孙膑，提议说："如果在座位下生起一团火，大王一定会马上离开宝座。"魏王马上表示否定，说："这是个馊主意。"孙膑装着愁眉苦脸的样子，想了很久，才为难地说："大王，我真的没有办法让您从宝座上下来。但是，如果大王您此刻没有坐在宝座上，我是肯定有办法让您坐上去的。"听了孙膑的话，魏王不服气地说："哦，只怕没那么简单吧！"说着，魏王就扬扬自得地从宝座上走下来，说："我真不相信你能让我坐上去。"这时，群臣纷纷嘲笑孙膑："真是不自量力的家伙，还没解决这个难题呢，就又给自己出了个难题！"说着，他们全都不屑一顾地看着孙膑，等着看他如何让大王坐到宝座上去。这时，孙膑突然大笑起来，说："当然，我承认我的确能力有限，无法让大王坐到宝座上。不过，我已经解决了大王的难题，你们看，大王现在不是已经从宝座上下来了吗？！"这时，包括魏王在内的所有人都恍然大悟，意识到魏王已经不知不觉中按照孙膑的意思走下了宝座。也因此，魏王意识到孙膑的确是有才华的，因而处处重用孙膑。

作为中国古代著名的军事家，孙膑因为《孙子兵法》名传千古。看过《孙子兵法》的人都知道，这本军事宝典里处处隐藏着变通之道。由此可以看出，灵活的思维模式才是其精华所在。对于如何让魏王从座位上下来的难题，孙膑并没有局限于常规的思路，一味地去想如何哄骗魏王下来。而是反其道而行，大言不惭地告诉魏王他有办法让其坐到宝座上。由此一来，魏王为了让孙膑出丑，一定会毫不犹豫地从宝座上下来，也就恰恰解决了孙膑的第一个难题。

实际上，不管是做人还是做事，在瞬息万变的现代社会，每个人都应该学会运用逆向思维。唯有如此，我们才能突破传统思维的局限，让自己拥有更广阔的空间生发开去，解决问题。

第15章

委婉拒绝之道：小策略让对方知难而退

在生活中，每个人都常常需要求助于他人，也经常被他人求助。然而，人非神，并不是万能的，因而总有即使勉为其难，也无法成功帮助他人的事情发生。在这种情况下，我们就要学会拒绝他人的语言艺术，这样才能保护自己，也不至于延误他人。有的时候，面对他人提出的不情之请，我们也应该采取恰到好处的方式，合理拒绝。

学会拒绝，才能尽情掌握主动人生

虽然我们从小就被教育要乐于助人，要乐于与他人分享，但是，现实生活却告诉我们，一味地乐于助人，不懂拒绝，只会让自己变得被动，甚至遇到不知感恩的人时，还会因为对方的所求无度而影响自己的生活。没有人愿意成为被他人支配的对象，即使是出于善意，我们也应该学会拒绝，这样才能尽享主动的人生。

尤其是在职场上，很多不懂得拒绝的人，最终会沦为每个人都可以随意使唤的全能选手。如果你一天的时间都用来勉为其难地帮助其他同事做些零杂的工作，那么你一定会一事无成，甚至还会因此而耽误正常的分内工作，导致被领导批评和指责。如此一来，岂非得不偿失。如果生活和工作长期都处于这种状态下，一定会变得茫然无措，混乱不堪。如此一来，你只能落下“滥好人”的称号，让知道内情的人更加变本加厉地欺负你，却不会真心为你好，珍惜你的付出。

王强是个面目清秀的男孩，看起来就是很绅士很温柔的。大学毕业后，他从开始工作之前，就告诉自己进了公司一定要与同事们搞好关系，而且牢记妈妈的话：“不要偷懒，力气是用不完的。”在妈妈的教诲下，王强对待同事们非常友善，不但认真完成本职工作，而且主动在有余力的情况下帮他人完成工作。渐渐地，同事们都很喜欢这个开朗的大男孩，但是问题也出现了。每天，大家一有分外的工作，就对王强喊道：“王强，帮我拿几张A4纸”“王强，麻烦帮我把这个文件扫描一下”“王强，你吃午饭时能帮我带份盒饭吗”“王

强，我今天有事，你能下班之后抽点时间帮我把这份文件检查一遍吗”……随着这些请求越来越多，王强几乎每天都有干不完的琐事。为此，他甚至没有充足的时间完成自己的分内之事，而像一个打杂的一样被很多同事差遣。最让王强郁闷的是，这些同事让他办事几乎连句感谢的话也没有，似乎他的存在本来就是为大家处理这些杂事。

有一次，王强因为白天忙于奔波，为同事们做事，导致自己应该完成的一份文件被遗忘了。直到上司找他要文件，他才突然想起。他赶紧向上司解释原因，但是上司面若冰霜地说：“这一切都不是理由，我只看结果。从现在开始，你最好想办法拒绝其他同事的请求，先把自己的工作做好，保质保量地完成，否则你长此以往，自己的工作必然受到影响。”听到上司一本正经的话，王强才意识到问题的严重性，他暗暗下定决心要拒绝同事们的无理请求，却一时之间想不出好的理由。下午，又有一个同事让王强帮他复印文件，王强和颜悦色地说：“李哥，我今天工作紧，任务重，实在爱莫能助。你一会儿抽空自己去复印吧，我得赶紧工作了。”无疑，对方的脸色突然变得很难看，王强觉得很尴尬，却只能这么做。在随后的很长一段时间里，王强几乎每天都在拒绝同事们的求助和指使，因而得罪了很多人。

王强的事例告诉我们一个道理，即便刚开始时是好心好意地帮忙，一旦泛滥，一旦成为一种习惯，也就会被别人当成理所当然。在这种情况下再拒绝他人，未免会惹人恼怒。因此，为了避免这种情况的出现，我们必须从刚开始时就学会拒绝他人，给自己做人做事订立规矩。如果一味地赖着不决，只会让自己做了好人好事，却得不到应有的感谢，合理拒绝反被埋怨。

不管是在生活中还是在工作中，我们都要端正心态，千万不要成为不会拒绝的滥好人。人的欲望是无止境的，人的要求也会在你的一次次接受之中变得得寸进尺。尤其说对于他人的不情之请，我们一定要坚决拒绝，这样才能畅享主动人生。当然，拒绝也并非是要义正严词的，我们应该以恰到好处的方式，甚至可以寻找合情合理的理由，进行拒绝。无论怎样，只要你让他人知道你并

非有求必应，那么他人在再次向你提出请求时，一定会仔细斟酌衡量。

直截了当的拒绝，未必是好的方式

对于性格耿直的人而言，直截了当地拒绝似乎是最好的方式，因为这样既省却了费心找理由，也无须运用什么语言技巧，只要表达自己的真实想法就好。然而，人际关系是非常复杂微妙的，并不像做数学题那么简单纯粹。要想维持良好的人际关系，我们不但要学会拒绝，更要学会掌握拒绝的好方法，这样才能既保全自己，不让自己为难，也不驳他人的面子，让他人有台阶下，所谓一举两得。

拒绝，虽然是必须的，但是一旦方式不恰当，就很容易让他人伤心，甚至对你产生意见。直截了当的拒绝，会伤害他人的自尊心，让他人对你产生怨恨和抵触心理，也就给你的人际交往带来障碍。生活中，我们毋庸置疑需要拒绝他人，因而每个人都应该掌握不伤害对方的拒绝方式。更加高明的做法是，你的拒绝不但能够让对方心甘情愿的接受，而且对方还会因此而理解你的苦衷，更加体谅你。归根结底，我们之所以拒绝他人，并非是为了伤害他人，而只是在力所不及的情况下保护自己。毋庸置疑，人与人之间如果能够互相帮助和提携，还是非常有必要且美好的一件事情。人们常说，万事和为贵，也是这个道理。

张大千非常爱胡须，一直蓄须，因而他的胡须很长，吃饭时常常给他造成困扰。有一次和友人聚餐，一位朋友不停地调侃张大千的胡须，弄得在场的人把注意力都集中在他的胡须上，让他感到非常难堪。倘若直截了当地反驳和表达不快，一定会让在场的所有朋友都感到尴尬，因而张大千想出了一个

好办法。

只见他面带微笑，心平气和地说："关于胡须，我也有一个精彩的故事，现在讲给大家听，和大家一起分享。"在场的朋友们纷纷表示欢迎，张大千娓娓道来："三国时期，张飞和关羽死了之后，刘备非常生气，发誓要消灭吴国，为他们报仇。为此，张飞的儿子张苞，和关羽的儿子关兴，全都争先恐后地当先锋。一时之间，刘备也不知道应该让谁当先锋，因而说：'你们讲讲父亲的战功吧，谁说得多说得详细，就让谁当先锋。'听到这话，张苞抢先说：'我父亲战功赫赫，打败马超，凭借智慧攻占瓦口，还征服了严颜。'关兴的口齿虽然没有张苞清楚，但是也不甘落后地说：'我父亲胡须飘逸，人称美髯公，理当让我当先锋，率领大军讨伐吴国。'这时，正巧站在云端的关公听到关兴的话，怒喝：'不孝的玩意儿，我斩颜良，诛文丑，浴血沙场，单刀赴会，连世人都知道的过五关、斩六将，你却偏偏说老子的胡须！'"张大千讲完这个故事，在场的人们全都愣住了，谁也不说话，彼此面面相觑。毫无疑问，在接下来的宴席间，再也没有人说起张大千的胡须，更没有人拿张大千的胡须开玩笑了。

通过这个故事，张大千巧妙地拒绝了众人以他的胡须作为调侃的事情。这样一来，既避免了直截了当拒绝的尴尬，又让众人领悟到他对这件事情的反感和愤怒，因而大家都心领神会，再也没有人拿他的胡须说事了。

拒绝是一门语言的艺术。只有掌握这门艺术的人，才能委婉巧妙地拒绝他人，而且不伤害彼此之间的感情，帮助人们摆脱尴尬的境地。和直接的拒绝生硬粗鲁相比，间接地拒绝更能够保持和气。总体而言，委婉坚定的拒绝态度，才是最恰到好处的。否则，拒绝的态度如果过于软弱，就起不到效果；拒绝的态度如果过于生硬，又让人觉得难以接受。唯有委婉坚定，才能如愿以偿地达到目的。

暗示他人巧拒绝，让他人顾全颜面知难而退

拒绝他人时，过于直白的表达很容易伤害他人颜面。尤其是对于当面的请求，如果不加掩饰地直接拒绝，则会让人觉得下不来台，甚至因为自尊心受到伤害而对他人心怀怨恨。如此一来，原本一件无关紧要的事情，就变得棘手起来，甚至引发严重的后果。拒绝他人事小，但是如果因为拒绝方式不当伤了他人面子，导致彼此反目成仇，则得不偿失。因而，在拒绝他人时，我们一定要委婉曲折，同时传达自己坚定不移的态度，这样才能如愿以偿地达成目的。除了语言表达要讲究恰到好处的方式之外，我们还可以运用暗示的方法拒绝他人，这样等到他人领悟其中的意思之后，就会知难而退，主动收回请求，避免双方尴尬。

每个人在生活中都不可避免地需要拒绝他人，或者是因为能力不足，或者是因为他人的请求太过分。然而，拒绝是一门艺术，一旦掌握不好，就会伤害人与人之间的感情，导致友谊受到损耗。毫无疑问，直接说“不”是不可取的，如果能够以暗示的方法拒绝他人，则能够减少伤害，顾全对方的颜面，而且也不至于让友谊戛然而止。最高明的拒绝，就是不露痕迹的拒绝。很多时候，我们都会陷入两难的境地，这样的拒绝恰恰能够兼顾很多方面。对于聪明人而言，只要你用语言巧妙地传递出拒绝的意味，对方就会心领神会。

有一天，英国著名的剧作家萧伯纳，收到了大名鼎鼎的舞蹈家邓肯的信。在信中，邓肯表达了对萧伯纳的浓浓爱意，邓肯甚至直白地说：“假如我们能够在一起生活，我们将来的孩子肯定会像你一样才华横溢，拥有这么神奇的脑袋，而且会有与我一样婀娜多姿的身段，这是多么美妙的事情啊！”萧伯纳接到这封信仔细看过之后，非常委婉地回了一封信给邓肯。在信里，他幽默地说：“按照你的设想，这一切的确非常完美。然而，我却很担心，万一孩子身体长得像我，而脑袋却长得像你，岂不就悲催了吗？”读完这封信，聪慧的邓

肯马上意识到萧伯纳的暗示意味。她尽管非常失望，但是却控制住自己灼热的感情，不再打扰萧伯纳的生活。但是，她一点儿都不怨恨萧伯纳，反而成了萧伯纳的忠实读者，每当萧伯纳创作的戏剧上演，邓肯都会捧场观看。

对于爱情，每个人都有勇敢追求的权利，因而面对邓肯的大胆表白，萧伯纳表示非常尊重，且为了照顾邓肯的面子，他故意以幽默的语气进行暗示。正是因为如此恰到好处的拒绝方式，所以邓肯才不会抱怨萧伯纳，且自此成为萧伯纳的忠实听众。

毫无疑问，拒绝他人的话总是让我们难以说出口。说不好，就会导致对方颜面扫地，甚至为此与你反目成仇，也因此导致自己非常尴尬。因而，不管因为什么事情，当我们需要拒绝他人时，都应该尽量使用含蓄的话进行暗示，这样才能一举两得，既达到目的，又保全对方颜面，不伤感情与和气。需要注意的是，所谓暗示，就是用委婉含蓄的语言表达使对方心领神会，因而一定要注意不能明说。很多时候，暗示的拒绝方式比直接表达效果更好，因为它委婉含蓄，能让彼此都保持轻松愉悦的心情，而且对他人的自尊和面子也起到了很好的保护作用。

对于真小人，与其拒绝不如拖延无期

生活中，有很多人都愿意和君子打交道，而看到小人就头疼。这是因为，君子做事守规矩，也能讲得通道理，但是小人做人做事则完全没有章法可言，也根本讲不通道理。对此，遇到与小人或者无赖打交道时，我们直截了当地拒绝也无法达到预期目的，也许还会导致小人恼羞成怒，最终事与愿违。如果不幸被小人纠缠，当讲道理行不通，说感情对方也无动于衷时，不如采取拖延战

术，无限期地拖延下去。这样一来，小人也会无计可施。

也许有人会说，面对小人一定是恨不得马上与其划清界限的，怎么还有心情与其继续拖延呢？然而，对于不按常规出牌的小人而言，激烈决绝的方式未必能够起到很好的效果。一旦将其激怒，也许就会使事态恶化，甚至无法控制。拖字诀则能够很好地避免激怒小人，对于心胸狭窄的小人而言，拖延术能够麻痹他们，让他们放松警惕，也不会狗急跳墙地使出下三滥的手段。由此一来，也就为我们争取了宝贵的时间思考对策，看看怎么做才能更好地解决问题。从另一个角度来说，未必所有的小人都会最终没落。熟悉历史的人知道，大奸臣魏忠贤，曾经风光一时，名利双收，如果你因为一时气恼而得罪了这样的小人，那么你一定会吃尽苦头，甚至招来杀身之祸，唯有拖字诀，才能争取到宝贵的时间，最终对其斩草除根。现代职场，也有很多小人得势的情况发生。我们唯有灵活巧妙地应对小人，才不至于牵连自己的前途和命运。

唐朝时期，郭子仪在朝为官，深得皇上宠爱，因而风光无限。当时，有个叫卢杞的人也是朝廷的官员，不过官位远在郭子仪之下。郭子仪生性随意，言行举止都很随便，总是对文武百官漫不经心。但是唯独对卢杞，他总是礼数周全，毕恭毕敬。有一次，卢杞去郭子仪家中拜访，郭子仪如临大敌，不但穿着朝服衣冠整齐，还喝令家里的人全都躲避到后厢房，不许任何人随意出入。对此，家人很不理解，妻子便问郭子仪："有些大臣官位远在卢杞之上，也没见你用这么高的礼仪相迎。为何卢杞一来，你就如临大敌，万分紧张，还生怕有任何疏忽呢？"

郭子仪说："你个妇道人家懂什么？虽然卢杞现在还未得势，但是他为人聪明，且心术不正，而且有很善于溜须拍马。有朝一日，他一定会春风得意，甚至成为我的上司。如果我现在对他漫不经心，不小心得罪了他，让他对我怀恨在心，那么等到他有朝一日有权有势，一定会报仇雪恨。要知道，我对待他人非常随意，是因为他人都是君子，不会私下里搞小动作。但卢杞则不同，他是真小人，一旦得罪他必然后患无穷，而且防不胜防。"果不其然，卢杞凭借

着老谋深算，居然官至宰相，一人之下，万人之上，无限风光。他刚刚得势，就开始报复那些曾经得罪过他的人。郭子仪因为一直对他小心翼翼，最终免遭毒手。

郭子仪显然很清楚小人的特性，因而对卢杞百般忍让，万般小心，一直在使用拖字诀稳住卢杞。对于郭子仪的态度，非常值得我们借鉴。毕竟，我们虽然不与小人为伍，也不能与小人反目成仇。毫无疑问，与小人为敌的感觉也是很难受的。郭子仪非常明智，选择了正确的方法与卢杞相处，最终在很多官员都惨遭毒手的情况下，得以自保。

人们常说，宁愿得罪君子，也不要得罪小人，这句话是很有道理的。小人完全不讲情面，也不遵守规矩，一旦其展开疯狂报复，就会让我们难以招架。在生活中，只要小人没有明目张胆地与我们叫板，或者逼迫我们反击，最好的办法就是避而远之，或者维持表面的和平，使用拖字诀。在与君子相处时，我们可以真性情，真心情，但是与小人相处，我们应该适当掩饰自己，更加灵活巧妙地与其周旋。

抬高他人贬低自己，也是拒绝的妙招

拒绝，往往会伤害他人的自尊心和自信心，让他人的感情受到伤害，甚至因此对你怀恨在心。要想避免因拒绝而伤害他人，自己也失去朋友，则可以采取抬高他人的方式来拒绝。试想，如果他人来求助于你，但是你却抬高他，贬低自己，从而隐晦地告诉对方你的能力实在不足以帮助他，则对方一定会领悟你的意思，从而主动收回请求。如此一来，岂不是皆大欢喜么！

从心理学的角度来说，一个人被拒绝之后会觉得心理上受到挫伤，甚至产

生挫败感。此时，如果你能够用语言抬高对方，就能在一定程度上改善对方心情，让其感到愉悦，也能找回些许的自信。由此一来，你就能抚平对他人的心理和感情造成的创伤，从而使拒绝变得不再那么难以接受。

每次去商场，马姐都很怵路过化妆品柜台。有的时候，她明明很想购买一些化妆品，作为日常的保养，但是当看到那些盯着她不放的化妆品推销员，她就很想躲避。直截了当的拒绝，她是不好意思的。然而，总不能每次都躲着走吧，尤其是当真的需要买化妆品时，学会拒绝就很重要了。

这天，马姐专门去商场的化妆品柜台，想给自己买套普通的护肤品。然而，已经半天没见到顾客的推销员趁势而上，居然给马姐推销了一套价格一千多元的化妆品，这可是马姐半个月的工资啊。马姐再三解释："我想买套一百多的。"推销员却不依不饶地说："大姐，您就试试这套高档化妆品吧，您看，您皮肤这么好，不用点儿好的化妆品保养，简直太可惜了呢！"

马姐看到解释没有用，因而说："姑娘，我只是个下岗女工，实在不需要这么好的化妆品。而且，我的年纪也大了，用再好的化妆品也回不到青春喽。你看看你，这么白皙细嫩的皮肤，才配得上这么好的化妆品呢！哪里像我，每天都要给餐馆洗菜做卫生，皮糙肉厚的，化妆品在脸上都抹不匀。而且，你的工作也好啊，冬暖夏凉地待在商场里，风不打头雨不打脸的，化妆品才能用出效果。"听到马姐这么说，推销员无计可施了，只得缴械投降，说："大姐，您简直太会说话了！其实您显得很年轻呢，皮肤也很好。既然这样，我就为您介绍这套吧，这套化妆品原价三百多元，现在特价一百八元，非常超值……"接下来，推销员友善地为马姐介绍了这套一百八元的化妆品，而且与马姐相谈甚欢，丝毫没有因为马姐拒绝那套一千多元的化妆品而感到生气。

马姐在拒绝推销员的推销时，没有直截了当地不给他人留面子，也没有生硬粗暴地拒绝，而是采取了抬高对方、贬低自己的方式，让推销员虽然被拒绝了，但是心里却喜滋滋的。的确，有哪个姑娘不喜欢被夸赞年轻漂亮工作好呢！马姐的话成功地打动了推销员的人，让推销员对马姐的拒绝心服口服。

日常生活中，我们也常常需要拒绝他人，也有可能在拒绝他人之后依然需要他人为我们服务。在这种情况下，一定要讲究拒绝的技巧，只有把话说得委婉动听，且给予对方恰到好处的赞美和抬高，才能让拒绝如愿以偿。

拒绝也要讲尊重，巧妙给他人台阶下

任何时候，由于任何原因拒绝他人，我们都要保证不伤害他人的自尊。每个人都有自尊心，而且很多人的自尊心都非常强烈。在拒绝他人时，如果我们不讲究方式方法，而是粗暴无礼，则一定会伤害他人自尊，甚至导致他人与你反目成仇，对你心生怨恨。如此一来，我们不但失去了一个朋友，还多了一个敌人，可谓损失惨重。

在拒绝他人时，尤其当他人是我们的亲戚朋友等关系亲密的人时，我们一定要讲究方式方法，必须顾全他人的颜面。很多人在拒绝他人时态度粗暴，方式强硬，因而导致他人自尊心受损，再也不把我们当朋友。其实，只要我们稍微用心一些，尽量采取平和的方式，这种局面就不会出现。众所周知，每个人下楼梯时都会踩着台阶，那么在拒绝他人时，我们也应该贴心地准备台阶，这样对方才不至于觉得自己从高处坠落，摔得鼻青脸肿。

当拒绝他人时，在把“不”字说出口之前，我们就应该首先想好台阶。这样，不但能够给对方进行适当的心理铺垫，也能让对方有心理准备，不至于觉得突兀。也许有些朋友会问，什么才是台阶呢？直白地说，所谓台阶，就是一个合情合理的拒绝理由。这个理由，应该是合情入理的，不能让人觉得牵强附会；这个理由，应该是合理充分的，这样才不至于让对方觉得你是因为拒绝特意找出来的；这个理由，应该是非常真诚的，不应该虚伪，让人觉得生硬。总

而言之，如果你支支吾吾地拒绝他人，而且说话模棱两可，或者是理由随随便便，都会让人觉得你是刻意拒绝，而非情不得已。

达达进入公司之后，非常勤快，不管有什么艰难的工作，他都争着抢着主动承担，而且总是竭尽所能地做到最好。为此，领导不止一次地表扬达达："达达真好，认真踏实，不管有什么事情，只要交给达达，我都高枕无忧，他总能做到最好。"刚开始时，每当领导这么表扬达达，达达都觉得喜滋滋的，觉得这是自己一个至高无上的荣誉。然而，随着达达的工作负担越来越重，他开始感到为难，因为他每天不但要处理分内的工作，还要处理领导随时交代下来的任务。渐渐地，达达开始觉得力不从心，有的时候，领导在下班之前突然有工作需要处理，也会交给达达。在连续加班好几天才忙完手里的工作之后，达达正准备准时下班，领导突然交代他："有个客户要个策划案，特别着急，就麻烦你晚上加班完成一下吧。"达达很为难地看着领导，直接拒绝的话，显然会让领导面子上挂不住。不直接拒绝呢，则又要继续加班。正在危难之际，达达突然脑中灵光一闪，说："领导，真是对不住啊，今天我的确有事情。我的准丈母娘今晚过生日，好几天前我女朋友就叮嘱我准备好礼物，准时去拜寿。今晚，我这个丑女婿要见丈母娘老丈人，还要见他们家里的很多亲戚，实在是不敢造次。"听到达达这么说，领导表示理解，说："哦，这是大事，耽误不得。你的礼物都准备好了吗？"达达点点头，说："昨天中午利用午饭的时间，去隔壁商场挑选了一对纯金的耳环。"领导说："那你赶快走吧，我来找别人完成这项工作。"说完，领导就走了，临走前还叮嘱达达在岳父岳母面前好好表现呢！

虽然达达说的理由再普通不过，但这个理由却合情合理，而且不容易让领导觉得难堪。尽管达达没有直接明确地拒绝领导，但是却能通过这件事情让领导意识到，达达也是有很多私人事情需要处理的。由此一来，领导在下次突然给达达加任务之前，一定会先思考一下是否会影响到达达正常的生活安排。

达达临时想起来的这个普普通通的理由，却在拒绝时给了领导一个很好的

台阶，让领导虽然被拒绝，却觉得合情合理，也不会对达达有什么意见或者想法。任何人都是很爱面子的，我们一定要更好地顾全他人的颜面，才能在拒绝他人时避免尴尬，也能让他人顺其自然地收回自己的不情之请。

拒绝领导更微妙，要学会拐着弯儿说话

人在职场，身不由己，尤其是在与领导相处时，更不能任性地做人做事。不管你是在父母呵护备至下长大的小公主、小王子，还是曾经独立坚强、自力更生的穷苦孩子，抑或是富二代或者官二代，一旦进入职场，就成为与他人平等的职员。在与领导相处时，不管你年纪是比领导大一截，还是年纪与领导的孩子相仿，你都必须以独立的姿态面对领导，以勇于承担的面貌出现在工作中。这就告诫我们要想在职场上如鱼得水，必须学会与领导相处。尤其是在因为工作出现摩擦和不和谐的音符时，更不能任性妄为，而要综合考虑，做到最合理最合情最和气。

林允自从大学毕业来到这家公司后，一直兢兢业业，不管领导交代什么任务，都不遗余力地完成。然而，作为领导的秘书，林允不但要关心领导的公事，有时候还要关心领导的私事。由于林允长相眉清目秀，为人和气友善，因而领导越来越喜欢这个机灵的小伙子，有时候常常把家里的事情也交代给林允去办。

前段时间，领导在美国留学的女儿回家，领导因为有会议要开，便安排林允独自接机。林允自然把领导交代的任务完成得尽善尽美，他还主动为领导的千金提前准备了一杯冰橙汁。然而，自从这件事情之后，领导家的千金有事没事就给林允发短信，有一次居然还借着来探爸爸的班的名义，特意请林允吃

饭。时间长了，林允觉得领导的千金对他有些微妙，因而决定减少与其接触的机会。有一次，领导又让林允帮他送女儿去参加讲座，林允为难地说：“实在抱歉，领导，原本这是举手之劳的事情，但今天恰巧是我女朋友的生日，我必须陪她吃饭、逛街、看电影。所以，就麻烦您让您家的千金打车去吧。”领导听了之后，惊讶地问：“小林，你有女朋友啊，我还一直以为你是单身呢！哈哈，有女朋友好，那就赶快去陪女朋友吧。你们年轻人啊，都是爱情至上的，理解，理解！”后来，领导在给女儿回电话时，说：“林允去陪女朋友过生日了，你就自己打车去吧，打车也很方便的啊。”这句话让领导的千金非常惊讶，但让林允欣慰的是，领导家的千金以后几乎从未找过他了。

林允非常聪明机智，作为职场人士，他深知应该与领导保持一定的距离，尤其是不能与领导的千金有任何瓜葛，否则就是玩火自焚。因而，他在觉察出领导的千金对他有好感时，马上想出合适的理由，在拒绝领导的同时，也由领导把话带给了领导的千金，从而使其明白一切非分之想都是不可能实现的。由此，他也成功地拒绝了领导的千金，且毫不伤害情面，从而也顺利地保住了工作。

人在职场，只有与领导处理好关系，才有可能取得长足的发展。作为职场人士，我们在拒绝领导时，一定要想出合理可行的好办法，这样才能既顾全领导的颜面和高高在上的尊严，也能达成自己的目的，如愿以偿。

第16章

轻松玩转职场：会说话才有似锦好前程

在这个拼爹的年代，如果你既不是富二代也不是官二代，你该拼什么？人品、能力、学识，自然是至关重要的硬件，然而会说话也能给你加分不少。尤其是在竞争日益激烈的职场，有的时候，说好一句话就赶得上你一天的埋头苦干。如果能把勤奋和好口才有效结合起来，则你一定会更加步步高升。

面试小技巧，助你完美阐述自我

现代社会的职场，竞争日益激烈和残酷。尤其是对于刚刚毕业的大学生而言，因为缺乏工作经验，而面临着更加严酷的考验。在这种情况下，如果你既不是富二代也不是官二代，那么你必须一切都靠自己去努力。面对关系到职业命运的面试，很多刚毕业的大学生都感觉如临大敌，生怕一言不合就让惹恼了面试官，也害得自己与好工作失之交臂。根据调查显示，在这个拼颜值的时代，很多大学生用于毕业面试的花费都越来越高。不但要做出印刷精美的简历，而且还要为自己准备一身好行头，女生甚至还要做个好发型，总而言之，想尽一切办法给面试官留下好印象。实际上，尽管面试官会因为表面的装扮而对你刮目相看，但其更在乎的是你的言谈举止，因为言谈举止更能够表现你深层次的内在。为此，我们一定不能百密一疏，在做好各个方面共组的同时，一定要注意提升自己的语言技巧，帮助自己更加完美地阐述自我。

经验丰富的职场人士知道，面试是有小技巧的，因而他们总是能够凭借能力、学识和面试的技巧，更好地表现，展示自己最精彩的一面。为了帮助很多缺乏经验的初出茅庐者，在此整理出一些面试的技巧仅供参考。一切技巧都只能起到辅助作用，因为每个人的实际情况不同，只有根据自身情况和特点总结出的技巧，才是效果最好的。在生活和工作中，我们一定要处处留心，从而才能迅速地提升自己。通常情况下，每个人在面试时都会说些自己的学历、特长、兴趣爱好等事宜。然而，殊不知面试官千篇一律地听下来，早就听腻了。如果能够改变思路，说说自己的社团和社会活动经验，以及在兼职过程中的积

累，还可以说说自己学有所长、术业专攻的方面，就能够吸引面试官的注意力。此外，很多人面试时总是被动地回答面试官的问题，而不敢提出对公司的疑问。其实，面试官从公司长远发展的角度，最喜欢那些希望为自己找到合适工作和岗位的求职者，这样公司的人员也会更稳定。因而，适当地问一些问题了解公司，是无可厚非的。当面试官结束对你的提问时，如果你能抓住机会问面试官一些关于公司的问题，相信只要面试官对你印象良好，一定会乐于回答的。

正在读大四的乐迪，最近一直在忙着找工作。有一次，他无意间得知一家世界五百强企业招聘的消息，虽然自知不是名牌大学毕业，而且缺乏工作经验，但他依然抱着试试看的心情投递了简历。当天，面试的人密密麻麻地挤满了公司的礼堂，第一步笔试，就筛选掉了很多人。不过，乐迪幸运地通过了笔试，这与他平日里用功学习，且在参加面试前搜集了公司的很多资料，了解企业文化，有很大关系。次日，乐迪如约参加面试。

进入面试间，他落落大方，与他此前在等候室看到的那些面试者截然不同。那些面试者全都抱着必胜的信念，反而非常紧张。与他们相反，乐迪觉得自己的条件一定不是面试者中最好的，因而非常坦然。他想：如果能得到机会，那就最好，得不到机会，就当是锻炼了。所以乐迪很平静，很淡然。面对面试官的提问，他回答得非常流畅。在面试即将结束时，乐迪问面试官：“我想请问，对于技术员的职位，公司有什么晋升渠道呢？会提供一些学习和提高的机会吗？”面试官听到这个问题，饶有兴致地看着乐迪，说：“当然有。公司每年都有带薪培训，因为行业的知识更新速度非常快。此外，对于优秀的技术员，公司还会派出国去学习和交流。”乐迪松了一口气，说：“我并不是很在乎薪酬，毕竟现在一人吃饱，全家不饿。如果能有学习和提升的机会，那就最好了。对于我们缺乏经验的年轻人而言，最重要的就是开阔眼界，积累经验，再多多学习。”面试官赏识地说：“你能这么想，说明你很明智，看得也很长远。”

结束面试，乐迪回到学校等通知。原本他以为自己希望渺茫，不承想，三天之后他居然接到了通知：他被录用了！乐迪简直乐不可支，但是很纳闷自己在那么多名牌大学毕业生中是如何脱颖而出的呢？后来，乐迪与当初的面试官成为同事，才知道当时参加面试，只有包含他在内的几个人问到关于公司的事情，其他人全都一板一眼地回答面试官的问题，根本不关心自己以后在公司的前途和命运。

乐迪之所以能从诸多面试者中脱颖而出，就是因为他非常明智，落落大方地提问了关于公司的相关事宜，以及自己进入公司之后的晋升通道和提升机会。对此，面试官感觉到乐迪不像很多应届大学毕业生一样是在盲目地找工作，只求在最短时间内拿到薪水养活自己，而是在长远规划和发展进行考虑，从而打动了面试官的心。

在聘用应届大学毕业生时，用人单位其实也是面临着很大的挑战的。归根结底，大学生缺乏工作经验，而且有时候思想不够成熟，想法一时一变，因而常常工作没多久，就会考虑换工作。如此一来，公司就相当于对大学生进行了免费培训，但是却享受不到任何成果。正因如此，很多公司都不愿意聘用刚毕业的大学生。为此，我们在参加面试时，一定要表现出对公司前途和发展的关心，唯有如此，才能为公司树立信心，让公司意识到你是真心诚意地谋求长期发展，而且是对未来有着明确规划的。

把话说到领导心里去，先要揣摩领导心思

人在职场，一定要与领导搞好关系，才能前途更加顺遂。尤其是在讲究情商的现代社会，如果你与领导说话时总是不分青红皂白，不但不能贴合领导

的心意，而且方式方法也不恰当，则领导一定会对你心怀不满。如此一来，所谓升职加薪，岂不都成为了泡影？和几十年前吃公家饭的人只知道埋头苦干相比，现代社会的职场人士无疑需要做得更好。能力和专业知识，是在职场上生存的基本条件，而高情商和好口才，则让人们在职场上风生水起成为可能。很多时候，把一句话说得恰到好处，说得领导心花怒放，甚至比你努力而又辛苦地工作更重要，效果也更为显著。归根结底，人都必须依靠语言进行交流，语言表达的不但是我们的心，也是我们的理想和志向，更是我们对待他人的情谊。

也许有些朋友会说，我又不是领导肚子里的蛔虫，怎么可能把每句话都说到领导的心里去呢！其实，揣摩领导心思也是很容易的事情，只要你处处留心，处处精心，在领导的为人处世和言谈举止中，你很快就能熟悉领导的脾气秉性，了解领导真正的想法。如此一来，还愁不能把话说到领导心里去吗？

蒋守杰和宋艳丽一起进入公司，起点完全相同。但是一年之后，宋艳丽已经被提升为团队负责人，蒋守杰却依然是个普普通通的员工。在这个发展中的公司，一年多就得到晋升并不足为奇，但是奇怪的是蒋守杰能力很强，甚至远超宋艳丽，为何却在晋升的道路上落后呢！

细心的同事发现，每次开会，宋艳丽总是最后一个被领导点名发言，而蒋守杰却总被排在前面。而且，对于蒋守杰的很多意见或者建议，讨论到最后都会被PASS掉，相反宋艳丽的发言却像是精准到位的总结，每次都能博得领导连连点头。原来，宋艳丽虽然是女孩，但是心思细腻，刚进公司没几个月就摸准了领导的脾气秉性：领导为人保守，不管做什么事情都力求稳当。因而，原本年轻热情的宋艳丽就改变思路，在讨论工作时，总是以稳定作为原则，从不冒进。但是蒋守杰却不同，年轻人血气方刚，不管做什么事情，都希望干脆利索，有时候甚至还会因为与领导的意见不同，而与领导起争执。如此一来，领导自然更欣赏宋艳丽，因而每次开会都让宋艳丽最后发言，因为宋艳丽的发言最接近他的意思。相反，领导常常安排蒋守杰第一个发言，所谓抛砖引玉，目

的不是要砖，而是为了要玉。

在职场上，如果你每句话都说不到领导的心里去，沟通就会出现越来越多的障碍，时间长了还会形成条件反射，导致领导一听到你说话就情不自禁地要反对和否定。可想而知，你的工作环境多么恶劣。与此恰恰相反，当你了解领导心思之后，就能把每句话都说到领导心里去，日久天长，领导必然觉得你说的话都很有道理，而且与他能不谋而合，渐渐地越来越认可和欣赏你。看看宋艳丽和蒋守杰的经历，我们不难得到验证。

人在职场，任何人都必须与领导搞好关系，只有得到领导的赏识和认可，职业生涯才能更加平顺。否则，当你总是与领导背道而驰，一定会为此吃足苦头。试想，如果你是领导，你愿意面对一个整天与你唱反调的下属吗？当然，我们这里并非说要刻意地曲意逢迎领导，而是说在坚持原则的情况下，把话说到领导心里去。既然无论以何种方式都是说一句话，为何不能说得领导心花怒放呢！

对领导“拍马屁”要恰到好处，千万不要言过其实

前文我们已经说过，我们不能吝啬赞美，而要慷慨地给予他人赞美。即使对父母和对待年幼的孩子，也应该以赞美为主，以批评为辅，更何况是成人之间呢？然而，职场上的人际关系越来越微妙，很多情况下，我们可以赞美下属，但是赞美上司时却要非常谨慎。众所周知，面对面的赞美未免涉嫌迎合，尤其是当下属赞美上司时，更容易涉嫌拍马屁。在这种情况下，作为下属，必须恰到好处地赞美领导，而千万不能言过其实。任何事情都讲究度，下属赞美领导更要讲究度。因为下属与领导在职场中关系微妙，因而稍有过度，就会导

致赞美变成“拍马屁”，不但授人以柄，而且也会给领导留下不好的印象。

那么，我们要因噎废食，每次与领导说话都可以贬低领导吗？当然不。这样的做法无疑很愚蠢，而且和自寻死路没什么区别。要想与领导搞好关系，就要把握好度，不管是曲意逢迎，还是真心赞美，都要在合适的度之内，才能恰到好处，效果显著。否则，过犹不及。

在大家心里，艾薇是个公认的“马屁精”。因为她每天都在抓住一切机会赞美领导，起初，领导对于艾薇的赞美还是很受用的，经常也当着大家的面夸赞艾薇会说话，同样的话到了艾薇嘴巴里就像抹了蜜一样甜。然而，就在刚刚，艾薇却得罪了领导，这一切都是因为她的赞美毫无原则，而且也没有把握好度。

刚才，领导从外面气喘吁吁地进来，说持续高温三十八度，外面就像大蒸笼。领导原本就有些心脏不好，是早搏，和心律不齐有些类似。因为在外面一直奔波，导致她身体感到很吃力，又因为太热了，空气沉闷，她更觉得不舒服。看到领导脸色苍白，有同事赶紧倒了一杯水给领导。这时，艾薇走过来，不明就里的她只听到领导说身体不适，因而不分青红皂白地说：“哎呀，领导啊，你看着可不像四十八岁，简直就是十八岁。你看看，你肤色白皙，尤其是现在，更有一种林黛玉式病恹恹的美，这可是别人想学都学不来的。”领导的气息还没喘匀呢，因而使劲地白了一眼艾薇，没有搭理她。对此，艾薇丈二和尚摸不着头脑，不知道自己哪里说错了。从此之后，领导一听到艾薇说话就很反感，而且原本喜欢把工作交代给艾薇的她，也开始冷落艾薇了。就这样，艾薇从领导面前的红人，变成了被冰封和雪藏的人。她渐渐觉得工作无望，最终选择了辞职。对她而言，一切只能重新开始。

艾薇原本很喜欢赞美领导，逮住一切机会都夸赞领导。然而，艾薇这次却不小心把马屁拍到了马蹄子上。领导年纪已大，在生活中足以当艾薇的长辈，而且因为在外面又热又累的回来，心脏承受不住，因而非常难受。对此，其他同事端茶倒水，非常担心领导的身体，艾薇却在不知所以的情况下再次开展拍

马屁大法，说领导才十八岁。也许这句话赞美的玩笑话说在平时，会逗得领导哈哈大笑，但是对于身心俱疲的领导而言，未免恼火。也正因如此，艾薇的职场命运才急转直下，最终不得不选择离职，一切重新开始。对于个人职业生涯而言，这是莫大的损失。

任何时候，我们赞美领导，都要适可而止。而且，为了避免拍马屁的嫌疑，我们一定要赞美领导显而易见的优点和长处，也要赞美领导的用心和独特之处，但是千万不要睁着眼睛说瞎话，胡乱敷衍地赞美领导。而且，领导的职位比我们高，在赞美领导时还要注意方式和方法，不要表现出调侃的意味，否则就会让领导觉得自己不被尊重，甚至因此而恼羞成怒。凡事皆有度，过度犹未及，只有把握好赞美领导的度，我们才能如愿以偿地博得领导的好感。

巧妙争取加薪，如愿以偿又不得罪领导

作为一名为老板服务和创造利润的员工，每个打工者最大的心愿就是升职加薪。然而，从老板的角度来说，与员工实现共赢当然重要，最急迫地却是降低成本，改善企业生存的状况。因为，在薪水面前，老板与员工的心态永远处于彼此对立的状态，即使有些老板让员工成为股东，和老板一起分红，其本质的目的也是自己获取更多的金钱和财富。因而，对每一个打工者而言，如何争取加薪，都是很现实的问题。

面试时，很多面试者不好意思问起薪水的问题，而且一旦方式不合适，就很有可能给面试官留下不好的印象；工作中，很多人在提起加薪的问题时，也非常尴尬，其实只要摆正心态，就没什么好尴尬的：获取劳动报酬是劳动者的合法权益，根本无可指责。那么，如何既能争取加薪，又不至于为此得罪领

导呢？倘若能一举两得，自然是最好的。为此，我们必须想出两全其美的好办法，这个好办法的关键就是语言表达。常言道，会说说得人笑，不会说说得人跳。我们只要恰到好处地表达，才能清晰地传达自己的意思，也才能让听者喜笑颜开。通常，大多数单位都是以年度为时间计量工作的。每到年底，各个单位都会忙着总结一年的工作，开年会等。毫无疑问，在工作进行到年中提出加薪，显然是不合时宜的。虽然领导可以心血来潮地在年初、年中或者任何时候给他人加薪，但是作为下属要想提出加薪请求，最好等到年中总结时。这个时期，领导清楚地看到每个员工在一年中的辛苦付出和劳作，因而能更好地权衡下属提出的加薪请求。只要注意措辞，情绪缓和，加薪的要求很可能得到批准和实现。也因为一年的工作业绩，领导通常不会为此感到气愤，说不定还会在答应你加薪请求时让你制定新一年度的工作目标呢！如此皆大欢喜的结局，是每个人都愿意看到的。

眼看着一年就要到头了，最近各个公司都到了最忙碌的时候，安安的公司也是如此。这不，安安不但要把一年的工作都做个收尾，还要写出年度总结，给上司一个交待。其实，安安很把今年的年度总结放在心上，因为她还有一个为人所不知的计划，那就是利用年度总结的机会申请加薪。为此，安安在书面的年度总结上煞费苦心，她没有像其他同事那样随便抄写或者拼凑一篇年度总结，而是一字一字经过仔细斟酌才写的。安安非常公正客观，不但在年度总结中写了自己一年的收获，也写了自己偶尔犯的错误以及从错误中汲取的经验教训。当然，安安不光写了工作的事情，而是把这篇年度总结写得像散文一样，既然是年度总结，她还写了自己的家庭生活一年的得失。安安写道：“今年家里发生了很多事情，我的父亲因为中风瘫痪在床。为了不耽误工作，我特意让弟媳妇辞职照顾父亲，但是她也同样需要养家糊口，因而我主动提出每个月从自己的薪水中拿出一部分给她贴补家用。由此一来，家里的经济异常紧张。幸好，虽然钱有些短缺，但是生活总算再次步入正轨。在新的一年里，我当然愿意继续留在这个熟悉亲切的大家庭里，也希望能够通过努力让自己的工作更上

一层楼。当然，我也有小小的私心，那就是如果能够加薪，一定会大大缓解我此刻面临的困境，也让我能够更加专心地投入工作。我想，一切困难都是暂时的，在亲爱的同事们和英明睿智的上司的带领下，我一定能够渡过所有难关。”

看惯了那些千篇一律、内容空洞的年终总结，当上司看到安安的年度总结时，不由得觉得耳目一新。她从不知道安安居然独自承担了这么大的压力，排除重重艰难才圆满完成工作。她当即找来安安面谈，关心安安的家庭生活。上司问安安：“你每个月需要支付弟妹多少钱？”安安说：“原本，弟妹每个月有五千多工资，不过她也说了，她也有责任照顾父亲，所以我每个月给她三千元。”上司略微沉思，说：“一直以来，你的工作表现都很好。家里遇到这么大的困难，公司理应照顾。不过呢，加薪三千也是不可能的。”安安赶紧说：“当然，当然，我知道的，不可能加薪三千。我并不是想让公司为我承担什么，我只是想如果能正常加薪，就很满足了。”上司说：“好吧，也谢谢你的理解。我会向老板争取的，一定给你争取最大利益。”安安说：“您放心吧，我一定会更加加倍努力地工作。”

借着年终总结的机会，安安说了自己的工作和生活情况，最终得到上司的理解和支持，为她争取到最大限度地加薪。这样一来，虽然不能完全抵消安安付给弟妹的支出，但是也极大限度地缓解了她的经济压力。而且，上司也因为安安对自己工作的理解和支持，而更加赏识和亲近安安，这是比金钱的回报更重要的收获。

升职加薪，这是每个职场人士的梦。我们只有找准合适的机会，以恰到好处地表达向上司申请加薪，才能既如愿以偿，又不得罪上司。如此皆大欢喜的结局，对于我们与上司的相处和亲密关系，都有莫大的好处。

现代职场不缺个人英雄，千万要低调

人在职场，当然要具备基本的能力和专业知识，唯有如此，才能立足职场，站稳脚跟。不过，光有能力也是不够的，因为现代职场的竞争越来越激烈，人际关系也更加微妙，只有超强的工作能力还不够，还要学会与人相处，把职场关系处理好，才能如鱼得水，八方逢源。和几十年前人们喜欢树立典型相比，现代职场不主张个人英雄主义。尤其是随着行业内的分工越来越细化，几乎没有任何人能够仅凭自己的能力就把工作做好。对此，我们必须形成团队意识，树立正确的合作观点。所谓一个篱笆三个桩，一个好汉三个帮。我们只有融入团体，才能最大限度地发挥自己的能力，与大家形成合力，创造奇迹。这就要求我们，在职场上千万不要搞个人英雄主义，更不要自以为是，不把任何人放在眼里。我们必须低调内敛，即使能力再强，也要意识到自己的不足，也要把别人看在眼里，才能把工作做得更好。

很多情况下，人在职场，稍有些能力就想毛遂自荐。毛遂自荐当然是没错的，但如果时时处处冒个尖，把袋子都钻漏了，那就不合时宜了。一个真正成熟的职场人士，不但不会骄傲，也会始终向成熟的麦穗一样谦虚谨慎。

丝丝进入公司之后，非常珍惜来之不易的工作，而且也牢记父母的叮嘱：脏活累活抢着干，不要吝惜力气。因而，不管是同事之间需要帮忙，还是领导有什么出力不讨好的苦差事，她都无一例外地主动承担。自从来到公司三个月，她从未按时下班过，总是等到别人都下班了，她还会一个人在办公室整理文件，主动加班。渐渐地，那些按时下班的同事越来越看不惯丝丝。有一次，一个同事还阴阳怪气地说："丝丝真是活雷锋啊，让我们这些人情何以堪呢！"遗憾的是，丝丝根本没听懂同事的嘲讽，依然故我。

每次开会，丝丝也总是争抢着发言。当领导让同事们发表看法时，那些老同事都明哲保身，保持缄默，唯有丝丝慷慨陈词，还大言不惭地说："我经验

不足，但是胆子大，我就先说吧，抛砖引玉。”如此，丝丝越来越争风抢上，不管什么事情，都恨不得做到第一。更多的同事对丝丝有意见，在如此辛劳一年之后，丝丝在员工评选时居然位列全公司倒数第一。这时，委屈得大哭的丝丝才意识到：只博得老板的喜爱是远远不够的，还要与同事搞好关系，才能长久地发展。她痛定思痛，渐渐改变自己，然而大家已然对她形成恶劣的印象，再想改变也很难了。

事例中的丝丝，因为牢记着父母的教诲，而且也珍惜得来不易的工作机会，因为处处主动积极地表现自己，最终风头太强，压倒了其他同事。虽然这样的拼命三郎也许能够得到领导的赏识和喜爱，但是却让同事们倍感压力。因而，丝丝尽管非常努力地付出，却成为公司里人缘最差的人，排名位列公司倒数第一。如果丝丝能够调整思路，不管做什么事情都不要着急独自拔尖，而是与其他同事或者工作上联系紧密的小团体在一起，就不会出现如今的状况。

任何时候，在职场上，我们都要保持低调。对于每个人而言，即使能力再强，也是独木难成林。而且，公司在考察职员时，不但会评定职员的能力和专业素质，也会考察职员待人处事的能力，以及与团队团结协作的能力。只有全方面综合发展，做到面面俱到，我们才能获得好人缘，也能得到长足的发展。

学会汇报工作，才能玩转职场

与几十年前吃国家饭的人只知道埋头苦干相比，现代的职场人士不但需要埋头苦干，更需要仰头说话。任何一个行业，都不可能是仅凭个人努力就能做好的。因而，作为现代职场人士，我们必须学会说话，学会与同事、上下级进行沟通，尤其要学会汇报工作。如果说埋头苦干是老黄牛，那么默默无闻的老

黄牛显然已经不适应现代职场。很多人自以为上司一定会看到他们的努力，实际情况是上司也是人，不是神，也要忙于自己的分内之事，因而不可能面面俱到地观察和了解每一个职员。在这种情况下，汇报工作显得至关重要。一味地埋头苦干而不懂得汇报工作，工作上就很难有所起色。

小张和小王一起进入公司，小张爱说爱笑，很快就与同事们打得火热。小王呢，生性内向，整日沉默寡言，只知道默默埋头工作。因而，每当需要汇报工作时，与小张同在一个小组的小王从不出面，都是由小张作为代表面见上司。

一年多时间过去了，小王和小张一起做的好几个项目反馈都很好，但是上司开会时接二连三地表扬小张，却丝毫不提小王。原来，上司很少见到小王，却经常见到找他汇报工作的小张，因而对小张印象深刻。众所周知，职场上的很多人都是见风使舵的。看到上司如此赏识小张，同事们也刻意与小张交好，渐渐地，小张居然成了尽人皆知的名人，在公司里很吃得开。

前不久，小张的项目组长得以升迁，去了其他部门当经理。为此，上司急需再提拔一名项目组长。思来想去，上司决定提拔小张，而默默付出很多的小王依然名不见经传。

小张和小王是同时进入公司的，学历、资历、能力都相差无几。仅仅因为小张善于汇报工作，而且为此经常与上司接触，就飞速上升，一年多就被提拔为项目组长。小王呢，也许论专业知识，小王还更胜一筹，遗憾的是小王由于性格内向，自己把自己雪藏起来了。不但上司不了解小王，同事们也都拿他当空气，简直变成了透明人。这样的透明，在职场上是莫大的悲哀。

朋友们，你们在职场上害怕汇报工作吗？很多人为了一时清闲，就故意避开汇报工作的事情，让同事代劳。殊不知，你在任何方面的付出都是有回报的，一味地避开上司，成为幕后的人，则上司也会渐渐地疏远和遗忘你，再有晋升的好机会时，也根本不会想到你。如此想来，是不是得不偿失。如果做完了一切事情，只差最后一步汇报，就导致所有功劳都抹杀，相信任何人都不愿意。一个只会像老黄牛一样默默工作，却从不知道展示自己的人，最终的下场就是被别人踩着往上爬。想一想，就觉得心不甘情不愿吧！那么，从现在开始积极主动地汇报工作吧，这是你在上司面前隆重推出自己的好机会。

每个领导都喜欢忠心耿耿的下属

很多下属都怕见领导，仿佛领导是凶猛的狮子和老虎，能够一口吞掉他人。实际上，领导也是人，不是神，也有担忧，也有欢喜。在你担心领导不喜欢你不赏识你时，领导也许也在担心得不到你的认可和信任呢！对于领导而言，拥有一个对自己忠心耿耿的下属，是最重要的。所谓独木难成林，即使领导再怎么有能力，也无法独自一人做成很多事情。一个合格的领导，必然有忠诚的追随者成为他的左膀右臂，这样才能在需要的时候一呼百应。因而，我们必须投其所好，洞察领导的心思，把话说到领导心里去。

何东进入公司完全是凭着自己的能力，根本没有什么所谓的背景。但是，何东进公司后一年多就得到提升，后来更是平步青云，这一点让大家疑惑不解：如果何东没有背景，怎么就像坐了火箭一样扶摇直上呢！这其中的原因，只有何东自己知道。

何东是李总招进公司的。和李总一样，张总也是公司副总。当时，张总和李总谁也不服气谁，都觉得自己是公司的开国元老，都不把对方放在眼里。为此，老板也很无奈。手心手背都是肉，动谁都不行。就这样，李总和张总之间的矛盾越来越深。后来，他们就开始拉帮结派，每个人都想为自己争取人心，积蓄力量。就在此时，李总把何东招了进来。

对于李总和张总之间的竞争，很多老同事都心知肚明，但是聪明的他人从

来不明确地支持谁，因为谁也不知道李总和张总在这场博弈中谁最终能获胜。何东来了之后，对李总忠心耿耿，虽然他当时还不了解公司的势力斗争，但是却经常斩钉截铁地向李总表态："李总，这个工作的机会是您给我的，我非常感谢。您放心，我一定全力配合您的工作，竭尽所能地支持您，追随您。说句不好听的话，要是有一天您离开公司，我肯定也不会留下来。我这个人别的优点没有，就是讲义气。"何东的话，让当时急于积蓄力量的李总非常感动。看着这个单纯的、愣头愣脑的小伙子，他暗暗地说："这家伙倒是比别人都更可靠呢！"后来，张总因为经济问题受到牵连，被撤销副总的职务，从此李总春风得意。当然，李总也没忘了关键时刻对他忠心耿耿的何东，居然提拔了何东，让他成为了自己的助理。看到何东的晋升速度，同事们全都不明所以。

在这个事例中，何东其实并没有从实质性的角度上帮助李总，但是李总需要的恰恰就是他忠诚的誓言，而不需要他实质性的帮助。最终，李总春风得意，因而马上就提拔何东，让其成为自己的助理，每日协助自己工作。从李总的身上我们不难看出，领导最重视和需要忠心耿耿的下属，这一点毋庸置疑。

在职场上，如果做事方法不对，就会事倍功半。与此恰恰相反，何东虽然不像老同事那么圆滑，但却因为一个简单的道理而对李总忠心耿耿。他误打误撞，给予了李总忠诚的誓言。因而，他才能得到李总的认可和赏识，让李总即使清除异己，春风得意时也没忘了提拔他。朋友们，人在职场，很多时候身不由己，但是踏实做人做事，永远都是必须的。

领导也要讲究艺术，批评与表扬都要适当

人是群居动物，人们挨挨挤挤地在一起生活与工作，就是通过不断地表

达实现交流。因而，语言表达被提升到很高的高度。尤其是在职场上，不管是上下级之间，还是同事之间，都需要依靠语言进行交流。那么，前文我们说当下属赞美上司时要把握好度，否则就涉嫌“拍马屁”。那么，当领导与下属说话时，是不是也需要讲究语言的艺术呢？答案是肯定的。现代社会，很多时候个人与公司之间是双向选择，不但个人要展示自己，公司也要展示自己，这样做出的选择才更合适。当然，这仅仅指的是面试的时候。那么，在日常相处中呢？曾经人们以为当个领导就是高高在上的，其实不然。现代职场，很多领导都求才而不得，因而对下属也是非常谨慎的。他们不但像对待孩子一样经常表扬下属，在下属犯了错误批评下属时，也更加小心谨慎。毕竟，虽然大学毕业生很多，但是真正的人才却很少。领导与下属之间只有彼此珍惜，才能缘分长久。

作为世界上著名的成功学大师，卡耐基深谙人际相处之道。即使是对下属，他也非常注意相处的方式方法。有一次，卡耐基交代秘书莫莉为他整理第二天的演讲稿，当时还有几分钟就要下班了，莫莉因为惦记晚上的约会，因而非常匆忙地为卡耐基整理了演讲稿，将其放到卡耐基的办工桌上就离开了。

次日下午，当莫莉正悠闲地坐在办公室里一边喝咖啡一边看报纸时，卡耐基拎着公文包行色匆匆地走进来。莫莉看到他，赶紧问：“卡耐基先生，演讲一定非常成功吧！”卡耐基点点头，笑着看着莫莉，说：“当然，掌声快把屋顶都掀翻啦！”

“哦，那可太好了，衷心祝贺您！”莫莉心思简单，根本没想到会有其他问题。

卡耐基宽容地看着这个单纯的姑娘，依然满脸笑容：“莫莉，你知道大家为什么那么热情地鼓掌吗？因为我原本计划演讲‘怎样摆脱忧郁创造和谐’的主题，但是当我打开演讲稿开始读时，大家简直笑疯了。因为我读的是怎样增加奶牛产量的新闻。”说着，卡耐基从公文包里拿出一份演讲稿，莫莉不由得满面通红：“对不起，卡耐基先生，我昨天着急下班，犯了严重的错误，我

想，我一定害您丢脸了。”

卡耐基宽容地说：“没关系，我还得感谢你呢，因为你这么做增强了我临场发挥的能力！”自从发生这件事之后，莫莉在工作上再也没有犯过同样的错误。她知道，卡耐基先生是因为宽容仁慈，才没有严厉地批评她，而给她留足了面子。

如果卡耐基严厉地不顾情面地批评莫莉，一定会让这个善良可爱的姑娘无法承受。当然，卡耐基并不想因为这一次的错误而失去莫莉，而且他也相信莫莉在经过这次错误之后，肯定会更加认真努力地工作。因而，卡耐基采取这样幽默的方式提醒莫莉，果然起到了意想不到的良好效果。

工作中，每个人都会犯错误，尤其是初入职场的新人。作为领导，当然不仅仅是义正严词地指出下属的错误，不留情面地批评下属，而是应该想办法帮助下属成长，不断地提升下属，最终使其越来越成熟，足以胜任工作。只有与下属共同成长的领导，才是真正的好领导。所以，如果你恰巧也是一名领导，那么一定要掌握语言的艺术，学会与下属更好地相处哦！不管是赞美还是批评，只有方法得当，才能起到良好的效果。

第17章

朋友间好相处：会说好话让彼此更亲近

朋友，是我们一生之中最重要的陪伴。朋友的情谊，是命运对我们人生最珍贵的馈赠。任何人，都不可能没有孤苦伶仃地活着，否则人生一定非常悲惨。看看身边那些快乐的人吧，他们的家中肯定高朋满座，不管遇到什么为难的事情，都会有朋友为他们挺身而出，伸出援手。然而，朋友间的情谊，也是需要我们用心维护的。好朋友之间，一定是好言、好语、好感情！

友谊之树要想万古长青，一定要用心经营

朋友一生一起走……每当耳边响起周华健熟悉的歌声，我就会想起无数个有朋友陪伴的日子。每个人，一生之中都需要朋友的陪伴。从还是小婴儿呱呱坠地的时候开始，我们看到同样的小婴儿就会欢喜，虽然他人听不懂我们在咿咿呀呀地说些什么，但是我们知道自己的语言。到进入幼儿园，开始融入那个小小的社会，没有爸爸妈妈陪伴在身边，我们学会了与身边的小朋友相处。再到小学、中学、大学，我们人生的每一步，几乎都伴随着朋友在身边。少不更事时，我们不会因为失去一个玩伴而伤心难过，总觉得交朋友是轻而易举的，因而朋友离开我们，我们还可以继续“找呀找呀找朋友”。随着年岁渐长，不再那么轻而易举地对人掏心窝子了，因而逐渐意识到友情的可贵。我们开始珍视朋友，珍惜友谊，因为知道每一个朋友都是得来不易的。

时间告诉我们，能够经得起光阴流转的友谊，是真正的友谊。不仅如此，友谊也像是一朵娇艳的玫瑰，需要我们精心呵护和栽培。否则，当友谊遭遇冷落和误解时，就会渐渐枯萎。当你老了，头发白了，如果还有几个知心好友可以相聚，可以一起喝茶，可以一起小酌，可以一起嬉笑打闹说话不过脑子，那是多么奢侈的幸福啊！为了将来如此美妙幸福的生活，就让我们从现在开始学会珍视朋友吧！

对于好朋友，欣欣总是什么都不在意。她不但与闺密那敏好得像一个人，而且什么东西都不分彼此，因而说话也像是自言自语，完全是毫无顾忌。

在大学期间，她与那敏每天一起上课，一起下课，一起吃饭，一起睡觉。

她们不管有什么都共享，哪怕是偷偷地喜欢哪个男孩了，也会偷偷地告诉对方。当然，对方也会坦然说出自己的意见和建议，给出最中肯的评价。大学毕业后，她们依然保持着亲密无间的联系，虽然远在两个城市，但是每到节假日都会想办法见面，平日里还不停地打电话互通有无。就这样过了一段日子，她们各自都有了男朋友，电话渐渐少了，也很久未见了。在国庆节前夕，欣欣突发奇想，想要带着自己英俊帅气的男朋友去看看那敏，顺便也见识见识那敏的男朋友。女孩总是如此小心眼，哪怕是和好朋友之间，也想要在人生的另一半上一较高下。就这样，欣欣以看望好友的名义，实则怀着不可告人的小秘密，与男友踏上了前往那敏所在城市的高铁。在出站口，欣欣一眼就看到了那敏和她身边的矮冬瓜。欣欣暗自窃喜，哈，那敏的男朋友可没有我的男朋友帅气啊！虽然如此窃喜，但是欣欣到底为好朋友喊冤叫屈。私下相处时，欣欣毫不犹豫地开门见山："那敏，你是不是眼瞎了啊，你各方面的条件这么好，怎么找了这么个矮冬瓜。"不想，欣欣这话刚一出口，那敏就变了脸色，她停顿很久说："如果你还当我是朋友，以后就不要这么说话。"欣欣不知所以，说："怎么了，以前不都这么说的吗？难道我和你还要遮遮掩掩吗？"那敏正色说："看人不要只看表面，咱们看看以后谁过得好吧！"

这次见面，欣欣和那敏在彼此的男友面前虽然维持着表面的和谐，但是心里却都有了隔阂，而且还较着劲。

毫无疑问，这件事情肯定是欣欣的错误。面对许久未见的好朋友，彼此都满心欢喜地想要把男朋友精彩亮相，不想欣欣一张嘴，就给那敏当头一棒。要知道，毕业之后正儿八经地谈恋爱，也就是人们所说的以结婚为目的的恋爱，每个人都是非常慎重的。那敏之所以能接受这个矮胖的小伙子，一定有自己的理由。但是欣欣还像大学时期一样，说话嘴上没把门的，肯定会让那敏感到心中不悦。

学生时代的友谊，总是非常纯粹简单。然而，随着工作，人生阅历的不断丰富，人们彼此之间的感情越来越复杂，因而对友谊的维护方式也应该随之改

变。曾经两小无猜的小朋友们，渐渐有了自己的心事，不再什么都坦诚相告朋友了。在这种情况下，朋友之间的说话方式也应该随之改变。只有与时俱进地采取恰到好处的方式维持友谊，才能让友谊之花常开不败。

朋友妻不可欺，朋友面子也尽量不要驳

俗话说，朋友妻不可欺。这在朋友之间，已经成为一个大家共同遵守的铁的定律。所谓朋友，就是兄弟，兄弟的妻子怎么能欺负呢？！其实，朋友之间还有一条铁的定律不能违反，即朋友的面子不可驳。除非朋友真的提出了不情之请，或者故意让你为难，否则在有能力的情况下一定要尽量帮助朋友，尤其注意不要让朋友折了面子。否则，朋友也就不复存在了。即使勉强维持表面的友谊，心底里也会觉得物是人非。

乔乔和佳佳是大学同学。大学毕业后，乔乔回到老家县城，在爸爸的安排下进入政府部门工作，虽然旱涝保收，但是几乎每个月都入不敷出。的确，一个月两千多元的工资，乔乔不但要养活自己，还要与单位的同事、曾经的同学和朋友之间人情往来，每个月开支都很大，吃饭买衣服都要节省。佳佳呢，人在大城市漂着，虽然每个月工资都是乔乔的三四倍之多，但是因为房租昂贵，而且大城市的各项开支也很高，所以也没积攒下什么钱。

几年过去了，乔乔和佳佳都到了谈婚论嫁的年纪。乔乔的男朋友也是公务员，每个月三千多元工资，比乔乔强不到哪里去。当他们的婚事提上日程，买房的事情也就提上了日程。他们两家七拼八凑，也才凑了二十几万元，还差十几万元呢！为此，乔乔无奈之下，只好向佳佳求助。实际上，当时佳佳手里并没有什么钱，但是她却大言不惭地说："嗯嗯，我有一笔钱现在不在手里，

差不多一个星期能到位。”乔乔再三核实：“你确定一个星期能到位吗？要是确定，我们就不再想其他办法了。要是不能的话，虽然也没处可借了，但是只能再想办法。”佳佳说：“能。”就这样，乔乔在男朋友面前打下包票：“我姐们有钱，一个星期左右就能给咱们。这下踏实了吧，关键时刻还得看你女朋友的吧！”他们安安稳稳地过了一个星期，不想，乔乔突然接到佳佳的短信：“亲爱的，我的钱出问题了，暂时拿不回来了，要不你再想想别的办法吧。”接到这个短信，乔乔心急如焚，一则规定的交钱日子要到了，二则她在男朋友面前也觉得特别没面子。因此，她一气之下给佳佳回信息：“你可算是让我栽大发了，这辈子我在男朋友面前都抬不起头来了！谢谢你，朋友！”从此，乔乔和佳佳再无往来。

其实，佳佳如果在一开始就拒绝乔乔，乔乔肯定不会责怪她。怪就怪，佳佳先是答应了乔乔的请求，让乔乔不再去别处借钱，且在男朋友面前夸下海口，因而佳佳最终的拒绝不但让乔乔措手不及，还丢了大面子。

朋友之间，如果做不到的事情，千万不要随意承诺。越是关系亲密的人之间，越是伤不起，因为爱之深则恨之切。我们每个人，都要记住这个原则，若非万不得已，千万不要驳朋友的面子。虽然有些人之间的友谊坚若磐石，但是，一旦伤了面子，友谊的大厦就会轰然倒塌，甚至再无重建的可能。

人与人要学着和刺猬一样相处，才能长久

在寒冷的季节里，有一群刺猬依偎在一起取暖。它们彼此靠得很近，恨不得紧紧地贴在对方身上吸收对方的体温，然而它们旋即又分开了。原来，它们被对方身上的刺扎得生疼，让它们不得不顶着严寒保持远远的距离。然而，天

气实在太冷了，每只刺猬都只有微微的体温，如果不依偎着取暖，它们似乎马上就要冻死了。无奈之下，它们只好再次靠拢，却又重复了此前的过程。如此循环往复，经过一次又一次的靠拢与分开，刺猬们最终找到了最合适的距离，让它们既能感受对方的体温，相互温暖，又不至于被对方的刺扎上。这就是刺猬法则。

现实生活中，很多人都曾有过这样的感触，即与他人靠得太近容易彼此厌烦，一旦离得远了又会想念。只有找到一个最合适的距离和最恰到好处的交往频率，彼此才能更加舒适坦然。这就是人与人相处的法则。实际上，人和刺猬一样，必须找到最合适的距离相处，友谊才能地久天长。归根结底，人是极具个性的，每个人都有自己的性格特征，这个世界上绝对没有两个完全相同的人，因而每个人都是独一无二的存在。在这种情况下，人与人之间要想更好地相处，必须相互忍让和宽容，而且要懂得相处的艺术，知道保持适度的距离，才能避免彼此之间针锋相对，被对方的棱角与个性所伤。

大学毕业后，静静被分到一家村小当老师。因为离家比较远，她选择住在学校里。当时，学校里还有两个比静静早一年分配的女孩住校。为了最大限度地降低生活的烦琐，她们经过商量，决定搭伙吃饭。不过，由于刚开始时大家都觉得自己吃的不多，所以也没有制定搭伙的规矩。就这样，她们今天你带米，明天我带菜的，不知不觉就过了一个星期。这一个星期里，她们吃得非常开心，有的时候居然能凑三四个菜！然而，随着时间的流逝，她们的搭伙出现了问题。

原来，冬冬正在减肥，每顿饭只吃半碗。为此，冬冬差不多一个星期才带一次米或者菜，而且说自己不吃也行。刚开始时，静静和另一个女孩不以为然，但是随着时间的流逝，她们越来越不乐意。即使冬冬吃的再少，每顿饭也必然是要吃的，为此，她们开始闹意见。渐渐地，意见越来越大，三个人一起开会，静静提议每个人每个星期拿出二十元生活费，多退少补，一切费用都三人均摊。这样，冬冬又不乐意了。她不停地念叨自己吃的很少，如此一来，商

量的结果就是不欢而散，大家各吃各的。经过了大锅饭的和谐热闹，如今三个人分开吃，都觉得有些不好意思，也觉得难堪和尴尬。静静非常后悔，心想当初还不如直接各吃各的呢，也不至于这么别扭。

在这个事例中，静静、冬冬等三人，无疑就是违背了刺猬法则。刚开始聚在一起的她们，把吃饭这件事情想的过于简单，却不知道每日三餐堆叠在一起，就变得不简单了。因而，她们先是错误地搭伙，而后更加错误地没有制定搭伙的规矩，最后因为有人觉得自己吃得少，有人觉得自己每天都带食物，有人觉得自己付出最多劳动，导致不欢而散。如此突然的疏离，就像是刺猬在相互取暖被扎伤之后骤然分开一样。遗憾的是，人与人之间不可能像刺猬一样不停地聚拢、分散，再聚拢、再分散……如此循环往复地试探。经过这次散伙，静静、冬冬等三人之间的关系大不如前。如果她们能在刚开始时就有清晰的思路，也就不至于如此尴尬和被动了。

钱财和物品，在人际交往中一直都是非常敏感的。即使是朋友如此亲密的关系，也必须要把钱和物捋顺关系。任何人，即使关系再好，也不可能单方面长久地付出。唯有制定规则，才能彼此保持公平公正，关系也才能维持长久。正如民间有句话，亲兄弟明算账。既然连有血缘关系的亲人之间都要如此，更何况是朋友！很多时候都要把丑话说在前头，才能让后面的事情进展得更加顺利。

共荣圈里的朋友们，一定非常快乐

经常亲近大自然的人会发现，当一株植物独自生长在某处时，往往显得势单力薄，不但矮小，而且孱弱。而当这微不足道的植物与同类们聚集在一处生

长时，则显得生机盎然，郁郁葱葱。随着对自然现象了解的深入，人们把这种现象称为共生效应。其实，共生效应不但存在于自然界的植物之中，也同样存在于人的群体中。不管是植物还是人，当聚集在一起时，就会相互促进。对于人类社会的共生效应，最显著的莫过于英国卡蒂文实验室。在1901年到1982年八十多年间，这个实验室培养出二十五位诺贝尔奖获得者。也许有人不知道这是一个什么概念，那么如果你知道一个国家有可能数百年间都未曾得到过诺贝尔奖，你就知道这个实验室的诺贝尔奖获得者的出现是多么密集，这就是共生效应。其实，这是因为这个实验室里浓郁的学术氛围，再出现第一名获奖者之后，就一代一代地传承下来，就不停地四处扩散。

抛开诺贝尔奖不说，毕竟这是与普通人的生活相距遥远的。那么，就说说我们日常生活中常见的现象。如果你认真仔细地去观察，就会发现你身边的很多人都有自己生活的圈子。在这个圈子里，他们与志同道合的朋友一起学习、工作、娱乐、玩耍，他们经常聚集在一起，就像家庭聚会一样自然。在这个圈子里，每一个人都觉得非常自由自在，然而一旦离开这个圈子，和圈子以外的人交往，则这种亲切自如的感觉就会消失。包括你在内，一定是这样。唯一的区别在于，每个人圈子的大小不同，圈子里的朋友层次也各不相同。这实际上是根据我们自身的特点决定的，人们常说的物以类聚，人以群分，就是这个道理。没有生活圈子的人一定是寂寞的。当你找到这个圈子，你也就找到了属于自己的快乐。

很多细心的人会发现，那些所谓的富二代、官二代，总是轻而易举就能获得成功，但是普通百姓家走出来的子弟，即使非常努力，也很难获得成功。这其实也是共生效应在发生作用。富二代、官二代，生活的圈子里都是富人、高官。他们不管想做什么事情，也许只需要打个电话就能解决。但是对他们而言轻而易举的事情，对于普通人却很难实现。这就是圈子的神奇力量。就像是法国的贵族社会，对于平民百姓是非常排斥的，而且很讲究贵族的头衔，也是共生效应的一种体现。归根结底，你所生活的圈子很大程度上影响你的人生，甚

至会决定你的命运。因而，现代社会很多人觉得考大学没有用处，还说刚毕业的大学生远远不如农民工挣钱多，这其实是鼠目寸光的表现。当你真正走入大学，你不但学到了知识，更认识了很多与你相同知识层次的人。等到你们都走入社会，彼此之间还有交往和联系，你们就形成了一个弥足珍贵的圈子。在这个圈子里的人，一定是快乐的。

在父亲的建议下，比尔·盖茨进入湖滨中学读书，因为对计算机的喜爱，他与保罗·艾伦成为好朋友。那是1968年。当时，艾伦比盖茨大两岁，因而懂得知识也比盖茨多。当听到艾伦滔滔不绝地讲述时，盖茨总是羡慕不已。不过，在计算机方面，盖茨显然比艾伦更有天赋，因而艾伦与盖茨成了好朋友。他们一起携手走进计算机王国，先是在湖滨中学的计算机室里苦心研究，后来因为经费问题，湖滨中学停止计算机室的开放。为此，艾伦和盖茨不得不另想办法。一个偶然的机会，他们得知有个公司需要招聘人员抓臭虫，因为提出方案帮助这家公司免费抓臭虫，但是前提是要在下班之后给他们免费试用计算机。公司的负责人在证实这两个大男孩的能力后，认可了这个方案。从此之后，艾伦和盖茨总是在夜晚去那家公司工作，抓完臭虫就研究计算机。那段时间，盖茨非常嗜睡，但是他与艾伦却乐此不疲。

后来，盖茨选择退学，与艾伦一起开创了微软。如果没有盖茨，就没有今天的微软。如果没有艾伦，也就没有今天的盖茨。

盖茨与艾伦之所以能够成为精诚合作的伙伴，是因为他们有着共同的兴趣和志向，也能够彼此之间相互促进，相互推动。因而，盖茨常常说，“你所结交的朋友往往决定了你一生的命运。”这句话，是对盖茨一生的很好描述。因此，我们每个人都要找到最适合自己、能够促使自己进步的圈子，然后全身心地融入其中，获取能量，推动自己不停地向前发展。与优秀的人为伴，总是能使我们变得更优秀，这一点是毋庸置疑的。

不要对朋友耿耿于怀，要学会及时清除记忆

所谓近因效应，其本质是心理学中的一种现象。指的是人们在对一系列的事物进行记忆时，对末尾的部分记忆明显强于中间部分。这是因为随着时间的流逝，人们对于最新的事情总是印象深刻，而把前面的印象逐渐模糊和淡忘。也因为如此，我们在生活中总是牢牢记住刚刚发生的事情，在人际关系中甚至忘了别人的好，而只记得别人最近做错的事情。其实，人非圣贤，孰能无过。尤其是与他人相处时，面对他人的错误，我们必须怀着宽容的心态，及时调整和改变自己的态度，才能更好地经营友情。把近因效应投射到生活中，即可以看到，人们对他人的印象大多数取决于最新的认知，而甚至掩饰了此前形成的印象主题。举个最简单的例子，倘若你对一个朋友很不满意，但是当他人让你切实说出不满意的理由时，你却只能勉强说出两三条。这是因为，你只记得最近的几件事情，而把此前的全都忘记了。曾经，有心理学家经过研究证实，在学习上近因效应的作用也非常明显。例如，在紧张的复习阶段，学生们经过复习之后，对最后复习的知识总是印象深刻。由此可见，近因效应与短时记忆之间有一定的关联。了解了这个规律，就可以大大提高复习的效率。

不过，曾经有心理学专家研究证实，人与人在最初开始交往时，受到首因效应的明显影响。而在交往进行到一定阶段之后，近因效应的效果开始现象。由此我们也不难得知，不管是与朋友还是与他人相处，都要注意持续性。任何感情，都不是一蹴而就的，我们只有更用心地去经营和维护感情，才能让友谊地久天长。

作为好朋友，小梦和艾琳非常亲密，不但从小玩到大，又是同学，因而成为了铁杆闺密。不过，最近小梦的父母正在闹离婚，家里每天都是吵闹声不断，有的时候争吵升级，小梦的父母还会动起手来，把家里砸得乱七八糟。因而，小梦心情郁闷，简直失去了活着的希望。昨天晚上放学，艾琳和往常一

样等小梦一起回家，不想小梦却郁郁寡欢地说：“你先走吧，以后不用等我了。”艾琳不知所以，生气地说：“我好心好意等你，你却这样！”小梦情绪激动地喊道：“我就这样，你再也别理我了。”听了小梦的话，艾琳伤心不已，她哭喊道：“原来，你的一切都是虚伪的，你根本不当我是朋友，所以才会这么不在乎我。”喊完，她就跑开了。

未来的很多天里，小梦与艾琳形同陌路。艾琳坚持认为小梦在欺骗她，没有拿她当朋友。有一次，小梦特意拿来了自己珍藏的巧克力送给艾琳，想与艾琳和好，但是艾琳却粗暴地说：“收起你的虚情假意吧！”小梦伤心地走了。她不知道如何告诉艾琳，因为爸爸妈妈离婚，她马上就要跟随妈妈去外地读书，分别就在眼前。直到小梦离开，艾琳看到了小梦给她留下的信，艾琳才明白一切：原来，原本无忧无虑的小梦承担了巨大的压力，又面临着家庭的支离破碎，心情非常不好。艾琳马上给小梦写了回信，在信里，她对小梦说：“不管什么时候，我们都是好朋友，我会永远在你的身边。”

在这个事例中，艾琳因为近因效应，在被小梦无端地疏远之后，完全忘记了彼此之间曾经亲密无间的情谊，总觉得小梦是在欺骗她的友情。也因此，即使小梦拿着珍藏已久的巧克力来与她和好，她也毫不留情地拒绝了。直到小梦跟随妈妈转学去外地，直到艾琳读了小梦的那封信，一切误解才烟消云散。

生活中，近因效应非常常见。尤其是在人际交往中，人们常说的哪怕千好万好，只要有一个不好，就会全部抹杀，其实也是基于近因效应的道理。由此可见，即使是朋友之间，一旦产生误解或者不愉快，一定要及时解释，及时弥补，这样才能尽快修复友情，让彼此之间再次变得亲密无间。

吃亏是福，多让朋友占便宜，友谊才能长久

自古以来，明智的人都会告诉自己吃亏是福，因而处处主动吃亏，从不为了些许的蝇头小利与他人争得面红耳赤。殊不知，吃亏的确是福。很多时候，看似我们失去了一些，也吃了亏，但实际上，有舍必有得。我们在吃亏的同时，收获了友谊，收获了赞许，收获了认可。人生一世，要想拥有好人缘，唯有多多吃亏，才能收获满满。

有的人总是斤斤计较，即使是与朋友之间，也小算盘打得精明。这样的人，要不了多久，必然失去朋友。因为，没有人愿意永远被你占便宜，而且这些人看似憨厚，其实并不傻。我们需要记住的是，有些人虽然看似憨厚，其实并不傻，他们之所以心甘情愿地吃亏，只是因为宽容善良。因而，永远不要因为他们表现出来的憨憨傻傻的样子就总是欺负他们，否则你一定会失去这样心思单纯善良的好朋友。

在两千多年前的齐国，管仲与鲍叔牙是非常要好的朋友。管仲年轻时，不但家境贫寒，捉襟见肘，而且还要赡养年迈的母亲。为此，鲍叔牙特意拿出本钱，邀请管仲一起做生意。因为管仲家穷，鲍叔牙独自拿出了几乎所有的本钱，但是赚钱之后，管仲却分到了大部分盈利。为此，鲍叔牙的仆人打抱不平：“这个管仲真是过分，做生意的时候一点儿钱都没拿出来，分钱却分得比我们的主人更多。”鲍叔牙闻言，对仆人说：“不要这样说，管仲家境贫寒还要赡养老母，多给他一些钱是理所应当的。”

有一次，管仲与鲍叔牙一起参军，在战场上，管仲每当看到危险的情形都会躲得远远的，即使冲锋也躲在最后面。为此，其他战友都怒骂管仲：“管仲真是贪生怕死的可怜虫！”鲍叔牙听到这话，赶紧为管仲辩解：“你们不了解管仲，他是非常勇敢的。他之所以要保全自己，并非怕死，而是为了赡养年迈的老母。”得知此事后，管仲感慨万千：“生我者父母，知我者鲍叔牙。”后

来，齐王去世，大王子褚即位，齐国发生内乱。管仲带着小王子纠逃去鲁国，鲍叔牙则带着小王子小白逃到莒。

此时此刻，管仲与鲍叔牙各为其主。当大王子褚被杀的消息传来之后，管仲想除掉小白，这样纠就能顺利即位。然而，管仲却失策了，一箭射偏，小白侥幸活命。鲍叔牙一路奔波，带着小白提前赶到齐国，登上王位。小白刚刚即位，就决定让鲍叔牙当宰相。不想，鲍叔牙却表示推辞，并且极力劝说小白："要说宰相的职位，管仲各个方面的条件都比我强，是最佳人选。"小白疑惑地说："他是当初要杀我的人，我与他有不共戴天之仇，怎么可能让他当宰相呢！"鲍叔牙却不遗余力地劝说小白："当时情况特殊，我和他也是各为其主，可以理解。"在鲍叔牙的劝说下，小白请回管仲，让其当宰相辅佐自己治理朝政。果不其然，在管仲的辅佐下，小白把齐国治理得国泰民安。

管鲍之交，历来被人们奉为美谈。鲍叔牙在与管仲相交的过程中，始终谦让管仲，甚至主动付出和承担了很多。虽然鲍叔牙看起来一直在吃亏，但是他却收获了与管仲的友谊。这样的付出，是值得的。

现代社会，尽管很难再现管仲与鲍叔牙之间的情谊，然而在与朋友相处的过程中，我们依然要坚持一个原则：吃亏是福。尽管朋友之间情谊深厚，但只有彼此不断地付出，才能让友谊之树万古长青。其实，不仅仅是对朋友，即使与普通人相处，我们也应该更加宽容忍让，这样才能收获好人缘。

第18章

自在交际妙招：谈笑风生让你从容全程

有些人似乎天生就对交际有着特殊的能力，轻轻松松就能处理好人际关系，让自己在人群之中如鱼得水，还备受欢迎。与这些人恰恰相反，有些人则无论如何努力，都无法博得他人的好感，在人群中总是如芒在背，不知如何是好。其实，人际关系并没有我们想象中那么困难，只要我们掌握人际交往的技巧，就能做到谈笑风生，从容不迫。

贵人相助，你要与贵人友好相处

每个人在一生之中，总会遇到几个对自己有所帮助的人。对于这些人，我们将其称为生命中的贵人。如果能够多几次得到贵人相助，虽然我们不能完全依靠他人，但是，也必然能够借到很大的力量，帮助自己更加接近成功。这些贵人，有些是我们的亲戚朋友，有些却只是萍水相逢的过客。既然贵人有可能转瞬即逝，那么，我们应该如何抓住生命中的贵人，并且与其友好相处呢？

小李大学毕业后进入这家公司，一直兢兢业业，却始终只是一名普通职员，没有太大提升。后来，一个师哥点拨小李："职场不能只凭苦干，要想尽快出人头地，还得上面有人。"就这样，小李茅塞顿开，不管上班还是下班时段，都开始更加留意领导。

一天早晨，小李行色匆匆地往电梯里挤，突然间看到董事长夫人也在电梯里。虽然董事长夫人并不知道小李何许人也，但是小李却笑着与她打招呼："您好，夫人。"董事长夫人也笑着致意小李，不过并没有搭话。突然，电梯发生了故障，灯一明一暗。这时，小李赶紧上前保护董事长夫人，让董事长夫人靠着电梯的角落站立，并且用胳膊为其撑起一片空间，从而避免拥挤。经过足足三分钟，电梯才恢复正常。这时，惊魂未定的董事长夫人感激地问小李："小伙子，你是哪个部门的？"小李笑着说："我是销售部的，您没事吧？"董事长夫人有些高血压，因为紧张有些头晕，因而小李扶着她下了电梯，虽然董事长夫人再三推辞，小李还是一直将其送到董事长办公室，又为其端来一杯热咖啡。由此，小李不但认识了董事长夫人，也在董事长面前亮了相。此后，

小李经常找机会见董事长，一看到董事长夫人来到公司，他也会借着端茶倒水的机会与其搭讪。果不其然，在公司年末的人员变动上，小李赫然被提拔为销售部主管，负责销售部的日常工作。小李非常兴奋，犹如打了鸡血一般，在接下来的工作中表现更加突出。

要想得到贵人相助，我们就要寻找机会结识贵人，即使没有机会，也要创造机会。很多职场人士，作为普通下属，遇到老板或者董事长之类的高层管理人员，只会轻描淡写地打个招呼。殊不知，每日在写字楼里的偶然相遇，就是你与高层管理人员相识的机会，也是你为自己找到贵人的机会。

常言道，朝中有人好当官。作为下属，我们除了要与顶头上司搞好关系之外，更要抓住一切机会结识更多的领导者。唯有如此，我们才能为自己创造和争取更多的机会，也帮助自己的职场之路变得更加平顺。当然，在与这些大领导相处时，也是需要技巧的。过于阿谀奉承，难免会让对方心生反感。其实，我们只要摆正心态就很容易与其相处：大领导也是人，不是神，我们只要不卑不亢地对待他们，就能赢得他们的尊重和认可。再加上在工作中好好表现，则更加如虎添翼。

面对冷场，如何调动气氛嗨起来

如果你经常参加社交，你一定知道冷场是非常尴尬的。因而，每一个与他人交往的人，都希望气氛能够融洽而又热烈，唯有如此，交谈才能更加顺利和深入。而面对冷场，在场的所有人都会觉得难堪，尤其是当大家都不知道如何打破冷场时，则连空气都似乎会凝结起来。因而，要想成为社交场合的达人，我们必须具备的能力就是打破冷场，使气氛重新变得热烈而又活泼。这样人们

才能敞开心扉畅所欲言，也才能释放情绪尽情地嗨起来。

1984年5月，美国总统里根来到中国上海的复旦大学，进行访问。学校安排里根总统与一百多名学生代表见面。学生们因为要与美国总统见面，全都非常紧张和拘谨。为了帮助学生们消除紧张的情绪，里根总统非常友好地说："实际上，我与大家虽然初次见面，但却很有渊源。我的夫人南希，与你们的谢希德校长，曾经都在美国史密斯学院读书和学习。他们是校友，所以我们也是亲密的好朋友！"这句话，让台下学生们紧张的心情瞬间得到释放，他们给予了里根总统非常热烈的掌声。正是因为如此精彩绝伦的开场白，才让里根总统接下来的演讲非常顺利，现场的气氛也出乎意料地热烈、融洽、轻松、愉悦。

在这个事例中，虽然没有冷场，但是学生们面对里根总统还是非常紧张和拘谨的。幸好里根总统以风趣幽默的话与大家攀上关系，这才让大家的心放松下来。尤其是在人多的场合，热烈的交谈氛围非常重要。否则，尴尬的就不只是某个人了。

在人际交往的过程中，我们也应该向里根总统学习，以幽默风趣的语言与人套近乎，主动表示友好。也许有人会说自己没有合适的理由与他人套近乎，其实生活中可以用来套近乎的理由特别多，最重要的是你必须用心。

公司举行年度大会，在自助餐环节，善谈的丽娜认识了很多人。正当大家在一起侃侃而谈时，突然因为某个同事的话尴尬地冷场了。这时，在场的人都不知道应该说些什么打破沉默，丽娜却活泛地说："哎呀，我们刚才在说什么来着？怎么现在已经离题千里了呢！这样吧，我再想个好玩的话题，咱们接下来每个人都说说自己的家乡，也说说家乡的特产。我觉得这个是特别有意义的，可以作为我们的旅游指南使用哈！"丽娜的话得到了大家的热烈响应，每个人都兴致勃勃地开始诉说自己的家乡。现场的氛围很快又热闹起来，还吸引了很多其他的同事也加入进来，大家你一言我一语地说得不亦乐乎！

很多话题都可以作为打破冷场所用，当然，最好像丽娜一样说些能够调动

所有人积极性的提议。否则，气氛很难变得热烈而又活泼。当然，如果现场的人很少，或者你只是与某一个人在一起，那么也可以说些顺手拈来的话题，诸如天气，诸如自己的糗事，诸如生活中能够引起他人共鸣的小麻烦等。只要你能想到，且不至于无意中误伤对方的话题，都可以拿来闲聊。所谓聊天，只要聊得起来，就好。

所谓救场如救火，在尴尬冷场时，能够积极调动气氛，赶走尴尬和难堪的人，一定会受到大家的欢迎。

察言观色见机行事，你才能八面玲珑

如果细心观察，你就会发现，总有些人在社交场合如鱼得水，游刃有余。他们似乎都有一项本领，则独具慧眼，换言之，就是特别有眼力见。不管什么情况下，他们总是能够第一时间就敏感地感受到现场气氛的变化，而且总能轻轻松松几句话就扭转局面，防止冷场于未然。对于这样的人，几乎每个人都愿意推崇他们成为社交场合的宠儿，因而只要有他们在，就根本无需担心会冷场，也不必费心调动气氛，他们会把一切都搞定的。

为什么他们表现得如此完美呢？其实，只要你掌握察言观色的技巧，也能变得和他们一样八面玲珑，深受他人的欢迎和喜爱。

最近，李鹏因为工作上表现出色，也因为公司需要从内部提拔一名中层管理者，因而顺利晋升。由于还没有走马上任，李鹏决定临走前请全部门的人吃饭。眼看着快要下班了，李鹏在办公室里宣布：“今天下班大家都别走啊，我请大家吃饭。在部门几年的时间，感谢大家的照顾和对我工作的帮助。没有你们，我依然是那个懵懂的没有任何工作经验的小屁孩，是你们让我获得成

长。”他话音刚落，大家都高兴地欢呼起来。下班的时间一到，大家就都打卡下班，一起成群结队地往李鹏预先定好的饭店走去。

到了饭店，都已经开吃了，李鹏突然发现张坤没到场。他不由得纳闷：难道是我什么时候得罪了张坤，所以他不肯赏光吗？然而，当着同事们的面，李鹏也不好说什么，只得把疑惑闷在心里。酒过三巡，张坤突然气鼓鼓地赶来了，说：“你请大家吃饭，为什么不叫上我？难道我是整个办公室里最多余的吗？我就纳闷了，我平日里待你也不薄吧，你为什么要这么另眼看待我呢？”李鹏不知所以，非常尴尬。这时，办公室里的开心果娜娜走过来，对张坤说：“完了，完了，张老前辈，李鹏哪敢忘记你啊，他刚才还问大家你是不是有事情才没来的呢！我想起来，肯定是你下班前去了总经理办公室一趟，错过了李鹏向大家发出邀请。但是，李鹏告诉大家下班吃饭，肯定以为你也知道呢！这件事都怪我，我是咱们办公室的小喇叭啊，平时有事都是我这个喇叭四处宣扬，这次我也疏忽了。完全不怪李鹏，你要怪就怪我吧。这样，你看，菜也刚刚上齐，你这叫来得早不如来得巧，刚才我们等了好长时间呢！你快坐下来吧，你看座位都给你留好了。等你吃饱喝好，我以后再请你吃一顿，以示对我这个小喇叭工作不力的惩罚，如何？”同事们听闻此言，全都叫好，还喊道：“听者有份，听者有份啊小喇叭。”就这样，气氛马上热烈起来，大家全都高高兴兴的。

人在职场，一定要学会察言观色。尤其是在人多的场合，很容易一语不合就导致气氛变化。在这种情况下，我们必须认真细致地观察，在气氛没有恶化之前，赶紧转移话题，或者想办法扭转局面，让大家依然能高高兴兴地在一起。

有的时候，如果担心自己说的也不能符合现场的实际情况，我们还可以采取幽默的方式。当你给大家带来快乐，大家一定不好意思继续为难你，也会非常配合地重返轻松愉悦。

祝酒词，很多感情在酒文化中得以升华

经常需要应酬的人，不但要懂得酒文化，更要会说祝酒词。中国是一个饮食大国，人们不管有什么事情，都习惯于以餐桌为最佳场合。例如，有了高兴的事情请客吃饭，有了需要求人的事情请客吃饭，有的白事也会在大家都来帮忙之后请大家吃饭。在职场上，升迁了请客吃饭，工作变动请客吃饭，甚至心情不好郁郁寡欢也会请相熟的同事吃饭。既然吃饭，就少不了酒。很多情况下，中国人喝酒并不是为了喝酒，而是为了发扬酒文化。在古代，人们喝酒时喜欢行“祝酒令”，很多文人墨客在一起喝酒还会吟诗作词，附庸风雅，可谓意味无穷。在现代社会，虽然大家不会吟诗作词，但是酒文化却得到了更加长足的发展。那么，要想在酒桌上有出色的表现，我们就必须会说祝酒词，这样才能让宾主尽兴。如果是在工作需要的酒桌上，你若能说出一番精彩的祝酒词，则一定会博得满堂彩，甚至还能让领导对你刮目相看呢！

琳达是总经理助理，因为工作需要，她经常需要陪同总经理一起出席各种宴会酒席。为此，琳达不仅练出了好酒量，还学会了祝酒词。

有一次，总经理带着琳达一起参加兄弟公司的宴席，在座的都是行业翘楚，只有琳达一位女士。为此，琳达承担起说祝酒词的任务。其实，这次宴会并非是没有目的，因为总经理与对方谈合作已经很久了，却迟迟未定。因而，这次宴会纯粹是为了加深感情。想到这里，琳达端起酒杯说：“今天，是××集团十年华诞，大家都知道，最近这些年经济形势变换摩擦，但是××集团却能经风历雨，傲然挺立，这一切都归功于我们伟大的张总。没有张总的睿智远见，××集团不可能有今天的成就。因而，就让我们一起端起酒杯，祝愿××集团在未来的日子里大鹏展翅，再创辉煌，也祝愿我们的张总壮志凌云，梦想成真！”琳达的话，让张总笑得合不拢嘴，不由得连连对琳达竖起大拇指，说：“这个祝酒词好，真好！琳达，你就是你们总经理的宝啊，难怪他不管去

哪里都带着你呢！”这次宴会，宾主尽欢。事后没多久，张总就同意与琳达所在的公司合作，琳达与总经理又再立一功。后来，琳达因为祝酒词说得好，居然被提升为董事长助理，可谓平步青云。

在酒桌上，擅长说祝酒词的人总是能调动全场的气氛，让大家全都兴奋起来。好的祝酒词不但礼节周全，而且能够表达和传递很多内容。也因为祝酒词往往是根据现场形势改变的，因而说祝酒词必须区分时间、场合，不能千篇一律。

需要注意的是，祝酒词并非是随意说的。一般情况下，都是由宴会的主人说祝酒词，因而作为客人，除非得到主人允许，否则千万不要随意地抢主人的风头。此外，祝酒者如果不胜酒力，无须把酒杯里的酒全部喝完，否则喝高了一定会出洋相。最后，祝酒词一定要轻松愉悦，让人感受到快乐的气氛。总而言之，要想成为酒桌上的王者，在酒桌上如鱼得水，我们就必须说好祝酒词。

面对他人劝酒，怎样巧妙拒绝又不得罪人

人们常说，人在江湖身不由己，其实，人在酒桌也是身不由己的。在中国，很多饭局都离不开酒，似乎唯有喝酒才能助兴尽兴。也因此，人们在酒桌上总要劝酒。如果是在蒙古，更是有一个风俗，即必须让客人喝醉，才算招待好客人。虽然在其他的很多地方没有这个风俗，但是把客人的酒管够，也是必须的。这就决定了人们在酒桌上，或者作为主人劝说别人喝酒，或者作为客人被他人劝酒。甚至很多人认为饭桌上尽兴喝酒是必需的，而所谓的菜、饭等，才是辅助和次要的。由此可见，要想在酒桌上全身而退，我们必须学会巧妙拒绝他人的劝酒，既不伤害他人的面子，也能够做到保全自己，毕竟酒多伤身，

经常喝醉酒对身体是没有任何好处的。

酒桌，虽然看似很小，实际上却是社会的缩影。尤其是当酒桌上的人员复杂时，我们就更要小心谨慎。通常情况下，既然到了酒场，除非是女士和司机，否则滴酒不沾是不太可能的。因而，拒绝他人时说自己不喝酒显然行不通，必须想想其他的理由。现代社会，有些男性有脂肪肝，在这种情况下推说自己身体有恙是个不错的选择。毕竟，任何时候都要以身体健康为第一。除此之外，还可以以酒席散场之后还有其他事情，或者喝醉了媳妇不让进屋为由。不过，这些理由都不是很让人信服。在这种情况下，如果对方不依不饶，不如采取最恰当的表达方式，巧妙回绝他人。当然，还可以佯装接电话，或者去洗手间，躲开他人敬酒的高峰。

李峰是大家公认的酒仙，号称千杯不倒。但是，办公室里知道李峰酒品的人，都不愿意和李峰喝酒，因为李峰一旦端起酒杯，就会仗着酒量好，不停地敬酒。眼看着年会马上要到了，办公室里的同事们一想到要被李峰敬酒，都很发愁。

果然，宴席刚刚开始，李峰就端着酒杯开始敬酒。主任看到李峰的样子，赶紧说："丑话说在前头啊，宴席刚开始，咱们不能暴殄天物。因此，我规定先大快朵颐地吃上半个小时，再说敬酒的事情。"听到主任这么说，李峰只好放下已经端起来的酒杯，拿起筷子开始夹菜吃。眼看着半个小时的时间要过去了，主任不停地接电话，因而李峰只好先敬别人。第一个是小王，看到李峰来了，小王端起杯子里的饮料，说："李哥，对不住了，最近在造人，滴酒不能沾。"听到小王的话，在座的都哈哈大笑起来，但都表示理解。第二个是小李，小李为难地看着李峰，说："李哥，现在酒驾罚款两千不说，还要拘留半个月，你不想我进去吧？"原来，小李有先见之明，是开车来饭店的。第三个是林丹，林丹说："李哥，我敬你吧，以茶代酒。自从前段时间和同学聚餐喝醉了，我的胃就不好，男友说要是再敢喝酒，就和我拜拜呢！我都大龄剩女了，你就允许我以茶代酒吧！"……如此一圈敬下来，只有两三个人与李峰喝

了酒，其他人都乐得自在。看到这样的情形，李峰索性说："算了，既然你们都不想喝，我就自己喝吧！"听到李峰这句话，大家如释重负。

对于一个总是不由分说向他人敬酒的人而言，大家一定会敬而远之。其实，在酒场上，如果不是为了应酬，实在没有必要喝得昏头涨脑，颠三倒四。酒，虽然少喝一些对身体有好处，一旦过量，则对身体有百害而无一利。因而，我们每个人都要控制自己，适度饮酒。

酒桌上，总是现出人生百态，有人在酒桌上喝醉了，哭爹喊娘，有人在酒桌上左右逢源，就是喝不醉。聪明人会把酒桌当成是一个微型的社交场，因而在酒桌上察言观色，游刃有余，最终广交朋友，且不会饮酒伤身。

参考文献

[1]刘伯龙.心理学与社交策略[M].北京：中国纺织出版社，2012.

[2]何君.说话办事心理学[M].北京：中国长安出版社，2009.

[3]李宗厚.不会汇报工作，还敢拼职场[M].北京：新世界出版社，2012.

[4]连山.心理学与社交策略[M].北京：中国华侨出版社，2015.